독일문화 오디세이

Deutsche Kultur Odyssee

독일문화 오디세이(개정판)

ⓒ 황윤영·김미경, 2019

1판 1쇄 인쇄 __ 2019년 04월 10일
1판 1쇄 발행 __ 2019년 04월 20일

지은이 __ 황윤영·김미경
펴낸이 __ 홍정표

펴낸곳 __ 글로벌콘텐츠
　　　　 등록 __ 제 25100-2008-24호

공급처 __ (주)글로벌콘텐츠출판그룹
　　　　 대표 __ 홍정표　**디자인 __** 김미미　**기획·마케팅 __** 노경민 이조은 이종훈
　　　　 주소 __ 서울특별시 강동구 풍성로 87-6　**전화 __** 02-488-3280　**팩스 __** 02-488-3281
　　　　 홈페이지 __ www.gcbook.co.kr

값 16,500원
ISBN 979-11-5852-240-7 03300

독일문화 오디세이

Deutsche
Kultur
Odyssee

황윤영·김미경 지음

글로벌콘텐츠

Deutsche Kultur Odyssee

프롤로그 Vorwort

21세기로 넘어오면서 탈냉전의 종지부인 독일통일과 유럽통합, 세계화로 인해 변화된 국제질서 속에서 어느 때보다도 유럽문화의 다양성에 대한 이해와 소통이 절실해졌다. 세계화의 추세에 맞추어 여러 나라의 정보를 얻는 것이 아주 시급한 일이 된 것이다. 독일통일과 유럽통합은 실과 바늘처럼 연결되어 있어서 유럽을, 현대의 유럽을 이해하는 데 중요한 역할을 하는 것이 바로 독일이다. 독일은 국경을 인접하고 있는 9개의 나라와 더불어 통독 이후 동유럽과 서유럽 그리고 북유럽인 스칸디나비아 국가들과 지중해 지역을 잇는 연결축 역할을 맡게 되었다. 또한 독일은 29주년을 맞는 독일통일 이후 유례 없는 경제적 호황 속에서 재정위기로 어려움을 겪고 있는 유럽연합의 해결사 역할을 감당하며 국제사회에서의 주도적 위상을 차지하고 있다. 유럽연합의 확대 심화는 시간이 지날수록 정치·경제·사회 분야의 유럽 국경을 더욱 얇고 흐리게 만들 것이다. 이러한 세계의 흐름 속에서 독일의 문화정보는 우리나라의 모든 분야에 필수적이라 하겠다. 한편으로는 개화기 이래로 우리나라에 많은 영향을 끼친 나라이기도 하고, 다른 한편으로는 통일독일이 유럽문화의 중심이 되었으며 유럽공동체(EU)의 핵심국가로 그 영향력을 떨치고 있기 때문이다.

독일하면 가장 먼저 '문학과 사상가의 나라', 그리고 벤츠, 베엠베, 아우디, 폴크스바겐 등 자동차의 나라, 분데스리가와 축구, 10월 맥주 축제와 낭만적인 고성들, 소시지, 철학, 고전음악, 제2차 세계대전 그리고 히틀러, 베를린 장벽 등을 떠올린다. 과연 이것이 독일일까? 독일문화는 또 무엇일까? 문화는 일반적으로 인간의 활동능력의 결실로써 정신적, 물질적 산물로 정의되지만 그럼에도 여전히 다양한 해석이 존재한다. 이렇게 대답하기 어려운 문화라는 개념을 매우 재미있게 표현한 글을 읽은 적이 있어 소개한다. "문화, 사실 이것이 정확히 무엇인가는 아무도 모른다. 어떤 이는 이것을 여행할 때 가지고 다니고(Kulturbeutel=문화주머니), 어떤 이는 식사할 때 이것 때문에 무척 신경을 쓴다(Eßkultur=식사문화(매너)). 어떤 사람은 이것을 숲에서 찾을 수 있다고 하며(Baumkultur=나무문화, 숲), 어떤 이는 이것을 시험관에서 키울 수 있다고 한다(Bakterienkultur=박테리아문화, 사육). 어떤 이들은 이것을 위해 입으며(Opernkultur=오페라문화), 또 어떤 이들은 이것을 위해 옷을 벗는다(Freikörperkultur=누드문화). 이것을 도무지 터득하지 못하는 사람이 있는가 하면 (Kulturmuffel=문화명텅구리), 어떤 이들은 이것으로 일거리를 얻는다(Kulturminister=문화부 장관)."(Seel, 1995) HaHa~~

이 책은 '독일문화의 이해'라는 강의를 기초로 하여 만들었다. 40년간의 분단의 장벽이 무너지고 난 후 변화된 독일을 보며 시시각각 변화하는 독일의 상황에 맞추어서 가능한 한 새로운 정보를 정리할 필요를 절실히 느꼈다. 그래서 지금까지 보아왔던 정보 위주의 독일에 관한 책과는 다른 스마트파워의 활용을 강조한 책을 시도하였다. 이 책은 여러 가지 많은 가공되지 않은 사진을 풍부하게 싣고 있다. 이는 읽는 사람의 흥미를 끄는 동시에 다각적인 시선으로 독일문화를 볼 수 있는 자료들이다. 독자들은 사진의 스토리를 상상하고 공유하고 해석하면서 눈으로 보기만 하는 문화가 아니라, 생각하며 함께 동참하는 문화스토리를 만들 수 있을 것이다. 그래서 타문화 간 대화와 소통, 공존과 참여, 즉 '문화대화'가 이루어지는 것에 초점을 두었다. 일상적인 생활의 주거와 음식, 휴가, 스포츠, 축제를 비롯하여 미학적인 측면인 문학, 음악, 영화, 회화, 가치적 측면인 역사, 교육, 정치, 경제 등으로 구분하여 정보를 모았으며, 또한 겉모습의 독일문화뿐 아니라 실제적이고 구체적인 생활세계의 문화도 다루었다. 다시 말해 실제 생활인인 독일인이 어떻게 반응하며 어떻게 실감하는가 하는 측면도 중요한 포커스를 두고 서술하였다. 더불어 독자들이 실제로 경험할 수 있는 독일에 관한 사이트와 DVD 등의 정보들을 실어 문화대화에 직접 참여하고 활용할 가능성을 넓게 열어주었다.

세계화를 지향하는 현 시점에서 우리 사회는 외국어 구사능력뿐 아니라, 상호문화 수용능력, 국제적 소양 등을 갖추고 글로벌 사회에서 실제적으로 활동할 수 있는 전문가를 필요로 하고 있다. 그러므로 이 책을 통해 유럽과 독일에서 일어나는 제반 문화현상들을 올바르게 이해하고 해석할 수 있는 많은 가능성이 제공되기를 바란다. 마찬가지로 한독 양국 간의 유사 문화와 다른 문화를 찾아내고 분석하여 국제사회에서 우리나라에 대한 문화정보를 정확히 다른 나라에 소개하고 전달하는 일과 참된 대화를 추구하는 지역전문가 및 문화전문가로 성장하는 데에 작으나마 보탬이 되길 소망해 본다.

글을 마치며 이 책이 나오기까지 함께 수고한 김미경 선생님께 감사드린다. 또한 긴 기다림 이후 짧고 신속하게 책이 만들어지도록 마음 써 주시고 많은 사진을 예쁘게 디자인해 주신 (주)글로벌콘텐츠출판그룹의 홍정표 대표님과 출판사 관계자분들께도 감사드린다. 그리고 방학 동안 밤늦도록 글을 읽어주고 사진을 골라주며 직접 일러스트레이션까지 도와준 사랑하는 딸 선주에게 진심으로 감사의 마음을 전한다.

2019년 3월
황 윤 영

Inhalt

Europa,
Deutschland,
Korea

제1부

유럽,
독일,
대한민국

01

Deutsche Kultur
Odyssee ─── <<<

유럽과
독일,
독일어

Europa, Deutschland und Deutsche Sprache

생각해 보기

독일하면 생각나는 것은 무엇인가요?
가장 최근에 독일에 대해 들은 것은 무엇이 있나요?

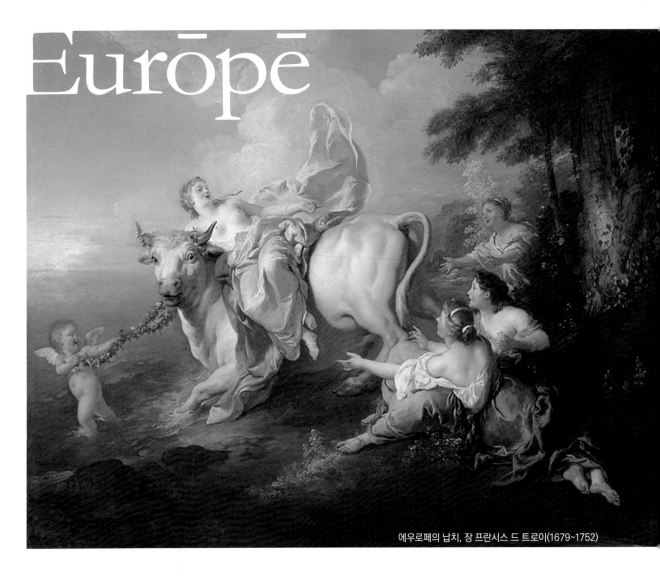

Eurōpē

에우로페의 납치, 장 프란시스 드 트로이(1679~1752)

유럽의 어머니 에우로페

에우로페(그리스어: *Ευρωπη*)는 유럽이라는 단어의 기원을 말해주는 신화 속 여인이다. 에우로페는 페니키아 왕 아게노르와 여왕 텔레파사의 딸이다. **에우로페의 출중한 미모에 반한 제우스는 그녀가 소를 좋아한다는 것을 알고 흰 소로 변하여 해변에서 놀고 있는 에우로페를 등에 태운 뒤 지중해를 건너 그리스의 크레타 섬으로 날아갔다.** 크레타에 도착한 후 제우스는 에우로페에게 구애에 성공했고, 이 둘 사이에서 세 아들이 태어난다. 그 아들들의 이름은 미노스, 라다만티스, 사르페돈이다. 미노스는 바로 유럽 문명의 기원이 되는 미노아 문명(에게문명)을 건설한 전설적 인물이다. **그리스인들은 이 전설을 남기면서 제우스가 에우로페를 태우고 날아간 크레타 섬 지역, 즉 자신들의 땅과 북서쪽의 대륙을 '에우로페', 영어로 '유럽 Europe', 독일어로는 '오이로파 Europa'라 부르고 있다.** 지중해 크레타 섬을 중심으로 일어난 문명이 그리스 로마문명이다. 이 4대 문명에 속하는 그리스 로마 문화에서 서양문화의 출발점을 본다. 제우스가 에우로페를 태우고 날아간 크레타 섬은 그리스에서 가장 큰 섬이고 지중해에서는 다섯 번째로 큰 섬이다. 현재는 60~70만 명의 인구가 크레타 섬에 거주하고 있다.

유럽

Europe, Europa

유럽은 지리적으로 우랄산맥에 의해 아시아와 구분되는 광대한 유라시아 대륙의 서쪽 끝 부분에 위치한다. **유럽은 크게 네 지역으로 구분되는데, 스칸디나비아 반도를 포함한 북부 유럽, 일찍부터 산업이 발달한 알프스 산맥 위쪽의 서부 유럽, 고대 그리스·로마 문화가 꽃피었던 알프스 남쪽의 남부 유럽, 그리고 과거 사회주의 국가가 많았던 동부 유럽으로 나눈다.** 유럽은 민족과 문화가 다양하지만, 최근에는 여러 나라들이 유럽 연합(EU)을 중심으로 하나의 유럽으로 통합되고 있다. 유럽 연합은 유럽 여러 나라가 세계 시장에서 경쟁력을 높이려고 만든 경제 공동체에서 출발하여 현재는 경제분 아니라 정치, 사회면에서도 하나가 되기 위해 노력하고 있다. 현재 유럽 연합에는 2013년 7월 1일 크로아티아가 회원국으로 가입하며 28개 나라들이 속해있고 '유로'라는 화폐를 공동으로 사용하고 있다. 이 유럽연합에서 독일의 위상은 날로 더 높아지고 있다.

독일

Deutschland

독일의 공식 명칭은 독일연방공화국 BRD(Bundesrepublik Deutschland)이다. 옛 동독은 독일민주공화국 DDR(Deutsche Demokratische Republik)이다. 독일은 통일 이후 16개의 주로 이루어져 있고 수도는 베를린이다. 독일은 유럽의 심장부에 위치하고 있으며, 북쪽으로는 덴마크, 남쪽으로는 스위스·오스트리아, 동쪽으로는 체코·폴란드, 서쪽으로는 프랑스·룩셈부르크·벨기에·네덜란드와 경계를 짓고 있다. 국가의 면적은 357,000km²(남한 99,274km²)로 우리의 남북한 합해서 1.5배 정도이고, 인구는 8,062만으로 한국의 인구 5,150만과 비교할 수 있다. 언어는 인도 유럽어족인 독일어를 쓰고, 기후는 북해의 영향으로 북서부의 해양성 기후이고 남동쪽으로는 대륙성 기후이다. 한국에 비해 위도가 높아서 여름엔 시원하고 겨울엔 그리 춥지 않지만 겨울이 길고 햇빛이 적다. 겨울에도 영하 5도 정도가 최저 온도이지만 습도로 인해 체감온도는 매우 낮다. 또한 일출 시간도 늦어 아침에 해를 보기가 힘들고 환해진 듯한 낮도 오후 4시경이면 끝나서 일찍 어두워진다. 여름엔 북구에 가까워 밤늦게까지 해가 남아 있고 장마철이 없는 것도 특징이다. 그래서 유럽이나 독일로 배낭여행을 간다면 낮이 긴 여름을 택해야 많은 것들을 즐길 시간적인 여유가 있다. 하지만 크리스마스 시즌에만 볼 수 있는 유럽의 크리스마스마켓과 눈쌓인 알프스 지방의 풍경 또한 놓칠 수 없는 유럽의 모습이다.

독일(獨逸)이라는 명칭

영어로는 Germany, 독일어로는 Deutschland(도이칠란트), 중국에서는 德國(더궈), 한국에서는 독일(獨逸)이라고 불린다. Deutschland는 '독일인이 사는 땅'이라는 뜻으로 뒤의 land를 떼어낸 Deutsch는 고대 독일어에서 '사람, 또는 종족'을 뜻하는 Þeudiskaz 또는 diutisc에서 유래되었다. 독일의 국명은 11세기에 나타났으며 현재의 도이칠란트라는 말이 쓰이게 된 것은 15세기 이후부터라고 한다.

독일의 뜻은 獨 '홀로 독', 逸 '빼어날 일'이다. '홀로 빼어나다', '혼자 뛰어나다'라는 뜻으로 일본어 'ドイツ', '도이쯔(独逸)'에 어원을 둔다. 원래 네덜란드어 'Duits'에서 시작되어 일본에서 Deutschland를 지칭하는 말 〈獨逸〉을 우리 한자발음으로 읽어서 굳어지게 되었다.

수도 베를린

현재 독일에서 수도 베를린만큼 역동적으로 변화의 중심에 서 있는 도시도 없을 것이다. **베를린은 세계 중심 도시로 탈바꿈하며 변화의 메카가 되었다.** 베를린은 면적 891㎡, 인구 350.2만 명으로 대도시이다(동일 내 단일 규모 최대). 1237년 문서에 도시 베를린이라는 이름이 처음 등장한다. **도시의 상징동물이 곰이어서 도시 곳곳에서 각양각색의 곰들을 쉽게 볼 수 있다.** 베를린은 1871년 프로이센에 의해 통일된 독일 제국의 수도였으며, 세계 2차 대전 후 동서독으로 나뉘어 분단되었으나 1989년 베를린 장벽이 무너지며 **1991년부터 통일독일의 수도가 되었다.**

① 베를린시 곰 문장
② '베를리너'
③ '친구 곰(Buddy Bär)'
④ 젤리 구미베어

브란덴부르크 문

괘드리거

브란덴부르크 문 　　　　　　　　 **Brandenburger Tor**

독일의 분단과 통일의 상징인 브란덴부르크 문은 베를린 중심가 파리저 광장에 있으며 운터 덴 린덴 길이 끝나는 지점에 위치한다. 브란덴부르크 문은 아테네 아크로폴리스의 프로필라에와 유사하며 프리드리히 빌헬름 2세의 명령으로 1788에서 1791년에 걸쳐 건축가 랑한스(Carl Gotthard Langhans)가 완성한 **프로이센의 개선문**으로 고전주의 양식의 건축물이다. 도리아식 기둥이 12개이며 높이는 26m, 가로 길이는 65.6m이다.

문 위에 장식된 승리의 콰드리거는 요한 고트프리트 샤도(Johann Gottfried Schadow)가 조각한 것으로 네 마리의 말이 승리의 여신이 탄 마차를 끄는 모습을 하고 있다. 평화를 형상화하여 조각했던 이 콰드리거를 **나폴레옹**이 프로이센을 격파한 1806년 파리로 가져가 루브르 박물관에 보관했다가 1814년 프로이센이 다시 찾아 왔다. 그런데 다시 돌아오면서 여신이 지닌 올리브 나무 관은 철로 된 십자가로 대체되고 조각상은 승리의 여신상이 되었다. **승리의 여신상은 19세기 동안 프로이센의 막강한 군사력을 상징했는데, 이것은 나치에 의해서 더 부각되었다.** 나치는 전쟁터로 행군하는 군사들이 이 문을 지나는 모습을 영화로 촬영해 영구히 보존하려 했다. 브란덴부르크 문은 2차 대전 때 크게 파손되었으나 1958년 복원되었다. **1961년 베를린 장벽이 세워지면서 브란덴부르크 문은 독일 분단의 상징물이 되었고, 통일 이후엔 독일 통일의 상징물이 되고 있다.** 브란덴부르크 문은 활짝 열려 있고, 독일 문제는 해결되었다. 통일 수상인 서독의 헬무트 콜은 이 문을 통해 걸어가 동독의 총리 한스 모드로우의 환영을 받으며 진정한 통일을 공표했다. 현재 독일 주화 50센트에 새겨져 있다.

베를린 장벽 　　　　　　　　 **Berliner Mauer**

베를린 장벽은 1961년 8월 13일 동독이 건설한 것으로서 동베를린을 서베를린과 분리하는 장벽이자 냉전의 상징이었다. 장벽은 베를린 시를 가르는 콘크리트 장벽 45km와 서베를린을 동독 지역과 격리시킬 수 있는 외곽벽 156Km로 이우어졌다. 1989년 11월 9일 자유왕래가 허용된 이후 차례로 장벽이 붕괴되었고 이제 그 일부만이 기념으로 남아 있다. 1989년 11월 9일 독일 베를린 장벽 주변에는 환희와 감격, 혼돈이 뒤섞였으나, 지금 베를린 장벽과 브란덴부르크 문 광장 주변에는 수만 명의 관광객과 시민들이 역사의 현장을 구경하고 있다. 2009년 베를린 장벽 붕괴 20돌 기념행사인 '자유의 축제'에서

독일 베를린 장벽 114개의 벽화 중 하나.
오른쪽이 호네커, 왼쪽이 브레즈네프

베를린 장벽 조각 기념품

BERLINER MAUER 1961 - 1989

베를린 장벽이 있었던 도로

는 1천 개의 대형 도미노를 옛 베를린 장벽을 따라 세우고, 이를 차례로 무너뜨리는 퍼포먼스로 절정에 달했다. 이는 베를린 장벽 붕괴 이후 연쇄적으로 무너진 동구권 사회주의 체제를 상징하는 퍼포먼스이다. **냉전 시절 한 국가가 공산화되면 주변 국가들도 공산화된다는 연쇄 공산주의화를 상징하는 도미노 이론에서의 도미노가 20년이 지난 지금 연쇄 탈공산주의의 상징으로 바뀐 역사의 아이러니를 보여줬다.** 이 행사에서 메르켈 총리와 고르바초프 전 소련 대통령은 20년 전 베를린 장벽이 붕괴된 이후 동독 주민들이 서베를린으로 물밀듯이 넘어온 동서 베를린 장벽 경계선을 넘는 이벤트를 벌였다. 25년 전 이들이 베를린 경계를 넘기 직전에, 동독 공산당 정치국의 대변인 귄터 샤보브스키는 기자회견을 열고 서독으로의 여행 제한 조처 철폐를 발표했다. 그는 **"내가 아는 한 이 조처는 지체 없이 즉각 효력을 발휘한다"**고 그가 말한 순간 역사의 대전환이 시작되었다. 샤보브스키는 이날 당시를 회고하는 기자회견에서 원래 그 조처가 다음날 아침까지 발표되지 말았어야 하는데 자신이 이를 모르고 어수선한 상황 속에서 착각하여 말한 것이라고 털어놓았다. 그의 발표와 함께 동독 주민들은 서독으로 몰려들었고, 베를린 장벽은 그 순간 역사의 유물로 바뀌었다. 샤보브스키의 말실수로 인해 우연으로 보이는 이 사건이 독일의 지도와 세계의 지도를 바꾸는 역사적 사건이 되었다. **독일 통일에는 자발성과 급속성 그리고 행운과 우연성이 내재되어 있었다. 그와 동시에 그 이면에는 독일인의 현명함과 치밀함이 있었다.** 독일 국민, 유럽 분단의 상징이었던 베를린 장벽은 1989년 11월 9일에 무너지고 독일의 국가 통일 과정은 급속도로 진행되었다.

초기의 국기   히틀러 시대의 나치 국기   동독의 국기   현 독일국기(관공서용)   현 독일국기(민간용)

독일의 국기   Bundesflagge

독일의 국기는 위에서부터 검정·빨강·노랑(황금색) 세 가지 색으로 된 삼색기이다. 이 세 가지 색은 각기 의미하는 바가 있는데, 검정은 인권 억압에 대한 비참과 분노를, 빨강은 자유를 동경하는 정신을, 노랑은 진리를 상징한다. 공식 명칭은 '연방기(Bundesflagge)'이며 일반적으로 독일인들은 '독일국기(Deutschlandfahne)'라고 부른다. 국기가 처음으로 사용된 것은 1813~1815년에 걸쳐 프랑스의 나폴레옹이 신성로마제국을 침공하여 제국이 해체되었을 때 저항하던 민병대가 입었던 옷의 무늬이라는 설이 있다. **역사적으로 이 삼색기는 세 번 제정되었다. 지금과 같은 국기 형태는 1차 세계대전 후에 공식국기로 된 것이다.** 1848년 처음 채택되었고 1852년 폐지되었으며, 1867~1945년까지는 검정·하양·빨강의 삼색기가 등장하였다. 제1차 세계대전 후 1919년 바이마르공화국 수립으로 검정·빨강·노랑의 삼색기가 다시 채택되었고 1933년 나치스 정권 장악과 함께 폐지되었다. 나치스 독일의 패망 후 독일연방공화국은 1949년 5월 9일에 바이마르공화국의 삼색기를 다시 사용하였다. 동독도 검정·빨강·노랑의 삼색기를 국기로 사용하다가 1959년 망치, 컴퍼스, 보리이삭이 그려진 문장을 추가해 서독 국기와 구별하였으나 1990년 이후 서독의 국기를 통일독일의 국기로 사용하고 있다. 동독의 국기는 컴퍼스와 망치가 들어간 것이 특징이다. 고대 게르만족의 십자가인 하켄크로이츠(갈고리십자가)를 사용하였다. 원래 뮌헨에 거주하던 귀족 가문의 가문문장이었는데 이것을 히틀러가 나치당을 의미하는 문장으로 사용한 것이다. 2차 대전 후 금지되었다.

〈독일 국가〉   Deutsche Nationalhymne

〈독일의 노래〉는 독일의 국가이다. 독일의 국가는 1797년 요제프 하이든(1732~1809)의 오스트리아 제국국가 **'황제찬가'** 선율에 1841년 8월 26일 호프만 폰 팔러스레벤(1798~1874)이 가사를 붙여 부르게 된 것이 국가의 시작이다. 독일국가의 옛 이름은 〈독일인의 노래(Das Lied der Deutschen)〉이다. 이것을 1922년 8월 11일 바이마르 공화국의 초대 대통령 프리드리히 에버르트(Friedrich Ebert)가 독일의 국가로 공식 채택하였고, 이후 **1945년까지 〈독일, 가장 뛰어난 독일이여(Deutschland, Deutschland über Alles)〉라는 제목으로 사용하고 있다.** 나치 집권 시기(1933~1945)에는 국가 사회주의 독일 노동자당 당가였던 호르스크 베셀의 노래 〈깃발을 높이 올려라〉가 국가에 준하는 대접을 받기도 하였다. **동서독이 나뉘고는 1952년 서독 정부가 다시 〈독일의 노래〉 중 3절만을 국가로 채택해 서독의 국가로, 통일 이후 독일 국가로 불린다.** 이 곡은 과거 오스트리아-헝가리 제국의 국가로도 불렸으나, 오스트리아는 제2차 세계대전 직후인 1946년 모차르트 곡을 다듬은 〈산의 나라, 강의 나라(Land der Berge, Land am Strome)〉를 새 국가로 채택했다. 또한 우리나라 개신교 찬송가 210장 〈시온성과 같은 교회〉의 곡으로 쓰이고 있다.

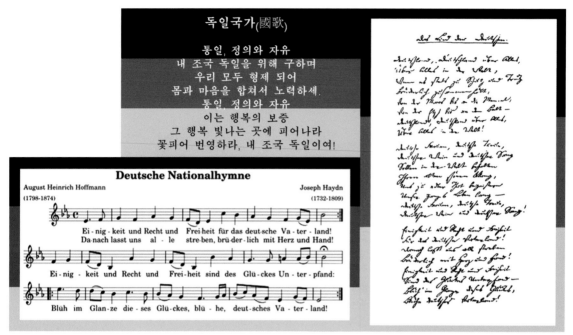

독일 국가의 악보   호프만 팔러스레벤이 쓴 독일 국가

발음이 솔직한 독일어   **Deutsche Sprache**

독일어는 인도유럽어족의 서게르만어족에 속하며 세계의 주요 언어로 여겨진다. 모국어로서의 사용자 수는 1억 2천만 명으로 10대 언어에 포함되고 유럽의 학교 및 교육기관에서 영어, 스페인어, 프랑스어 다음으로 제2외국어를 배우는 수가 많은 언어이다. **독일어는 유럽연합에서 모국어로서 가장 많이 쓰이는 언어로 유럽연합의 공용어이자 공식실무언어이다.**

독일, **오스트리아, 리히텐슈타인, 룩셈부르크의 국어이며,** 스위스, 벨기에, 루마니아에서 공용어로 사용하고 있고 아프리카 서부 나미비아에서도 공인어로 독일어를 채택하고 있다. 이탈리아의 남티롤지방, 헝가리, 슬로베니아에서도 공식 지방공용언어로 사용되고, 또한 대부분 동유럽국가들의 국민들 중에는 제2외국어로 독일어를 자유롭게 구사할 수 있는 인구가 상당히 많다. 독일어의 철자는 일관적으로 발음을 반영하고 있다. 알파벳에서 모음은 움라우트가 붙은 ä, ö, ü와 중모음 aa, ee, oo과 eu의 발음, 자음에서의 j, s, v, w, z, 독일어의 고유한 ss(ß), ch, sch, tsch 등이 있다. 아르바이트, 비타민, 알레르기 처럼 우리말이 되어버린 어휘들에서 친숙하고 발음 또한 솔직한 독일어를 볼 수 있다.

독일어를 위해 독일학술교류처(DAAD)에서는 100여 개국에 독일어 교수를 파견하고 해외학교관리처(ZfA)는 해외 독일학교 및 해외에 파견된 교사들을 관리한다. 독일문화원은 80여 국가의 127개 도시에서 독일어 어학코스를 제공하고 문화를 알리는 데 주력한다. 해외의 독일어 교육은 외무부의 지원을 받으며 중개역할을 하는 조직에 그 업무가 위임된다. **독일 외무부는 '학교: 미래의 파트너(PASCH)'라는 프로젝트를 통해 해외에서 독일어가 외국어로서 보다 강하게 자리 매김할 수 있도록 노력하고 있다.** 이 프로젝트의 목표는 독일어를 통한 전망제시, 다언어를 통한 수평적 확대, 언어학습과 교육에의 접근성 제고 및 국제적 학습공동체로서 미래 문제에 대한 공동 대처를 이루기 위해 독일을 중심으로 전 세계 1,700개 파트너 학교들과 네트워크를 구축하는 것이다.

유럽연합과 독일
Europäische Union und Deutschland

독일이 통일되면서 유럽은 경제적, 정치적으로 하나로 통합하려는 운동이 가속화된다. 독일 통일과 결부된 유럽연합이 이웃나라에 주는 상징적 의미는 독일의 완벽한 과거청산이다. 1994년 1월 출범한 유럽연합은 민주주의, 법치국가, 연대성 등의 기본권과 헌법적 가치를 공유하는 국가 연대이다. 초국가적 실체인 유럽연합은 2019년 28개 회원국을 가진다. 유럽연합 회원국들은 1999년부터 단일 통화인 유로화 체제를 갖추고, 2002년부터 자국의 화폐를 폐기하고 유로화만 전면적으로 통용시켰다. 유로화를 사용하는 국가들은 유로존이라 부르며 2019년 현재 회원국 중 유로존인 나라는 19개국이다.

독일은 유럽연합의 경제에서 최고의 재정부담국으로 경제정책적인 유럽 통합의 방향에 주도적인 영향력을 행사하고 있다. 인구와 경쟁력, 기술력에서 강점을 가진 독일은 동유럽 국가들과의 지역적인 위치와 전통적인 관계로 중요한 무역국이며 투자관계도 지속적으로 강화될 것이다. 유럽경제의 중심에서 서 있는 통일독일이 유럽연합에서 중추적 역할을 담당할 것이라는 전망은 긍정적이다.

2012년에 유럽 연합은 노벨평화상을 수상하였다. 평화와 민주주의를 위한 투쟁, 독일과 프랑스의 화해, 남부 유럽의 발전에 기여했다는 데 그 공을 인정하였다.

유럽기는 짙은 청색 바탕 위에 12개의 금빛 별들의 고리이다.
12라는 숫자는 열두 달, 헤라클레스의 12작업,
12사도 등 완벽함을 뜻한다. 원은 유럽 민족의 단결을 의미한다.
유럽연합기를 연상시키는 청색에 독일지도와 브란덴부르크 문을 넣어
유럽연합에서의 독일의 위상을 보여준다.

Deutsche Kultur Odyssee : : :

독일어 회화	**Deutschland(독일),** **Guten Morgen(아침인사), Guten Tag(점심인사), Guten Abend(저녁인사),** **Auf Wiedersehen, Tschüs!(안녕히 계세요, 잘가!)**
참고문헌	박성숙: 일생에 한번은 독일을 만나라, 21세기북스, 2012. 백승선: 사색이 번지는 독일, 쉼, 2013. 이민수: 낭만과 전설이 숨 쉬는 독일 기행, 예담, 2002. 이분란: 맥주 한잔으로 즐거운 캐런의 독일 여행, (주)교학사, 2008. 세계로 떠나는 테마 여행, 독일/오스트리아 30, 오스트리아 /독일 31 PASCH: www.pasch-net.de (학교: 미래의 파트너) www.deutschland-tourismus.de 독일관광청(여행지와 행사에 대한 정보) www.bahn.de 독일철도 웹사이트(철도운행시간표, 기차표, 호텔정보) www.europarc-deutschland.de 독일국립공원(북해와 알프스 상이에 　　　　위치한 총 14개 국립공원 정보)

02

독일
연방
16주

16 Bundesländer

생각해 보기

독일을 여행한다면 어느 도시로 가고 싶은가?
그곳은 어느 연방주에 속하는가?

베를린
슐레스비히-홀슈타인
함부르크
니더작센
브레멘
노르트라인-베스트팔렌
헤센
라인란트-팔츠
자를란트
바덴-뷔르템베르크
바이에른
튀링겐
작센
작센-안할트
브란덴부르크
메클렌부르크-포어포메른

통일독일 연방공화국의 행정구역은 16주로 구성된다. 각 주는 독일 기본법상 고유의 주권을 가지고 주정부의 구성과 운영에 독립적으로 결정할 수 있는 권한을 갖는다. 연방정부에서 하는 일은 외교·군사·우편·철도·통화·관세·통상·사법·전쟁처리 등으로 연방법의 집행은 다시 주에 위임되기 때문에 주는 사법 및 행정적으로 중요한 역할을 수행하고 있다.
바이에른(1945년 이후)과 작센(1992년 이후)과 튀링엔(1993년 이후)은 공식명칭에 자유주(Freistaat)가 붙는데 자유주란 원래 라틴어의 공화국을 번역한 것이다. 제1차 세계대전이 끝나갈 무렵인 1918년 11월 바이에른의 사회주의자 아이스너가 뮌헨에서 "자유주 바이에른"을 호소한 데서 유래한다. 물론 이들 지역이 다른 주와 **차별되는 권리나 법적인 근거를 갖고 있지는 않지만 역사적으로 그들 문화와 전통에 대해 특별한 자부심을 가지고 있다.** 함부르크와 브레멘은 중세의 무역 동맹인 한자(Hansa)의 중심지로, 시가 하나의 주를 이루는 도시주(Stadtstaat)이다. 수도 베를린도 역시 하나의 시가 주를 이루고 있다.

1989년 무너진 베를린 장벽

베를린시 상징동물 곰

베를린   **Berlin**

한번 겨루어보자는 듯 앞발을 치켜세운 도전적인 자세의 검은 곰은 베를린을 상징하는 동물이다. 베를린 지명의 유래에 대한 여러 가지 설이 있다. 늪, 습지를 의미하는 슬라브어 **br'lo/berlo**, 혹은 새끼곰 문장에서 유래되었다고 한다. 또 다른 하나가 오래전 게르만족 부흥기에 원거주민이었던 게르만족이 서쪽으로 이동하자 동쪽의 슬라브족이 들어와 살았는데 이들은 다시 게르만 작센족 알브레히트(Albrecht den Bären)에 의해 정복되었다고 한다. 베를린 곰은 이것을 상징한다고도 한다.

독일 동부에 위치하는 연방 행정수도 **베를린은 1701년 프로이센에 의해 처음 수도로 정해진 뒤 독일제국, 바이마르공화국, 히틀러의 제3제국을 거쳐 제2차 세계대전이 끝난 후 동서로 나뉜 뒤에도 여전히 수도였다.** 물론 분단 당시 서독 정부는 본(Bonn)을 서독의 임시 행정수도로 정했었다. 동서를 가르던 베를린 장벽이 무너지고 베를린은 1991년부터 다시 통일독일 연방공화국의 행정수도가 되었다.

1989년 베를린 장벽의 와해가 가져 왔던 것은 치열했던 동서 냉전의 종말, 이데올로기의 종말이었다. 자본주의와 사회주의가 한곳에서 교차했던 베를린 장벽의 붕괴는 독일 통일의 상징일 뿐만 아니라 세계적으로 정치적 이데올로기가 지배하는 시대를 마감하는 사건이었다. 옛 프로이센의 고집과 현대인의 방황, 불안, 자유가 교차하는 베를린 시내 곳곳에는 현대적인 것과 전통적인 것을 적절히 조화시키려는 베를린 시의 노력이 있다.

미래를 향한 이런 베를린의 모토는 Sei Berlin! (Be Berlin!)

록페스티벌 바켄 오픈 에어

슐레스비히-홀슈타인   Schleswig-Holstein

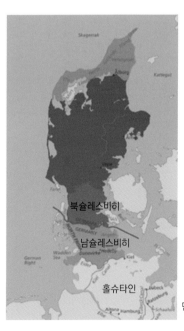

북슐레스비히

남슐레스비히

홀슈타인

덴마크와 독일 경계의 슐레스비히-홀슈타인 주

슐레스비히-홀슈타인 주의 조그만 시골마을 바켄(Wacken)에서 해마다 7~8월에 3일간 개최되는 록페스티벌 바켄 오픈 에어에 전 세계 사람들이 몰려온다. 이곳에는 재독 영화감독 조성형의 다큐멘터리 영화 〈풀 메탈 빌리지(Full Metal Village)〉에서 볼 수 있는 슐레스비히-홀슈타인 사람들, 투박하고 무뚝뚝해 보이지만 마음이 따뜻한 바닷가 사람들이 있다.

슐레스비히-홀슈타인 주는 북해와 발트해 사이에 가재처럼 생긴 **유틀란트 반도 남단에 자리하고 있는데 대부분이 빙하퇴적지에 속한다.** 전통적인 개신교 지역인 슐레스비히-홀슈타인 주는 도시연방주 베를린, 함부르크, 브레멘 주를 제외하고 자를란트에 이어 두 번째로 작은 연방주이다. 주도 키일 이외에 노벨문학상 수상자인 Th. 만이 태어난 한자도시 뤼베크와 시인 슈토름의 출생지인 후줌, 북해가 만입되어 이루어진 섬으로 천혜의 휴양지로 손꼽히는 헬골란트가 이 주에 속한다.

지리적인 조건에서 추측할 수 있듯이 이곳은 **역사적으로 덴마크와 독일 간의 분쟁이 끊임없었던 지역이다.** 제1차 세계대전이 끝난 뒤인 1920년 슐레스비히의 북쪽과 남쪽에서 국민투표가 있었다. 그 결과 북쪽은 덴마크에 남쪽은 독일에 속하게 되었다. 독일이 통일되고 동유럽이 개방된 이후 이곳에 주둔해 있던 군부대가 감축되면서 이와 연관된 산업과 지역상권이 치명타를 입었다. 그러나 세계 최대의 갯벌 등 자연 생태의 보호에 주목해서 새로운 미래를 준비하고 있다. 자연이 유산인 것이다.

장크트 파울리의 유흥가 레퍼반

함부르크   **Freie und Hansestadt Hamburg**

항구를 찾는 뱃사람들을 은밀하게 유혹하는 묘한 분위기의 유흥가 장크트 파울리의 레퍼반, 귓가를 스치는 브람스의 선율, 세계에서 네 번째로 뮤지컬 공연이 많은 곳, 패션 디자이너 **질 샌더, 요프, 휴고보스, 아이그너, 칼 라거펠트**를 배출한 함부르크는 파리, 밀라노, 런던이 부럽지 않다.

북해와 연결된 엘베강 하구에 위치하는 함부르크의 정식 이름은 자유한자도시 함부르크이다. 베를린 다음으로 큰 도시인 함부르크는 독립적인 연방주를 형성하고 있다. **"세계로 가는 독일의 문"이라는 별칭을 갖고 있는 함부르크는 북독일 문화의 중심을 이루고 뉴욕 다음으로 많은 영사관이 설치된, 유럽 교통의 요지이다.**

함부르크의 유래는 811년 프랑크 왕국의 카를(샤를 마뉴) 대제가 알스터강이 엘베강으로 합류하는 지점에 하마부르크성을 쌓은 것에서 시작된다. **자유한자도시는 프리드리히 바르바로사가 독일의 왕 프리드리히 1세로 선출된 뒤인 1189년 이곳에 무역 및 운항 등에서 경제적 특권을 인정한 것에서 출발한다.** 그 후 300년에 걸쳐 한자동맹에서 중요한 위치를 차지한다. 함부르크 증권거래소는 독일에서 가장 오래된 증권거래소이며 함부르크 은행의 유래가 1648년 30년 전쟁으로 거슬러올라가는 것은 놀라운 일이 아니다.

니더작센   **Niedersachen**

독일연방대통령은 가장 명예로운 직위이다. 그런데 불프(Christian Wulff), 니더작센 출신으로 니더작센의 주지사를 역임한 그가 2010년 6월 연방대통령에 선출된 뒤 5년의 임기를 채우지 못한 채 사임했다. 왜일까? 그가 니더작센 주지사 시절인 2008년 가을 아내와 함께 옥토버페스트를 보려고 뮌헨에 갔을 때 영화 제작사 대표로부터 720유로(한화 약 100만원)의 호텔 숙박비를 지원받았다. 검찰이 이것을 기소했던 것이다. 엎친 데 덮친 격으로 2008년 주택 구입을 위해 사업가인 지인으로부터 시중 금리보다 낮은 연리로 사채를 쓴 일이 밝혀지자 더 이상 자

하이데

폭스바겐 딱정벌레 차

리에서 버틸 수가 없었다. 근거는 **'부패방지를 위한 지침'**, 즉 2004년 독일 연방정부가 모든 행정업무가 투명하고 공개적으로 진행되도록 법과 제도를 정비했기 때문이다.

니더작센주는 네덜란드와 북해에 접한 연방주로 바이에른에 이어 두 번째로 면적이 넓다. **주도는 하노버이다.** 하노버는 해마다 개최되는 전자박람회 세빗(CeBIT)과 세계 최대 규모의 산업박람회 하노버 박람회(Hannover Messe) 등으로 유명하다.

해안과 스키장을 가진 독일의 유일한 연방주인 니더작센은 남쪽으로는 하르츠 산맥에 접하고 점차 넓어지는 평원 뤼네부르크를 중심으로 하이데(Heide)라는 독특한 초원 생태를 형성한다. 석회암, 칼리염, 석유 등의 천연자원이 풍부한 니더작센주에는 하노버 이외에 브라운슈바이크, 괴팅엔, 볼프스부르크가 있다. **그 가운데 볼프스부르크에는 포르쉐가 디자인한 딱정벌레로 출발해 현재 8개의 브랜드가 통합된 유럽 최대 자동차업체 폭스바겐 그룹이 위치한다.** 노동시장 때문에 외부로부터의 이주가 많은 니더작센주는 다양한 민족이 함께 하며 개방적인 문화를 가지고 있다.

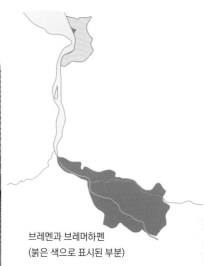

브레멘과 브레머하펜
(붉은 색으로 표시된 부분)

브레멘음악대의 동물군상   로란트 석상

브레멘   **Bremen**

브레멘의 음악대에 브레멘이 없다니! 그림동화에 나오는 브레멘 음악대 이야기이다. 브레멘 음악대로 널리 알려진 도시가 브레멘이기 때문이다. 그래서 브레멘시 중심 마켓플라츠 서쪽으로 동화 브레멘 음악대의 청동상이 턱하니 자리 잡고 있다. 흥미로운 것은 브레멘 음악대 동상은 브레멘의 명물로 통하지만, 동화 내용을 잘 살펴보면 브레멘 음악대의 개, 말, 고양이, 닭이 브레멘을 향하지만 끝내는 브레멘에 도착하지 못했거니와 그림 형제가 발표했던 원작에는 도시 이름조차 언급되어 있지 않다.

독일 북서부에 위치한 브레멘주는 중세 한자동맹의 중심도시이며 항구도시이고 독일에서 가장 작은 연방주이다. **자유한자도시 브레멘은 특이하게도 두 개의 도시, 즉 브레멘과, 브레멘이 성장하고 팽창해서 당시 하노버공국으로부터 사들인 브레머하펜으로 구성되어 있다.** 이 두 도시를 니더작센주가 가르고 있다. 16세기까지 북해와 발트해의 해상 무역권을 장악했던 브레멘에는 현재 벤츠와 항공사인 에어버스의 생산라인이 있고, 브레멘 근교에는 유럽우주항공본부인 EADS의 주된 생산시설이 자리하고 있다.

브레멘 시내 마켓플라츠 주변에 있는 고딕 양식의 시청 건물 맞은편에 위치한 로란트 석상은 신성로마제국에서 유래한다. 1405년 시청을 축조하기에 앞서 시의 특권을 상징하는 로란트 석상을 세우고는 자치 통치를 선언했다. **높이 5.5m의 로란트 석상은 정의의 검과 쌍두 독수리 방패를 들고 브레멘 시를 수호하고 있다.** 롤란트는 브르타뉴의 후작이자 카를 대제의 용사 12명 가운데 한 명으로 중세문학 〈롤랑의 노래〉에 나오는 영웅이다. 로란트 석상이 있는 한, 도시가 번영한다는 전설 때문에 제2차 세계대전 때에도 시민들은 목숨을 걸고 이 동상을 지켜냈다고 한다. 1990년에 시청사와 함께 유네스코 세계문화유산으로 등재되었다.

노르트라인-베스트팔렌 　　Nordrhein-Westfalen

쾰른 등 노르트라인-베스트팔렌 박람회 참석자들을 대상으로 소매치기 범죄가 증가하고 있어, 우리나라 여행객들의 주의가 요구된다. (외교통상부 해외안전여행 2012. 05. 09 http://0404.go.kr) 우리 국민의 피해 사례로는 2012.5.4. 쾰른 도이츠역에서 전철(S-Bahn)에 오른 뒤 가방 속에 지갑이 없어진 것을 확인했고, 2012.4.28. 독일인 친구들과 본 시내에 있는 술집에서 모임을 갖던 중, 테이블 아래 발 근처에 두었던 가방을 도난당해 지갑과 여권을 분실했으며, 2012.4.5. 뒤셀도르프 공항 로비에서 비행기를 기다리던 중 더워서 코트를 벗어 다른 가방에 넣는 동안 왼쪽 옆자리에 놓아둔 손가방을 도난 당했다. 여기서 잠깐! 여행 중에 항상 주의하고 또 조심해야겠지만, 그래도 독일은 세계에서 가장 안전하고 깨끗한 나라 중의 하나라는 사실 또한 분명 실감하게 될 것이다.

독일 최대의 내륙 항인 뒤스부르크, 각국의 상사·은행이 모여 있는 뒤셀도르프, 크루프 재벌의 도시 에센 및 아헨, 쾰른, 아른스베르크, 데트몰트, 뮌스터 등 **대도시가 밀집해 있는 노르트라인-베스트팔렌 주는 독일에서 인구밀도가 가장 높다.** 노

르트라인-베스트팔렌 주는 벨기에, 네덜란드와 국경을 접하고 있으며, 제2차 세계대전 후 라인란트, 베스트팔렌, 리페가 주로 묶여 '라인강의 기적'을 이뤄냈다. 라인 강의 기적을 이루어낸 아데나우어 수상은 쾰른 출신이기도 하다. **주도는 쾰른과는 다리를 사이에 두고 있는 뒤셀도르프이다.**

루르 강 지역은 전통적으로 석탄 채굴을 비롯한 광업이 발달했다. 1960년대에 우리나라의 광부들이 이곳의 경제발전에 기여했으며 우리 교민이 가장 많은 지역이기도 하다. 노동자들의 잦은 이주 때문인지 다른 문화의 수용에 매우 개방적이다. **정치적으로는 진보적인 사회민주당의 중요 근거지이다.**

독일 전철역사 안(노르트라인-베스트팔렌)

쾰른과 뒤셀도르프를 잇는 다리. 뒤에 보이는 첨탑이 쾰른 대성당

헤센　　　　　　　　　　　　　　**Hessen**

메르헨(동화) 가도는 그림동화로 유명한 그림형제의 발자취를 따라가는 여행코스로 헤센 주 프랑크푸르트와 그 옆 하나우부터 북쪽 브레멘까지 약 600km 70여 도시를 거치는 여 행길이다. 헤센주 하나우 출신인 그림형제는 구전되는 설화를 수집하고 또 새로 창작해서 동화를 편찬했는데, 그 가운데 숲속에서 길을 잃은 남매, 숲에서 늑대를 만나는 빨간 모자 의 소녀, 일곱 개의 숲을 지나고 일곱 개의 산을 넘어 난장이가 사는 곳에 도달하는 백설 공주 등 유난히 숲이 많이 등장한다. 헤센의 영토 가운데 숲이 42%를 차지하여 독일에서 숲이 가장 많다고 한다. 이렇다보니 숲속의 동화나라, 헤센주가 아니겠는가.

마인강을 끼고 있는 프랑크푸르트는 미국 금융의 중심지를 빗대어 마인해튼이라고도 불 린다. 독일연방은행을 비롯해 독일증권거래소와 각국의 은행과 보험사들이 집중되어 있을 뿐만 아니라 유럽중앙은행이 위치하고 있다. 헤센주의 주도는 프랑크푸르트가 아니라 연방 주에서 일인당 소득 상위권을 차지하는 비스바덴이다.

헤센에서 늘 중요한 위치를 차지하는 것이 문학이다. 15세기 초 구텐베르크가 금속활자를 발명한 것을 계기로 인쇄업자들과 작가들이 책시장을 열었다. **프랑크푸르트 도서 박람회 (Frankfurter Buchmesse)라는 이름으로 1564년부터 매년 정기적으로 개최돼오고 있 다.** 1987년부터는 주빈국을 선정해 특정 국가 혹은 특정 지역권의 서적 및 문화 전반을 소 개하는 자리를 마련하고 있는데 2005년에는 대한민국이 주빈국이었다.

메르헨 가도

프랑크푸르트 중심가의 오래된 분수

프랑크푸르트 금융 중심가

라인란트-팔츠   Rheinland-Pfalz

알 수 없는 일이다
내가 이토록 슬픈 게 무엇을 의미하는지 예부터 전해 오는
동화 한 편이 내 머리 속에서 떠나지 않는다
바람은 차고 어두운데 라인강은 고요히 흐르고 산정은 빛난다
저녁노을 속에서
아름다운 여인이 저 위에 경이로운 모습으로 앉아 있다
금빛 장신구를 반짝이며
그녀는 금빛 머리카락을 빗어 내린다
금빛 빗으로 머리를 빗으며 그녀는 노래를 부른다
그것은 불가사의하고도 힘찬 멜로디이다
노래는 작은 배의 어부를 고통스럽도록 사로잡아
그는 암초는 보지 않고 단지 높은 곳만을 응시한다
짐작컨대 파도가 마침내는 어부와 배를 삼켜 버릴 것이다
그것은 노래를 불러 로렐라이가 저지른 짓이다

　　　　　　　　　—하이네(Heinrich Heine)의 시

라인란트-팔츠는 프랑스, 룩셈부르크, 벨기에의 국경과 마주하며 주도는 근대 활판 인쇄술의 발명자인 구텐베르크가 출생한 마인츠이다. 라이 강과 라인강 지류인 모젤 강 주변으로 포도주 산업이 발달했다. 12년 동안 독일을 이끌어왔으며 독일 통일에 중추적인 역할을 했던 독일 기독교민주연합당(CDU)의 콜 수상의 고향인 루트히비스하펜에는 뵈링어 잉엘하임 등 제약과 화학공업단지가 형성돼 있다. 카이저슬라우테른은 기계공업으로 유명하며, 뵈르트에 자리 잡은 벤츠의 화물차 공장은 세계에서 단일공장으로서 규모가 가장 크다. **마인츠에는 공영방송(ZDF)이 정주하며 언론문화가 발달**했다. 바트엠스와 바트크로이츠나흐는 유명한 화산암 온천 휴양지이며 마인츠, 슈파이어, 트리어, 보름스 등은 고대 로마시대의 흔적이 남아 있는 유명한 사적지이다.

라인강변 로렐라이 언덕

자를란트 Saarland

"빌레로이 운트 보흐?" "빌레롸르에보크?" 도예의 명인 빌레로이와 보흐의 출생지이며 도자기 생산지인 자를란트, Villeroy & Boch, 어떻게 읽어야 할까? 독일식 빌레로이 운트 보흐인가? 아니면 프랑스식 빌레롸르에보크인가? 걱정할 거 없다. 이곳 자를란트에선 둘 다 맞다.
자를란트는 모젤강 지류인 자르강에서 유래한다. 주도는 자르브뤼켄이다. 독일에서 단독 도시 주를 제외하고 면적이 가장 작은 연방주로 서쪽으로는 룩셈부르크에 접해 있고, 남쪽으로는 프랑스의 로트링엔 지방과 맞닿아 있다. **이곳은 프랑스와 독일 간의 기나긴 영토 분쟁이 있었던 곳으로** 지난 100년 동안 여덟 번이나 소속 국가가 바뀌었다고 한다. 문화적으로는 독일적인 수수함과 프랑스의 섬세하고도 화려함이 혼재돼 있어 독일과 프랑스 두 문화와 정서를 동시에 맛볼 수 있다. "빌레로이 운트 보흐" 그리고 "빌레롸르에보크", 자를란트에선 둘 다 맞다.

빌레로이 운트 보흐 제품

바덴-뷔르템베르크 Baden-Württemberg

영화 〈황태자의 첫사랑〉, 황태자 하인리히가 하이델베르크 대학에 다니면서 투숙했던 여관에서 숙부를 도와 여관 일을 하는 케티를 만나 사랑을 한다. 그러나 처음부터 이루어질 수 없었던 첫사랑… 하이델베르크에서의 젊은 날의 방황과 낭만이 고스란히 녹아 있다.
하이델베르크가 위치한 바덴-뷔르템베르크 주는 프랑스와 스위스, 바이에른주와 라인란트팔츠주 그리고 헤센주와 접한 지역으로, **주도는 슈투트가르트이다.** 이곳에는 벤츠, 보쉬, 포르쉐 등의 독일 기업과 IBM 등 국제적인 기업들이 자리하고 있다. 바덴-뷔르템부르크주는 제2차 세계대전 후인 1951년 12월 주민투표에 의해 새롭게 형성된 주이다. 기억할 만한 곳으로는 만하임의 쿤스트할레, 라이츠 박물관과 국립극장이며 울름과 프라이부르크의 성당은 남부 독일 건축양식의 기념비적인 유산이다. 〈황태자의 첫사랑〉으로 더욱 유명해진, **독일에서 가장 오래된 대학이 있는 하이델베르크**는 대학의 학생감옥, 무너진 성곽과 옛 도시 중심가로 전 세계 관광객을 매혹시키고 있다. 칼스루에에는 독일에서 가장 오래된 공과대학이 있으며 독일 최고의 사법기관인 연방법원과 연방헌법재판소가 위치한다.

하이델베르크 전경

영화 〈황태자의 첫사랑〉 포스터

바이에른 전통의상을 입은 사람들

바이에른

Bayern

노이슈반슈타인 성

'미치광이 루트비히'라고 불리던 바이에른 왕 루트비히 2세에 의해 세워진 〈노이슈반슈타인 성〉. 디즈니사의 로고로도 쓰인다. 중세의 성을 재현했다. 루트비히 2세는 혹자는 스스로 자살을 택했다고도 하고 또 다른 사람들은 노이슈반슈타인 성 건축으로 인해 파탄이 났던 재정적인 문제 때문에 혹은 동성애자를 혐오했던 사람들에 의해 익사 방식으로 살해되었다고도 한다. 그는 어떤 유토피아를 꿈꾸었기에 이 성을 짓고자 그토록 애태웠던가. 그는 사라지고 노이슈반슈타인은 남아 세계적인 관광명소가 되었다.

바이에른주는 독일연방주 가운데 가장 면적이 넓다. 독일에서 가장 보수적인 곳이라고 알려진 바이에른은 정치적으로도 사상적으로도 보수 기독교의 세력이 강하다. 1500년이 넘는 전통을 자랑하는 바이에른주는 **프로이센이 독일의 중부와 북부를 통일해 문화를 주도할 때도 그들만의 독특한 지방색을 잃지 않았다.** 멜빵이 달린 전통의상인 가죽바지 레더호제, 가슴골이 내비치는 디엔들을 입고 밀맥주를 즐긴다. **주도는 베네딕트 수도회를 기원으로 하는 뮌헨이다.** 문화적 전통에 대한 강한 자부심을 갖고 있으면서 새로운 것에 대한 호기심과 열정을 잃지 않는 이곳에서 전통적인 밀생산과 더불어 에어버스, 아우디, 베엠베, 지멘스, 인피니언과 같은 국제적인 첨단 산업체가 자리해 독일 선진화를 이끌어가고 있다.

에르푸르트 대성당

튀링겐

Freistaat Thüringen

나란히 묻힌 괴테와 실러의 묘, 괴테·실러 고문서보관소, 니체 고문서보관소, 비툼스 궁, 루카스 크라나흐와 그의 아들이 제단 뒤의 벽장식을 그린 장크트 페터 운트 파울 교회, 아말리아 도서관, 바우하우스 건축학교 등이 있는 **이곳은 1998년 도시 전체가 유네스코 세계문화유산으로 지정된 독일고전주의 중심지 튀링겐주 바이마르이다.**

바이마르시 전경

튀링거발트와 프랑켄발트 사이의 둥근 구릉지대에 위치하며 잘레강, 게라강, 베라강이 흐르는 튀링겐주는 북쪽으로는 고도가 900m에 이르는 하르츠 산맥과 접한다. **주도는 '튀링겐의 로마'라는 별칭을 갖고 있는 정밀 광학 기계산업의 중심지인 에르푸르트이다.**

튀링겐족이 이 땅에 정착한 것은 2~3세기경이다. 532년 프랑크족에게 정복되어 지배를 받았다. 10세기에 작센공 리우돌핑가가 신성로마의 황제가 되자 황제령의 핵심이 되었고 1815년에는 프로이센에 합병되었다. 제2차 세계대전이 끝난 뒤 튀링겐은 독일 내 소련 점령지로 넘어갔다. 튀링겐 주는 1990년 독일이 통일되기 직전에 연방주로 재지정되었다.

드레스덴 츠빙거 궁전

작센   Freistaat Sachsen

작센 요리는 유명하다. 드레스덴은 크리스마스 롤케이크 슈톨렌으로 유명하고 라이프치히는 라이프치거 알러라이(Leipziger Allerlei)로 유명한데, 이것은 완두, 당근, 아스파라거스, 버섯, 양배추 등을 골고루 넣은 채소요리이다. 이 음식의 기원으로는 나폴레옹 전쟁 이후 어느 시서기가 가난한 사람들의 구걸을 피하고 세금 징수자들을 따돌리고자 일부러 고깃덩어리를 광에 감추고 채소만을 식탁에 올렸다는 데서 비롯된다. 지금은 건강식이다.

동쪽으로는 폴란드, 남쪽으로는 체코와 국경을 접하고 있는 작센 주는 구동독 지역 중 인구 밀도가 가장 조밀하고 산업화가 많이 진행된 지역이다. **주도는 '엘베강변의 피렌체'라고 불리는 드레스덴이다.**

작센주는 작센, 니더작센, 작센-안할트와 함께 게르만족의 하나였던 작센족의 전통을 이어 받고 있다. **작센족은 하노버 집안과 영국의 왕가(anglo-saxon)를 잇는 혈통으로 그 전통이 독일 영토에 그치지 않을 정도로 강력한 힘을 가지고 있었다.** 작센은 1806년 나폴레옹 편을 들었기 때문에 1815년 프로이센에게 영토의 58%를 할양하게 되었다. 제1차 세계대전의 패전으로 작센 왕조는 몰락한다. 동독치하에서는 한때 주가 해체되었으나, 1990년 독일의 재통일과 함께 부활되었다. 교육 수준이 높고 우수 전문 인력과 학자들을 많이 배출했으며, 음악, 미술, 도자기, 귀금속 공예 분야에서 국제적인 명성을 떨치고 있다.

라이프치거 알러라이

브로켄 현상   메르제부르크의 주문 장면

작센-안할트   Sachsen-Anhalt

작센-안할트주 남서단의 하르츠 산맥에 있는 브로켄산은 '브로켄의 요괴'로 유명하다. 민간전설에도 브로켄 요괴의 흔적이 풍부하게 남아 있다. 두려워할 필요는 없다. 브로켄의 요괴는 사람 앞에 안개가 끼어 있고 뒤에서 해가 비칠 때, 그 사람의 그림자가 안개 위에 크게 비치고 목둘레에 무지개 테가 여러 겹 둘러 있는 것처럼 보이는 기상 광학 현상일 뿐이다. 그 옛날 이 자연현상이 과학적으로 해명되기 전에 얼마나 많은 아이들이 잠 못 이루었으며 얼마나 많은 어른들은 숱한 스토리를 만들어냈을까.

작센-안할트는 독일 통일과 함께 연방에 편입된 주이다. **작센-안할트주는 인구밀도가 매우 낮은 지역으로 주도는 막데부르크이다.** 루터의 자취가 남아 있는 비텐베르크와 아이스레벤, 데사우-뵐리츠의 정원, 데사우의 바우하우스 등이 유네스코 세계문화유산에 등재되어 있다.

브란덴부르크   Brandenburg

프리드리히 빌헬름(1620~1688)은 독일 브란덴부르크 선제후, 볼테르와 친교를 맺은 계몽군주이다. 30년 전쟁으로 황폐화된 호엔촐레른가의 영토를 재건했다. 또한 그는 정치 행정기구를 중앙 집중화하고 국가재정을 정비했으며 강력한 군대를 양성했다. 이로써 프로이센 군주제의 기반을 확고히 닦았다. 후세의 빌헬름 1세와 빌헬름 2세 등은 그를 추앙하며 그를 본보기로 삼았다. 통일독일제국의 밑거름이 된 군주이다.

브란덴부르크주는 수도 베를린을 둘러싸고 있는 독일의 연방주이다. 3천 개가 넘는 호수, 그림 같은 운하와 강들이 만들어내는 미로로 이루어져 있으며 그 가장자리로 영주의 대저택, 교회, 그리고 양귀비와 수레국화가 피어 있는 들판이 펼쳐져

프리드리히 빌헬름

있다. 상수시(sanssouci, 걱정 근심 없는 곳)성을 비롯하여 고성이 많이 남아 있고 자연경관이 수려하고 잘 보존되어 있어, 유네스코의 세계유산으로 지정된 곳이 많다. **주도는 포츠담이다.**

한때 슬라브인이 정착해 살던 브란덴부르크 지역을 12세기경 독일인들이 동방식민운동으로 차츰 게르만화시켰다. 1701년 프로이센 왕국이 출범할 때 브란덴부르크주는 그 중심지가 되었다. 1871년 독일제국이 수립되자 독일 전체의 정치적 중심지가 되었으나, 1881년 베를린이 분리되어 나갔다. **제2차 세계대전 후 오데르-나이세 선이 책정됨에 따라 브란덴부르크 주 영토의 1/3이 폴란드령으로 넘어갔다.** 동독이 수립되자 브란덴부르크 주는 해체되었다가 독일의 재통일 후 다시 부활됐다.

브란덴부르크 포츠담 소재 상수시 성

메클렌부르크-포어포머른
Mecklenburg-Vorpommern

어두운 바다, 그림자를 길게 드리우는 희미한 불빛, 안개 낀 바위투성이 산, 황혼의 늪지대… 인간이 측량하고 지배할 수 없는, 그 한계를 넘어서는 자연과 대면하면 낭만주의 대표적 화가 프리드리히(Caspar David Friedrich)의 시선과 오버랩된다.

메클렌부르크-포어포머른은 북쪽으로는 동해, 동쪽으로는 폴란드와 국경을 접한다. **주도는 슈베린이며 연방주 가운데 인구밀도가 가장 낮은 곳이다.** 메클렌부르크-포어포머른은 Meck-Pomm, MV, M-V 등으로 줄여서 부른다. 아직은 산업지대로서의 개발이 더디고 따라서 자연이 잘 보존되어 있다. 1700km가 넘는 해안과 2천 개가 넘는 호수에는 수상레포츠 관광객이 많다. 최근에는 대체 에너지에 대한 투자가 많다. **정치적으로는 보수 우익의 성향이 강하다.**

프리드리히 작품 〈북극해〉

Deutsche Kultur Odyssee : : :

독일어 회화	**Woher kommen Sie?** 당신은 어디서 오셨어요? **Ich komme aus Regensburg. Regensburg liegt in Bayern.** 나는 레겐스부르크에서 왔어요. 레겐스부르크는 바이에른 주에 있어요.
참고/DVD자료	김주희: 독일 셀프트래블(2015~2016) 나 혼자 준비하는 두근두근 해외여행, 상상출판, 2015 박성숙: 일생에 한번은 독일을 만나라, 21세기북스, 2012 정기호: 독일 여행의 시작 경관과 문화로 독일을 만나다, 사람의무늬, 2013 KBS 세상은 넓다 2014.11.06 현대와 과거의 박물관-독일 베를린 KBS 세상은 넓다 2014.06.17 과거와 현재가 어우러진 독일 남부 바이에른주 KBS 세상은 넓다 2014.08.07 매력적인 역사 도시, 독일 쾰른 KBS 세상은 넓다 2010.03.30 낭만이 흐르는 중세도시, 독일 하이델베르크 KBS 세상은 넓다 2010.09.13 독일 기차 여행, 프랑크푸르트 KBS 세상은 넓다 2010.12.27 한자동맹의 여왕, 뤼벡 & 브레멘 KBS 세상은 넓다 2011.07.11 옛 성 아래 낭만유람, 독일 라인강 www.deutschland.de 독일 주요 기관, 포털 연계 정보 제공

03

독일연방공화국

Bundesrepublik Deutschland

<<< <<< ::: ///

▼
▼

생각해 보기

우리나라와 독일의 통치 수장은 누구인가?
최초의 독일 여자 수상은 누구인가?

베를린에 있는 국회 의사당(구 제국의회) 건물

투명한 정치를 상징하는 유리 돔

연방회의가 열리는 본회의 장 내부

연방공화국이란?

독일의 공식 명칭은 독일연방공화국이다. **연방이란 자치권을 가진 2개 이상의 지방, 보통 주(州)로써 구성되는 하나의 국가를 의미한다.** 통치권이 중앙의 단일정부에 집중되는 단일국가 또는 중앙집권국가에 대응하는 개념이기도 하다. 중앙조직이 완전한 국제법상의 능력을 갖되 극히 제한된 범위 내에서 지방에게도 국제법상의 능력이 인정되는 경우가 있다는 점에서 통상적인 국가나 국가 연합과는 구별된다. 오늘날 독일을 비롯해 미국, 스위스, 오스트리아 그리고 지금은 없어진 구소련도 연방국가였다.

공화국이란 주권을 가진 국민이 직접 또는 간접 선거에 의하여 일정한 임기를 가진 국가원수를 뽑는 국가형태이다. 공화국은 주권을 가진 국민이 선출한 대표자가 국가를 지배하고, 또 스스로도 대표자가 될 수 있는 제도를 통해서 국민이 자신을 지배하는 국가 형태라는 의미이며, 민주주의 원리의 제도화라고 보면 된다. 역사적으로는 세습에 의한 군주제를 부정하고 등장한 것으로서, 입헌군주국과는 다른 개념이다. 그러므로 연방국가와 공화국은 사실상 아무런 연관성이 없다.

독일연방공화국은 복합기구로서 중앙 차원의 연방과 16개 연방주로 구성되어 있다. 연방과 연방주의 관할영역은 기본법에 세부적으로 규정되어 있다. 독일의 공적 생활은 연방법에 기반을 두는 반면, 국민들은 보충성의 원칙에 따라 대체로 주의 위임을 받은 주관청이나 지방행정청과 관계하게 된다. 이는 단일국가의 장점과 연방국가의 장점을 잘 융합시킨 결과이다.

연방의회   **Deutscher Bundestag**

독일 연방의회는 베를린에 있는 독일연방공화국의 의회이다. 연방의회는 독일 정치체제에서 유일하게 국민에 의해 직접 선출되는 헌법기관이다. 법정의원 정수는 598명이나, 실제 의원 수는 초과의석으로 인해 대부분 의원정수를 초과한다. 의회의 임기는 원칙적으로 4년이다. 연방의회 의원은 교섭단체나 의원그룹을 결성할 수 있고, 이를 통해 절차와 조직상의 특별 지위를 누릴 수 있다. 연방의회는 연방의회 의장이 대표한다. 17대 독일연방의회 선거에서 24석의 초과의석이 발생했고, 18대는 23석으로 621명의 의원으로 구성되었다. 2017년에 실시된 제 19대 독일연방의회 선거에서 선출된 의원의 수는 709명으로 88명의 초과의석이 발생했다.

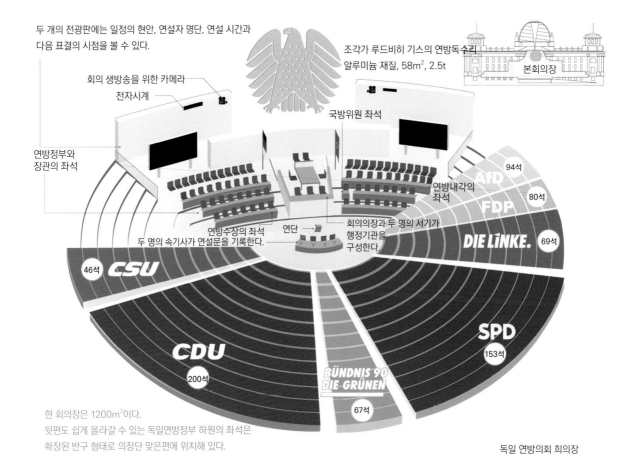

두 개의 전광판에는 일정의 현안, 연설자 명단, 연설 시간과 다음 표결의 시점을 볼 수 있다.

조각가 루드비히 기스의 연방독수리
알루미늄 재질, 58m², 2.5t

본회의장

회의 생방송을 위한 카메라
전자시계
국방위원 좌석
연방정부와 장관의 좌석
연방내각의 좌석
연방수장의 좌석
두 명의 속기사가 연설문을 기록한다.
연단
회의의장과 두 명의 서기가 행정기관을 구성한다.

94석 AfD
80석 FDP
69석 DIE LINKE.
46석 CSU
CDU 200석
BÜNDNIS 90 DIE GRÜNEN 67석
SPD 153석

현 회의장은 1200m²이다.
뒷편으로 쉽게 올라갈 수 있는 독일연방정부 하원의 좌석은 확장된 반구 형태로 의장단 맞은편에 위치해 있다.

독일 연방의회 희의장

기본법

Grundgesetz

독일연방공화국은 1949년 5월 23일에 제정된 기본법에 기초하였으며, 우선 분단된 서독 쪽에서만 법치주의에 의한 자유주의적 사회민주주의 정치체제를 운영했다. 연방공화국의 의회협의회에서 새로운 헌법인 기본법을 제정하면서 첫 번째 민주주의였던 바이마르공화국과 나치독재에서 얻은 교훈을 결코 잊지 않았다. 당시 임시방편으로 만들어졌던 기본법은 '자유로운 민족자결'로 통일을 실현한다는 목표를 명시했다. 이렇게 독일연방공화국의 정치체계는 독일 역사상 두 번째 민주주의 체계이다. 이 기본법은 40년 이상 지속된 분단시대가 끝난 1990년 10월 3일 동서독이 통일되면서부터 통일독일의 헌법으로 독일 전역에 발효되었다. **독일의 기본법은 독일연방공화국의 법적, 정치적 기본질서이며, 특히 기본법에 명시된 기본권 조항은 각별한 의미를 가진다.** 기본법 제1조는 "인간의 존엄성은 불가침하다. 인간의 존엄성을 존중하고 보호하는 것은 모든 국가 권력의 의무이다."라는 내용으로 인간의 존엄성 존중을 헌법질서의 최고 가치로 규정한다는 것이다.

독일연방공화국은 공화주의, 민주주의, 연방국가, 법치국가, 사회국가라는 5대 원칙을 국가질서의 근간으로 삼는다. 독일연방공화국이라는 명칭과 선거를 통해 선출된 연방 대통령이 국가원수라는 구절로 공화주의를 표현하고 있다. 국민주권의 원칙으로서 민주주의를 채택하고 있으며, 연방국가는 연방뿐만 아니라 16개의 개별 주들도 국가의 특징을 갖는다는 뜻이다. 법치국가는 권력을 분할하고 모든 국가행위에 대해 예외 없이 법을 적용한다는 의미이며, 사회국가는 인간의 존엄성을 보장하고 사회정의를 실현한다는 뜻이다.

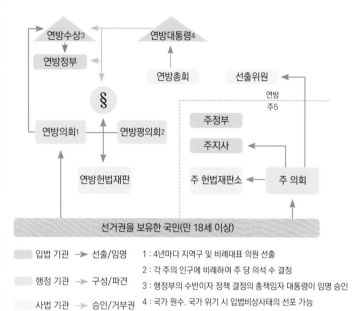

입법 기관 → 선출/임명
행정 기관 → 구성/파견
사법 기관 → 승인/거부권

1 : 4년마다 지역구 및 비례대표 의원 선출
2 : 각 주의 인구에 비례하여 주 당 의석 수 결정
3 : 행정부의 수반이자 정책 결정의 총책임자 대통령이 임명 승인
4 : 국가 원수. 국가 위기 시 입법비상사태의 선포 가능
5 : 주마다 기관의 명칭이나 구성이 다양함

독일의 정치 체제

본회의장 실제 모습

연방주의와 지방자치제

독일의 연방주의는 1933년부터 1945년까지 나치가 전제주의 체제로 지배하면서 일시 중단되었지만, 제2차 세계대전 후 역사적 전통을 되살려 독일연방국가를 수립하였다. **국가권력은 전체국가와 연방 그리고 연방주에 분배된다. 연방주는 제한적이지만 자체적 국가 권력을 지닌다.** 이 연방국가의 원칙도 기본법의 기본원칙 가운데 하나이다. 기본법에 따르면 시는 지역공동체의 모든 사안을 법의 틀 내에서 자체 책임 하에 관할할 수 있는 권리를 갖는다. 자치권은 무엇보다 근거리 대중교통, 도로건설, 물, 가스 전기의 공급, 하수처리, 도시건설계획을 포괄한다. **독일의 연방주의는 대외적 통일성과 대내적 다양성의 결합 형태로, 연방의 각 주는 자체 국가 권력과 헌법을 갖고 있으며 연방주의는 수정이 불가능한 헌법을 근간으로 한다.** 또한 국민의 의사가 수시로 국정운영에 직접 반영되도록 하며, 권력의 수평적·수직적 분산을 추구함으로써 정치적 경쟁력을 강화하고 문화적, 사회적 다양성을 추구한다. 독일의 연방주의는 국가의 권력이 중앙정부와 주에 동등하게 분배되어 있는 정치 형태로써, 2개 이상의 주권이 결합하여 국제법상 단일적인 인격을 가지는 복합 형태의 국가체제이다. 연방제의 장점으로는 인구 분산, 지역의 다양성 보전, 향토문화 보존 및 문화재 보호, 신속한 행정처리가 가능하다는 점이다.

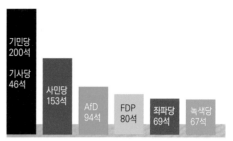

19대 독일 연방하원 의석 분포(2017년 9월 24일 19대 총선)

연방하원

연방하원은 독일의 의회이다. 연방하원은 국민을 대표하는 기관으로서 국민들이 보통, 직접, 자유, 평등, 비밀 선거로 선출한 국회의원들로 구성된 국가 최고의 입법기관이다. 임기는 4년이고 국회의원은 면책특권을 갖는다. 의원들은 교섭단체를 구성하고 의장을 선출한다. 연방하원의 업무 가운데 하나는 연방총리를 선출하고 총리의 정책에 동의함으로써 총리직을 유지할 수 있게 하는 것이다. 연방하원은 불신임을 통해 총리를 해임할 수 있다. 또 다른 업무는 입법이다. 연방하원의 전문위원회에서는 의회에 상정된 법안에 대해 심도 있고 전문적인 논의를 거친다. 세 번째 업무는 대정부 감독이다. 언론을 통해 보여지는 의회의 대정부 감독활동은 의회 내 야당을 통해 이루어지지만, 더욱 효과적인 감독은 집권당 의원들이 한다.

연방상원

입법기관으로서 연방상원은 각 연방주의 대표기관으로서 각 주정부의 대표들로 구성된다. 연방하원이 제1원이라면 연방상원은 제2원이라 할 수 있다. 국민에 의한 직접 선출은 아니며 각 주의 의결권 및 의석 배분은 각 연방주의 인구수에 따라 결정된다. 각 주는 최소 3개에서 인구수가 많은 주는 최대 6개까지 의결권을 갖는다. 연방상원은 연방법안의 입법에 참여한다. 기본법에는 두 가지 종류의 참여 규정이 있는데 그 하나는 각 주에 추가적 행정비용을 발생시키거나 기존의 주법을 대신하게 되는 연방법은 연방상원의 동의를 거쳐야 한다. 즉 연방법을 발효시키기 위해서는 연방상원이 연방하원의 입법결정에 동의해야 하는 것이다. 이 경우 연방상원이 입법기관으로서의 연방하원과 동등한 지위를 갖는다고 할 수 있다. 현재 연방상원의 동의를 거쳐야 하는 법안은 전체 법안의 50% 이상을 차지한다. 2006년 9월부터 연방주의 개혁을 통해 연방과 주의 관할 영역이 새롭게 규정되었다. 개혁의 목표는 연방과 주의 행위능력 및 결정력을 향상시키고 정치적 책임을 분명하게 하는 데 있다.

연방대통령

연방대통령은 독일연방공화국의 국가원수로서 대외적으로 국가를 대표하는 지위에 있다. **독일을 대표하는 상징적 존재로서 내각구성원, 연방재판관, 고위관리를 임명하고 서명을 통해 법률을 발효시킨다.** 또한 내각을 해체시키고 의회를 예외적으로 조기에 해산시킬 수 있다. 그러나 의회에서 의결한 법안에 대한 거부권을 갖지 않고, 의회의 결정과 내각의 임명안을 확인하는 극히 제한적이고 상징적인 권한만을 가지며, 국정에는 간접적인 영향력만을 행사한다. 대통령은 연방대통령선출특별위원회(연방회의)에서 5년 임기로 선출하며, 1회에 한해 연임이 가능하다. 연방회의는 연방하원 의원과 16개 주 의회에서 선출된 동수의 주의 국민대표로 구성된다. 연방대통령 유고 시 연방 상원 의장이 직무대행을 한다.

연방 장관들, 사진 맨 앞줄 오른쪽이 연방수상

프랑크발터 슈타인마이어, 제 12대 대통령

연방회의

연방의회는 연방대통령 선출 시에만 구성되고 대통령이 선출된 후에는 해산되는 임시기구이다. 연방대통령의 임기만료 30일 전, 연방하원 의장은 회의소집을 공고해야 한다. 소집 장소는 베를린이고 투표일은 5월 23일이다.

연방정부

연방정부는 연방수상과 연방장관들로 구성된다. 수상의 원칙, 관할업무 원칙, 합의제 원칙 등 세 가지 원칙에 따라 국정을 운영한다. 2009년 10월 28일 연방하원은 앙겔라 메르켈을 독일연방공화국의 총리로 재선하였다. 메르켈 총리는 **기민/기사당과 자민당의 대연정**을 이끌고 있다. 메르켈의 제2내각은 5명의 여성장관과 10명의 남성 장관으로 구성되어 있다. 기민/기사당은 원내 교섭단체를 이루고 있으며 9명의 장관과 연방총리청의 장이 기민/기사당에 돌아갔다. 자민당은 외무부 장관을 포함하여 5개 장관직을 차지했으며, 귀도 베스터벨레(자민당)가 부총리 겸 외무부 장관을 겸한다. 연정계약서에 따르면 집권여당은 경제 및 재정 위기 극복을 목표로 천명했다. 또한 조세인하, 관료주의 축소, 교육과 연구 및 신기술의 강화를 통해 경제성장을 촉진시키고 관리를 위해 '지속 가능한 절감 정책' 및 '공공재정의 투명성'을 명시하였다.

연방수상

연방수상은 연방정부 내에서 유일하게 선출되는 자리이며 **독립적**이고 **절대적인 지위**를 가진다. 연방대통령의 제청으로 연방하원에서 재적 과반수의 득표로 선출되며 임기는 4년이다. **연방수상은 자신의 책임 아래 각 부처 장관을 제청하고 부처의 수와 관할권도 결정할 수 있으며 정책방향 결정권을 갖고 정책을 수행한다.** 수상의 권한은 정부의 주요 업무를 지정할 수 있으며 법적 구속력을 갖는다. 연방수상의 권한은 대통령제 민주국가에서 대통령이 갖는 통치권과 비견할 수 있다. 그럼에도 연방하원에서 어떤 정당도 과반수를 차지하지 못하기 때문에 연방총리의 실제적 권력이 낮다. 그렇기 때문에 총리 선출을 위해서는 여러 정당이 연립하는 연정이 필요하다. 총리 선출에 앞서 연정을 이루려는 정당들은 정당 간의 부처 배정, 부처 존속 및 신설 등에 대해 상세한 논의를 거치게 된다. **다수당에게는 연방총리를 세울 수 있는 권한이 주어진다.** 연정협상의 결과는 연정협정으로 문서화되고 비로소 연방총리가 선출된다. 연방수상은 집권당의 절대적 지지를 얻고 있는지 확인

연방의회 근처 연방 수상 관저

연방 수상 앙겔라 메르켈

하기 위해 언제든지 연방하원에 신임투표를 요구할 수도 있다. 신임투표에서 수상이 패할 경우, 즉 다수정부의 일부가 총리를 외면할 경우 연방하원의 해체 및 새로운 총선 실시 여부에 대한 결정권은 연방대통령에게 있다. 연방대통령은 연방하원에 진출한 정당들에게 새로운 정부의 구성을 시도할 것을 촉구할 수도 있다.

제8대 총리인 앙겔라 도로테아 메르켈(Angela Dorothea Merkel, 1954~)은 독일 최초 여성 총리로서 2005년부터 재임하고 있다. **그녀는 서독의 함부르크 출신이지만 출생 몇 개월 후 베를린 교외 출신 목사인 아버지와 함부르크 출신 영어교사인 어머니를 따라 동독으로 이주하게 된다.** 이에 따라 메르켈은 동독에서 성장하고 경력을 쌓게 된다. 라이프치히 대학에서 물리학을 전공하였고 동독 공산당의 입당 요구를 거절하는 등 양심적 행동과 자신의 소신을 지켜 동독 출신임에도 커리어에 전혀 손상을 받지 않고 통일 독일의 정계에 성공적으로 데뷔할 수 있었다. 메르켈은 독일 기민당 소속이었고, 통일 총리인 콜 총리의 신임으로 1991년 여성청소년부 장관이 된 것을 시작으로 정치에 입문했다. **과학자 출신 총리로 정치 감각과 수완이 뛰어나고, 배포도 커서 일명 "독일의 마거릿 대처"로 불리며 대처 전 영국 수상 이후 철의 여인이라는 평을 듣고 있다.** 2006년부터 2009년까지 4년 연속으로 포브스에서 선정한 세계에서 가장 영향력 있는 여성 1위에 뽑혔다. 2015년에는 그리스 경제대란의 구제책을 마련하고 시리아 난민문제를 해결한 공을 인정하여 타임지 선정 '올해의 인물'로 선정되었다. 또한 2017년 실시된 연방하원선거로 현재 4연임 성공해 헬무트 콜 총리와 마찬가지로 16년을 재직한 최장수 총리로 기록된다.

독일연방공화국 연방총리(1949년~현재)

사 진		이 름	재 임 기 간
	제1대	콘라트 아데나워, **Konrad Adenauer(1876~1967)**	1949~1963
	제2대	루드비히 에르하르트, **Ludwig Erhard(1897~1977)**	1963~1966
	제3대	쿠르트 게오르그 키징거, **Kurt Georg Kiesinger(1904~1888)**	1966~1969
	제4대	빌리 브란트, **Willy Brandt(1913~1992)**	1969~1974
	제5대	헬무트 슈미트, **Helmut Schmidt(1918~1982)**	1974~1982
	제6대	헬무트 콜, **Helmut Kohl(1930~)**	1982~1999
	제7대	게하르트 슈뢰더, **Gerhard Schröder(1944~)**	1999~2005
	제8대	앙겔라 메르켈, **Angela Merkel(1954~)**	2005~

칼스루에에 있는 연방 헌법재판소

연방헌법재판소

사법부의 연방헌법재판소는 모든 헌법기관에서 독립적인 최고의 법원으로 헌법의 수호자 역할을 하고 있으며 독일 전후 민주주의의 특징적인 제도이다. 카알스루에에 소재하고 있으며 각각 8명의 법관으로 제1부와 제2부로 구성되어 있다. 각 부의 법관은 절반씩 연방상원과 연방하원에 의해 12년의 임기로 선출(재임 불가)된다. 제1부는 기본권 침해 문제를 취급한다. 연방헌법재판소는 민주적 절차에 따라 의결된 법안이 기본법에 위배된다고 판단될 경우에는 이를 무효화시킬 수 있는 권한을 갖는다. 헌법재판소는 소송이 제기될 경우에만 나설 수 있으며, 소송을 제기할 수 있는 권한은 연방대통령, 연방하원, 연방상원, 연방정부와 그 구성원인 의원이나 교섭단체, 그리고 주정부에게 있다. 헌법재판소는 '헌법소송'이 제기되는 경우, 기본법에 보장된 삼권분립과 연방국가 원칙의 보호를 위해 나서게 된다. 연방헌법재판소는 전체 법원에 대해 헌법 해석과 관련하여 독점적 지위를 누린다.

연방정부의 대연정

독일의 정당 설립은 자유롭다. 연방헌법재판소의 판결에 따라 해산도 가능하다. 2014년 총선 결과 기민/기사당과 자민당, 녹색당의 자메이카 연정으로 출발한 메르켈 총리는 세금 인상 없이 재정지출을 확대하는 내용의 대연정 협상안을 전격 합의했다. 유로존의 최대 경제대국인 독일의 대연정 구성합의는 정치적 불확실성이 제거되었다는 점에서 긍정적이라는 평가가 나오고 있다. 메르켈 총리는 대연정 협정문에 서명한 후 기자회견을 통해, 2017년에는 국민의 삶이 지금보다 더 나아질

독일의 정당들

것이라고 말할 수 있게 됐다며, 새 정부는 독일 재정을 건실하게 유지하고, 유럽연합의 과도한 부채에 단호하게 대처할 것이라고 말했다. 증세를 하지 않기로 한 것은 중산층과 중소기업에 좋은 일이고, 특히, 일자리 창출에 도움이 될 것이라고 강조한 것으로 전해지는데, 2017년 독일 연방 의회에서 메르켈 총리는 앞으로 어떤 정치적 업적을 남기며 역사에 기록될지 기대와 관심이 모아진다.

독일 연방하원에 진출한 정당

정당은 국민의 정치적 의사형성에 참여하는 역할을 한다. 그러므로 정당이 공직선거에 후보자를 추천하거나 선거운동을 하는 것은 헌법에 따른 것이며, 이러한 이유로 정당은 선거 전에 소요되는 비용을 국가로부터 환급 받게 된다. **오늘날 대부분의 민주국가에서 찾아볼 수 있는 선거자금환급제도는 독일에서 처음으로 시행되었다.** 독일에서 정당의 조직은 민주주의 기본 질서에 합치되어야 한다. 독일의 정당은 특권을 부여받지만, 결국 사회의 의사표시기구이며 선거에서의 패배, 탈당, 인적 분열, 물적 손실 등 모든 문제에 대해 스스로 책임을 진다. 정당들은 4년에 한 번씩 총선을 치른다. 독일은 높은 선거율을 자랑한다. 1970년대에는 90%, 통일 후엔 80%였고 2009 7대 총선에서는 70.9%였으며, 2013년 18대는 71%가 선거에 참여했다. 1990년 통일 이후에 의회에 진출한 정당은 다음과 같다.

기민당(CDU): 가톨릭과 개신교 대표들이 창당하였고, 집권 기간이 가장 긴 보수정당이다.
교파적 국민 정당으로서 탄생되었으며 '라인강의 기적'(1949~1966)에 공헌한 바 크다.

기사당(CSU): 보수 가톨릭 세력을 대표하는 정당으로서 독자적인 정당기구의 성격을 갖는다.
바이에른주 선거에만 후보를 내고 나머지 연방주에서는 기민당 후보를 낸다.

사민당(SPD): 사회민주주의를 실현하는 목표를 가진 중도좌파 성향의 정당이다.
1959년 사회주의 노동운동을 시작으로 창당되었고 특정계층의 정당이 아니라 국민의 정당으로서 노력한다.

자민당(FDP): 추구하는 최고의 가치는 자유주의이며, 정치적 자유주의 전통을 고수하는 정당이다.

동맹90/녹색당(Bund 90/ Grünen): 68세대들이 주축이 되어 급진적인 새로운 구호를 외친다.
1984년 최초로 녹색당이 연방하원에 진출하였다. 독일통일 이후로는 동독의 동맹 90과 통합하였다.

좌파당: 1989년 설립되어 최근에 정치세력을 키워가고 있는 정당이다.
특히 통일이 되면서 독일연방공화국에 편입된 5개 신연방주에서 큰 지지를 얻고 있다.
1990년 구동독 사회주의통일당(SED)의 후신인 민사당(PDS)으로 연방하원에 진출했다.
사회적 정의를 정강으로 내세우며 사민당과 경쟁구도에 있다.

AfD: 독일을 위한 대안, 극우국가주의정당. 2017년 국가주의를 전면에 내걸고 반 이민여론을 등에 업고 12.6% 지지율로 원내 제3당으로 작지만 강력한 정당이 될 것으로 전망한다.

제1투표와 제2투표

선거일 기준 1년 이상 독일 국적을 가진 만 18세 이상인 자에게 선거권이 주어진다. 또는 3개월 이상 국내 거주자, 법에 의해 선거권을 박탈당하지 않은 자이어야 한다. 총 유권자 중 여성의 수가 3천 2백만 정도로 과반수를 이룬다.
독일의 선거제도는 변형된 인물 본위 비례제이다. 즉, **최다 득표제와 비례 대표제의 두 가지 방식을 혼합하고 있다.** 1인 2표제와 정당명부제를 실시하고 있다. 유권자는 두 개의 투표권을 가지며, **제1투표**에서는 자신의 지역선거구에 출마한 후보자 가운데 한 명을 선택하고, **제2투표**에서는 정당의 연방주명부에 투표한다. 투표용지의 왼쪽 난에는 각 지역구 입후보자들의 성명과 소속 당이 기재되어 있는데 이곳의 한 입후보자에게 기표하는 것을 제1투표라고 하고, 여기에서는 최다 득표자가 당선된다. 투표용지의 오른쪽 난에는 각 연방주에 등록된 정당이 비례대표 후보자들의 성명과 함께 기재되어 있는데, 여기에 기표하는 것을 제2투표라고 한다. 이것이 정당명부제이다. 이러한 선거제도의 장점은 유권자가 자신의 지역을 위해 일할 특정 입후보자를 출신당과 무관하게 지지할 수 있고, 국정을 운영할 능력이 있는 정당이 다수표를 얻을 수 있는 기회를 가질 수 있다는 데 있다.
연방하원의 의석수는 유효한 제2투표수를 토대로 배정된다. 제2투표에서 5% 이상의 득표를 하거나, 5%에 미달하더라도 선거구에서 3석 이상을 차지한 정당에게 득표율에 따라서 1차로 분배된다. 각 정당별로 전체 의석이 배분되면, 각 정당에 할당된 의석을 같은 원리에 따라 또다시 각 연방주의 정당별로 2차로 분배한다. **1953년 도입되고 1957년 강화된 조항으로 5% 이상의 득표율을 얻었거나 지역구에서 3명 이상의 당선자를 낸 정당만이 연방하원에 진출할 수 있다. 이것을 5% 저지 조항이라 한다.** 이 조항은 중소정당들의 난립을 막고, 소소정당들의 월권적인 정국운영을 저지하기 위해 만들어졌다.
예외) 적어도 3개 지역구에서 의석을 얻은 정당이거나 소수민을 대표하는 정당은 예외로 규정된다.

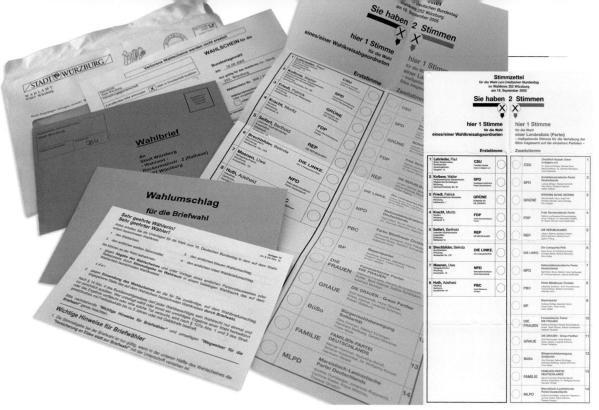

집으로 배달된 투표용지　　　　　1인 2표제

독일어 회화	**Wer ist der Bundeskanzler? 연방 수상은 누구입니까?** **Angela Merkel. 앙겔라 메르켈입니다.**
참고문헌	귀도 크놉(안병억 옮김): 통일을 이룬 독일 총리들, 한울출판사, 2000 이민호: 새독일사, 까치, 2003 임종대 외: 독일이야기 2, 독일어권 유럽의 역사와 문화, 거름, 2010 페터 가이스, 기욤 르 캉트렉 외(김승렬 외 옮김): 　　　　독일 프랑스 공동 역사 교과서, 1945년 이후 유럽과 세계, 휴머니스트, 2008 하겐 슐체(반성완 옮김): 새로 쓴 독일 역사, 지와사랑, 2001 세계의 국회의원-최연소 국회의원 안나 뤼어만, MBC 프로덕션 2004 세상은 넓다, 정치야 놀자, 독일 자민당 전당대회 2004.2.16 여야의원 4인 독일을 가다 1편, KBS 〈파노라마〉, 2014 통일대토론 1, 2편 베를린에서 통일을 논하다. KBS 1, 2015 두 개의 분단 하나의 통일, KBS 2015 독일 연방정부 사이트 www.bundesregierung.de 베를린 웹사이트 www.berin.de 연방대통령 홈페이지 www. bundespraesident.de 독일연방경제부 www.bmwi.de

유럽운명 공동체, EU

Europäische Union

생각해 보기

유럽연합의 회원국에는 어떤 나라들이 있는가?
유로를 사용하는 나라는 어디인가?

유럽연합 회원국가 국기

유럽연합의 탄생과 형성 과정

유럽의 역사는 수많은 부족과 민족 그리고 국가가 권력과 영토를 뺏고 빼앗기는 것을 반복했던 투쟁의 역사였다. 대제국을 건설했던 고대 로마제국, 기독교라는 단일 종교이념으로 유럽을 통합하고자 했던 신성 로마제국, 그 후 나폴레옹의 유럽 전쟁도, 두 번에 걸친 세계대전도 통일된 하나의 유럽을 만들고자 했던 투쟁의 역사였다.

1994년 1월 유럽연합(European Union, EU)이 정식으로 출범되었다. 유럽연합은 1993년 11월 마스트리히트 조약이 발효됨으로써 형성된 유럽의 정치와 경제 공동체이다. **유럽연합은 회원국 간의 관세 철폐와 단일통화를 바탕으로 미국의 달러 시장과 중국의 위안화 시장에 맞서는 단일시장을 구축하여 유럽의 경제와 사회 발전을 도모하고자 했다.** 독일통일 이후 70% 이상의 독일인이 유럽 통합에 찬성하였다.

Freude, schöner Götterfunken

유럽연합가

유럽연합가(Europahymne)는 유럽연합을 상징하는 유럽연합의 공식 국가이다. **유럽연합가는 베토벤의 1823년 작품, 교향곡 제9번 합창 4악장의 일부이다.** 베토벤은 여기에 실러가 1785년에 지은 시 〈환희에 붙여〉를 붙였다. 시는 모든 인류의 단결과 우애를 찬양한다. 이것이 바로 유럽연합이 지향하는 바이다. 유럽연합에서는 여러 언어가 사용되기 때문에 유럽연합가는 일반적으로 기악곡으로 연주된다.

유럽연합의 출범과 기반 형성을 위한 핵심 조약

유럽공동체: 1951년 5월 9일 프랑스 외무장관 슈망이 '유럽의 평화적 통합 구상'을 발표한 뒤로 **독일, 프랑스, 이탈리아, 벨기에, 네덜란드, 룩셈부르크, 총 6개의 나라가 '유럽석탄철강공동체', '유럽경제공동체', '유럽원자력공동체'를 결성한다.** 이 기구의 총칭이 유럽공동체이다. 유럽통합을 위한 긴 여정의 출발점이다.

유로, 달러, 위안화

마스트리히트 조약: 1992년 12월 네덜란드 **마스트리히트에서 경제통화통합 및 정치통합을 추진하기 위한 조약이 체결되었다.** 물론 주권 상실을 우려한 프랑스, 아일랜드와 덴마크가 국민투표 과정에서 어려움을 겪었으나 최종적으로 통과되었다. 이로써 유럽통화제도와 단일통화의 법적 토대가 마련되었고 회원국의 외교, 안보, 내무, 법률, 망명, 이민, 마약 및 범죄 퇴치에 대한 정치적 협력이 합의되었다.

니스 조약: 유럽연합 회원국이 25개국으로 확대된 가운데 2004년 12월 니스조약이 발효된다. **주요 내용으로는 유럽연합 집행위원회의 규모와 구성, 각료이사회 투표권 수의 조정, 가중다수결(투표권자의 영향력을 감안하여 각 투표권자마다 다르게 할당된 수를 부여하고 그 결과로 가결 여부를 결정하는 제도)에 의한 결정 분야 확대 등이 있다.** 그러나 2005년 프랑스와 네덜란드가 헌법조약(안)에 대한 국민투표를 실시하였는 데 부결되었다. 1년간의 숙고기간을 거쳐 유럽연합의 초국가성과 관련된 용어와 상징 등이 삭제되고 유럽연합의 효율성이 강조되는 헌법조약(안)으로 수정되어 통과되었다.

리스본 조약: 2009년 12월 유럽연합의 민주주의의 효율성과 투명성을 제고하는 리스본조약이 발효된다. 유럽연합 정상회

의의 상임 의장직과 회원국의 외교장관에 상응하는 외교안보정책 고위대표직이 신설되며 의사결정 방식이 변경되는 등 유럽연합에 독자적인 법인격이 부여되고 유럽의회의 권한이 강화된다. 회원국 중 유일하게 자국의 헌법 규정에 의해 국민투표를 실시해야 했던 아일랜드는 2008년 리스본조약을 국민투표에 부쳤으나 부결되었다. 유럽연합 정상회의에서 아일랜드 정부에 대해 중립정책, 윤리·사회·가정과 관련된 아일랜드 국내법 존중, 독립적 조세 정책, 1국 1집행위원 체제 유지에 대한 법적 보장을 약속함으로써 리스본조약이 아일랜드에서 통과되었다.

유럽연합의 가입국 현황

유럽연합 회원국은 현재 독일, 프랑스, 영국, 아일랜드, 벨기에, 네덜란드, 룩셈부르크, 덴마크, 스웨덴, 핀란드, 오스트리아, 이탈리아, 스페인, 포르투갈, 그리스, 체코, 헝가리, 폴란드, 슬로바키아, 리투아니아, 라트비아, 에스토니아, 슬로베니아, 키프로스, 몰타, 불가리아, 루마니아, 크로아티아 등 총 28개국이다. 터키와는 가입협상이 여전히 진행 중이다. 유럽연합은 터키의 유럽연합 가입조건으로 민주화와 인권 강화 및 터키 법령과 유럽연합 법령과의 조화 등을 요구했다. 이에 터키는 사형제 폐지, 쿠르드어 방송 및 교육 허용 등 인권보호 및 민주개혁 요청 사항을 충족시키기 위해 '유럽연합 개혁법안'을 통과시켰다. 그러나 유럽연합은 여전히 터키의 유럽연합 가입에 대해서 부정적이다. 터키의 유럽연합 가입 지연은 유럽연합 헌법 전문에 '기독교 정신'을 언급하지 않은 채 "유럽의 문화, 종교, 인도주의 유산으로부터 영감을 도출한다"고 명시되었지만 현실적으로 기독교 문명과 이슬람 문명의 괴리가 한 원인으로 꼽히고 있다. 그밖에 구유고슬라비아, 마케도니아 공화국은 공식적 가입후보국이고 알바니아, 보스니아, 몬테네그로, 세르비아 발칸국가들은 잠재적 가입 후보국이다.

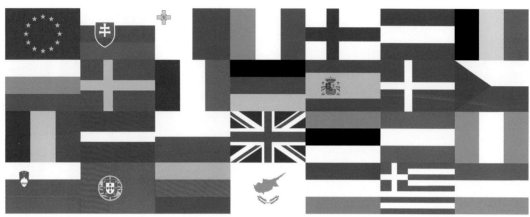

유럽연합 회원국 국기

하나가 되지 못한 유럽연합과 터키

유럽연합의 주요 기구와 운영

유럽연합은 전통적인 의미에서 독립된 주권국가가 아니다. 그러나 다른 국제기구와 비교해서 독자적인 법령 체계와 입법, 사법, 행정 기능을 갖추고 있으며 통상, 산업, 농업 등 주요 정책을 독립적으로 결정할 수 있다. 정치, 경제, 사법, 내무 분야 에 이르기까지 공동정책을 점차 확대해 나가고 있다.

유럽연합의 핵심 기구로는, 유럽의회와 유럽이사회, 각료이사회, 집행위원회가 있다.

유럽의회는 다국적 의회로 4억 5,500만여 명의 유럽시민을 대표한다. 입법, 예산 및 감독기관이며 신규 회원국의 가입 등 주요 사항의 동의권과 법안 공동 결정권, 예산 확정권, 집행위원장 선출, 집행위원 임명 동의 및 집행위에 대한 불신임권을 갖는다. 751명(임기 5년. 직접선거)으로 구성되며 회원국의 인구 비례로 의원수가 결정된다. **인구 8,200만여 명의 독일에 가장 많은 의석이 할당되어 있다.** 또한 출신 국가별이 아닌 정치노선에 의거해서 정치그룹이 구성되어 있다. 본회의는 1주 일간의 부분회기로 1년에 12차례 열리는데, 주로 벨기에 브뤼셀이나 프랑스 스트라스부르에서 개최된다. 본부는 프랑스 스 트라스부르, 사무국은 룩셈부르크에 있다.

유럽연합의 운영에서 유일한 의사결정기구인 유럽이사회는 입법권 외에도 예산 및 대외협정과 기타 주요 정책에 관한 결정 권을 가진다. 따라서 유럽연합의 핵심 조직이다. 28개국 정상 및 각료, 외교안보정책 고위대표 및 집행위원장으로 구성되어 있으며 이사회의 의사결정 방식은 가중다수제로 이것은 각 회원국의 인구비례에 따라 부여된 투표권을 행사하는 방식이다. 이사회는 브뤼셀에 위치한다.

유럽의회 앞 에우로페아의 납치신화 구조물

각료이사회는 회원국을 대표하는 각료급 인사로 구성되며, 일반적으로 외무장관이 출석하나 특정사항에 관해서는 해당 분야의 장관이 직접 출석한다. 이사회는 의장이 소집하거나 1명 이상의 이사회의 요청 또는 집행위의 요청이 있으면 개최된다. 집행위원회는 공동체 이익을 대변하며 법안 제안권을 갖는다. 각국 1명으로 구성된 임기 5년의 28명의 집행위원과 1인의 집행위원장이 있다. 소재는 브뤼셀이다.

그 밖에 법의 준수를 감시하는 유럽연합 최고의 기관인 유럽사법재판소, 예산, 수입, 지출에 관한 독립적인 감독기관인 유럽회계감사원, 경제사회문제에 대한 유럽시민사회의 입장을 대변하는 유럽경제사회위원회, 지역적 다양성과 지역 발전을 촉진하는 지역위원회, **유로존의 통화정책 수립 및 관리 기구인 유럽중앙은행**, 유럽연합 기구의 행정권 남용을 견제하는 유럽옴부즈맨, 유럽연합의 개발 프로그램을 운영하는 유럽투자은행 등이 유럽연합의 주요 기구이다.

기구명	소재지	구성	기능
이사회 (EU 정상회의 및 각료이사회)	브뤼셀	28개국 정상 및 각료, 외교안보정책 고위대표 및 집행위원장	- EU 최고 입법 및 주요 정책 결정기구
집행위원회	브뤼셀	1인의 집행위원장과 27명의 집행위원 (각국 1명, 임기 5년)	- 집행기관 - EU법안 제안권 - 공동체 이익 대변
유럽의회	스트라스부르, 브뤼셀, 룩셈부르크	751명(직접선거: 임기 5년) - 회원국 인구 비례로 의원수 결정 - 출신국이 아닌 정치노선에 따라 정치그룹 구성	- 입법·예산 및 감 독기관 · 신규회원국 가입 등 주요 사항 동의권, 법안 공동 결정권 · 예산 확정권 · 집행위원장 선출, 집행위원 임명 동의 및 집행위에 대한 불신임권
유럽사법재판소	룩셈부르크	28명 법관 (각국 1명, 임기 6년)	- EU법규 해석권 - EU 조치의 적법여부 판결권
유럽회계삼사원	룩셈부르크	28명 감사위원 (각국 1명, 임기 6년)	- EU 회계감사 - 유럽의회의 재정적 성격의 법안입법시 의견 제출
유럽중앙은행	프랑크푸르트	정책위원회(ECB 총재, 부총재, 집행이사회 이사(6명) 및 EMU 회원국 중앙은행 총재(19명) 등 총 25명)	- 유로지역 통화정책 수립 및 집행 - 역내 금융안정 도모 및 금융 통합 촉진

〈EU 주요 기구 비교〉

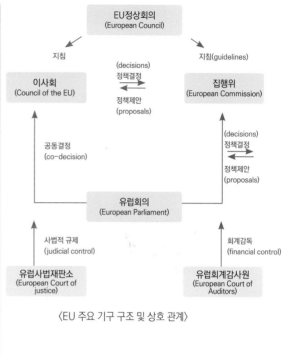

〈EU 주요 기구 구조 및 상호 관계〉

통화 기호 €는 유럽 문명의 중요
성을 상징하는 기호로, 유럽의 E
를 의미하는 그리스 문자인 엡실
론과 유로의 안정성을 표현하는
평행선의 조합으로 만들어졌다.

유로화와 유럽연합 그리고 독일

독일은 국제 금융 시장에서 가장 안정적이던 독일의 마르크화를 포기하고 유로(EURO)를 선택했다. 유로는 **유럽연합의 공식통화이다.** 1995년 12월 15일 스페인 마드리드에서 열린 유럽연합 정상회의에서 회원국들은 1999년 1월 경제통화동맹을 출범시키고 단일통화의 명칭을 유로로 정했다. 유럽연합은 정부 재정적자를 국내 총생산(GDP)의 3%로 제한하는 등 경제통화동맹의 가입자격을 엄격히 규정했다.

유로가 공식적으로 통용되는 지역을 유로에어리어, 유로랜드, 유로존이라 부르는데 **오스트리아, 벨기에, 키프로스, 핀란드, 프랑스, 독일, 그리스, 아일랜드, 이탈리아, 룩셈부르크, 몰타, 네덜란드, 포르투갈, 슬로베니아, 스페인, 슬로바키아** 등 총 16개국이었다. 2011년 **에스토니아**가 신규 가입하고 2014년에는 **라트비아**, 2015년부터 **리투아니아**가 추가되어 총 19개국이 유로를 공식적으로 사용한다.

유럽연합기와
유로지폐

유럽연합 회계 감사원

유럽연합 가입국이면서 유로를 도입하지 않는 나라는 덴마크·스웨덴·영국·불가리아·체코·헝가리·크로아티아·폴란드·루마니아 등 9개국이다. 특히 영국과 덴마크는 유럽연합과 협상을 벌여 유럽연합 세력권 안에 있되, 자신들의 통화 단위를 계속 유지하기로 결정했고 스웨덴의 경우 2003년 법 개정 당시 유로화의 사용을 거부했다. 유럽연합 가입국이 아니면서 유럽연합과 금융협정을 맺고 유로를 사용하는 지역으로는 마요트·모나코·산마리노·생피에르에미클롱·바티칸시국 등이 있다. 이밖에 유럽연합과 금융협정을 맺지 않고 유로를 사용하는 지역으로는 아크로티리·데켈리아·안도라·코소보·몬테네그로·생바르텔리미섬·세인트마틴섬 등이 있다.

1951년 유럽통합을 위한 긴 여정의 출발점이었던 유럽공동체 시절부터 독일은 유럽통합의 주도적인 역할을 수행해 왔다. 물론 1990년 분단된 독일이 통일되었을 때 유럽의 주변 국가들은 독일에서 히틀러의 제3제국과 같은 패권국가가 부활할 것을 우려했다. 독일은 주변국의 이러한 불안감을 불식시키며 **유럽연합의 가장 큰 재정 부담국으로 중요한 위치를 차지하고 있을 뿐만 아니라 유럽의 중심 세력으로 유럽 통합에 주도적인 영향력을 행사하고 있다.**

특히 유로 화폐통합에서 독일이 당시 가장 안정적이며 강력한 마르크화를 포기했을 때 많은 독일인의 반대가 있었다. 독일은 그것을 극복했다. 독일이 마르크화를 포기하지 않았다면 현재의 화폐통합은 불가능했을 것이다. 현재 유럽연합은 전 세계 교역량의 약 40%에 해당하는 4조 5000억 유로 상당의 교역량을 가진 거대한 경제권이다. 유럽연합 내에서 유럽연합 예산의 20%를 부담하고 또 최고의 외환 보유고를 확보하고 있는 독일이 유럽연합의 중심적인 역할을 한다는 것은 두말할 나위가 없다. 또한 독일의 총수출 물량의 약 60%가 유럽연합 회원국으로 나간다는 사실을 볼 때 유럽연합과 유로화의 사용이 독일의 경제에 미치는 영향력은 엄청난 것이다. **독일과 같이 수출 중심의 산업 구조를 가진 국가가 유럽연합이라는 안정된 시장을 확보한 것은 유럽연합 내 국가들 가운데서도 가장 큰 수혜를 입은 것이다.** 이처럼 독일은 유럽통합을 위한 주도적인 역할을 수행할 뿐 아니라 그 가운데서 그들 자신의 이익을 창출하는 영리한 행태를 보이고 있다. 따라서 현재 재정적으로 심각한 문제를 안고 있는 그리스, 스페인, 포르투칼, 이탈리아 등의 나라에서 독일이 그들 분노의 주적이 될 수밖에 없는 상황이기도 하다.

유럽중앙은행

쿼바디스, 유럽연합?
현재의 혼돈과 미래에 대한 불확실성 사이에서

유럽연합이 1994년 1월 정식으로 출범된 이후, 관세가 철폐되어 인접국가 간 교역시장이 단일화되고 나토 군사동맹체제로 안보비용이 절약되었으며 국경 철폐로 문화교류가 확대되었다. 이로써 **굳건한 유럽연합 동맹체제로 미국과 중국 등에 대해 대응전략을 보다 효과적으로 추진할 수 있게 되었다.**
그럼에도 시리아, 이라크, 아프가니스탄, 아프리카 지역에서 유럽 전역으로 밀려드는 난민 문제, 영국의 유럽연합 탈퇴 가능성, 그리스를 포함한 남유럽 국가의 재정난, 우크라이나 및 지중해 연안 국가와 관련한 러시아와의 갈등 등 현재 유럽연합은 위기에 직면해 있다.

억만장자 투자자 소로스 "유럽연합 붕괴 직전"

—박성제 뉴욕 특파원, 연합뉴스, 2016/01/22

억만장자 투자자 조지 소로스는 21일(현지시간) 유럽연합(EU)이 붕괴 직전에 놓였다고 주장했다. 소로스는 이날 '뉴욕 리뷰 오브 북스'와의 인터뷰에서 유럽이 5~6개의 위기를 동시에 맞았다면서 유럽에 대한 비관론을 펼쳤다고 마켓워치가 보도했다. 소로스는 유럽이 직면한 가장 큰 위기로 난민문제를 꼽았다. 유럽은 지난해에만 100만 명 이상의 난민을 맞았으며, 난민의 처리 문제 때문에 갈등이 고조되고 있다. 소로스는 "독일 메르켈 총리가 난민의 위기가 유럽을 망가뜨릴 것으로 정확하게 전망했으며 이미 현실이 되고 있다"면서 "메르켈 총리의 리더십이 위기를 맞은 상황에서 독일 국민이 더 큰 책임의식을 가져야 한다"고 말했다. 그는 유럽이 정책을 제대로 세우지 못해 충분히 '관리할 수 있는 위기'가 '심각한 정치적 위기'로 전환됐다고 덧붙였다. 소로스는 그리스의 재정난도 유럽의 위기 중 하나로 꼽았다. 구제금융 연장협상이 성사되어 그리스가 일단은 위기에서 벗어났지만 "오르막에서 위쪽으로 공을 차면 다시 굴러 내려오는 것"처럼 그리스의 재정난이 다시 등장할 것이라는 지적인 셈이다. 그는 "그리스가 유럽지역 단일화폐 공동체인 유로에서 떠나지 않는 한 절대 번성하지 못할 것"이라고 장담하기도 했다. 소로스는 이 밖에 "영국이 떠나게 되면 유럽연합은 훨씬 약해질 것"이라고 주장했다. 또 최근 글로벌 금융시장 불안의 진원지인 중국과 관련해서도 "중국이 안은 문제는 아주 다루기 힘든 것"이라며 비관적인 견해를 밝혔다.

유럽으로 몰려드는 아랍계의 난민들

이런 위기 상황만큼이나 유럽연합의 실질적 리더인 독일이 유럽연합 위기의 극복을 이끌어내야 한다는 목소리가 커지고 있다. 2016년 1월 30일자 파이낸셜 타임스의 유럽 정세 분석에 따르면 "메르켈 총리가 난민 문제로 축출된다면, 유럽은 흐트러지기 시작할 것"이라고 단언했다. 파이낸셜 타임스는 "메르켈 총리는 독일을 단일 유럽에 뿌리 내리게 한 포스트-1989 합의의 수호자였다"고 강조하며 "메르켈 총리가 해임된다면 이는 유럽의 독일이라는 이념을 포기하고 훨씬 더 협소하고 즉각적인 이해 관계에 따라 움직이는 쪽으로의 변화로 비춰질 것"이라며 "이는 종말의 서막이 될 것"이라고 경고했다. 유럽연합에서 독일의 위상을 단적으로 말해준다.

새로운 국제사회는 이해관계와 요구사항에 대한 내적 균형을 필요로 한다. 이를 위해 신뢰를 바탕으로 한 적극적인 개발정책과 파트너십을 펼쳐야 한다. 여기에서 독일의 선도적인 역할이 유럽사회의 요구이다.

Deutsche Kultur Odyssee : : :

독일어 회화	**Welche Länder sind Mitgliedstaaten der Europäischen Union?** 어떤 나라가 유럽연합의 회원국인가요? **Deutschland, Österreich, Frankreich, Luxemburg, die Niederlande, Belgien usw.** 독일, 오스트리아, 프랑스, 룩셈부르크, 네덜란드, 벨기에 등이 있어요.
참고/DVD자료	송병준: 유럽연합을 이해하는 20가지 키워드, 높이깊이, 2008 안병억 외: 유럽연합의 이해와 전망, 높이깊이, 2014 정일영: 유럽 연합의 이해, 신아사, 2008 Dick Leonard(박영렬·고주현 옮김): 유럽연합 가이드, 성진미디어, 2013 www.europa.eu 유럽 25개국 공동기구, EU 활동 내역 및 정보, 기구 조직 소개 수록 http://www.mofa.go.kr/main/index.jsp 외교부 홈페이지 국가 및 지역정보 수록

드레스덴의 젬퍼 오페라하우스

05

Deutsche Kultur
Odyssee

한독수교:
1883년 이래
한독 관계

Die koreanisch-deutsche Beziehung seit 1883

생각해 보기

한독수호조약을 이룰 당시 조선의 정치적·사회적 상황은 어떠했는가?
독일에서 가장 유명한 한국 사람은 누구일까?

이수광　　　소현세자　　　아담샬

1639년(인조 17)에 한강의 상류인 삼전도(지금의 서울특별시 송파구 삼전동)에 세운 청 태종의 공덕비

한국과 독일의 외교사

한국과 독일의 공식 외교 관계는 1883년 조독수호조약에서부터 시작하여 136년이 된다. 이런 역사 속에서 독일과 한국의 첫 접촉은 고려시대의 염제신이 1354년 원나라 조정에서 프랑크제국의 사신과 만난 일에서 시작된다. 문헌상으로 독일이 처음 알려진 것은 1614년(광해군 6) **이수광의 〈지봉유설〉**에서였는데, **이수광이 명나라에 사신으로 다녀온 뒤, "독일인국은 백옥(白玉)으로 성을 쌓은 나라이다"라는 짧은 기록**에서였다. 한국인과 독일인의 첫 만남은 1644년, 30여 년 뒤 병자호란 때 볼모로 잡혀간 소현세자가 선양에 머물려 베이징 방문에서 예수회 독일인 신부인 아담 샬과 교분을 맺었을 때이다. 이후 19세기에 이르기까지 양국은 별다른 교섭이 없이 지내왔다. 1832년(순조 32) 영국 상선 암허스트호에 승선한 독일인 목사 구츨라프가 충청도 해안에서 선교를 시도하였지만 실패하였다. 당시, 조선은 기독교 금압정책과 쇄국정책을 고수하고 있었고, 반면에 독일의 프로이센제국은 1860년대에 들어와 극동에 대한 관심을 고조시키고 있었다. 1866년(고종 3)에 독일 상인 오페르트는 두 번의 입국에 실패한 뒤, 세 번째 입국하여 아산만의 남연군 묘 도굴사건을 일으켜, 당시 실권자인 흥선대원군의 쇄국정책에 더욱 박차를 가하는 결과를 초래했다. 1870년에는 주일 독일대리공사였던 M. V. 브란트가 최초로 국가적 차원에서 의도적인 입국 교섭을 시도하였으나 거절되었다. **이 당시 조선 정부는 대원군 섭정 아래 병인양요와 신미양요 등 프랑스 및 미국과의 척양의 무력항쟁에 승리하여 각지에 척화비를 세우는 등 쇄국정책을 강화시키고 있을 때였다.** 따라서 일본을 비롯하여 서구 어느 나라와도 문호개방을 시도하거나 허락하지 않았다. 1873년 대원군이 하야하고 반대파인 민씨 일가가 실권을 잡았으나, 1876년 병자수호조약으로 일본과의 개국통상과 더불어 정부의 개화의지가 천명되면서, 독일의 대한교섭도 본격적으로 착수되었다. 특히 1882년 5월 한미수호통상조약이 청나라의 알선으로 체결됨을 계기로 한독 관계도 급진전을 보게 되었다.

중국 심양

남한산성 안내석

인조가 수항단에서 항복하는
모습을 표현한 부조(1639)

1882년 독일은 빌헬름 1세에 의해 대한교섭의 전권대신으로 임명된 공사 브란트와 외교교섭을 시작했으나 체결이 원활하지 않았고, **1883년 당시 양국 전권대사인 민영목과 재일 요코하마 주재 총영사 차페가 서울에 와서 한독수호조약을 체결하였다. 한독수호조약이 조인된 1883년에는 많은 독일인들이 조선에서 정치와 무역, 문화 영역에서 활발히 참여하고 있었다.** 한국 이름이 목인덕인 묄렌도르프(1848~1901)는 고종 때 최초의 서양인 고문으로서 1882년 12월에 청나라 이홍장의 추천으로 조선 정부의 해관 및 외교고문으로 부임하여 조선의 문물개화를 위하여 다방면으로 활동하였다. 그러나 이른바 한러밀약설의 책임을 지고 협판교섭통상사무, 해관 총세무사직을 내놓고, 1885년 12월 5일 다시 중국으로 돌아갔다.

1884년에는 볼터를 책임자로 하여 인천에서 독일무역상사 세창양행이 설립되었다. 이 무역상사는 독일의 물품을 수입하여 조선에 판매하였고, 1885년 11월에는 조선 정부에 은화 10만 냥을 차관해 주었다. 1884년에 주한독일부영사 부들러가, 10월에는 총영사 젬브쉬가 내한하였고, 조선은 조신희, 박제순, 민영익, 성기운 등을 독일에 파견한다. 한편, 독일에서는 처음으로 함부르크에서 마이어가 조선 정부의 허가로 명예 영사로 지내다가 1901년에 한국영사관이 설치되어 초대 공사로 민철훈이 부임하였다.

조선에서는 조독수호조약을 통해 독일문화권이 상당히 폭넓게 확산되어 갔다. **1896년 4월에는 세창양행 대표인 볼터가 금성·당현의 광산채굴권을 조선 정부로부터 허가받았다. 1898년 9월에는 관립덕어학교가 설립되어 볼얀이 교사로 초빙되었다.** 이러한 한독 관계의 결속을 확인하기 위해 1898년 7월에는 프로이센제국 빌헬름 2세의 친동생 하인리히 친왕이 조선을 방문하였다. 한말의 외교사 가운데 가장 큰 국빈이었던 하인리히 친왕은 고종을 예방하고 금성탄광과 관립덕어학교를 방문하였다. **1901년 2월 27일부터는 독일해군 군악대장 에케르트가 조선 왕실 악대장으로 초빙되어 활동하면서, 같은 해 9월 고종황제 50세 탄신축연에서 대한제국 국가를 작곡하여 연주하기도 하였다.** 또한 궁내부에서 시중을 들면서 **서울 정동에 손탁호텔을 경영한 손탁과 고종의 시의로 근무한 분쉬도 기억될 만한 인물이며,** 1909년부터 조선에 진출하여 선교활

손탁이 운영한 손탁호텔(1902년)

하인리히 왕자가 타고 온 배

하인리히 왕자

뮐렌도르프

왼쪽에서 세번째가 손탁

동을 벌이고 있는 **베네딕트수도원 선교사**들도 한독 관계에 일익을 담당하였던 사람들이다. 그러나 이처럼 조독수호조약 체결 후 활발해졌던 한독 관계는 1905년 을사늑약으로 한국의 외교권이 박탈됨에 따라 1906년 다른 외국 공관과 함께 독일 공사관이 철수됨으로써 단절되고 말았다.

일제강점기에는 한국이 직접 독일과 공식적으로 접촉할 수는 없었으나 비공식적인 관계는 계속되었다. 영친왕이 1927년 유럽 여행길에 원수 힌덴부르크를 방문하였고, **1936년 베를린 올림픽에서 손기정이 마라톤에서 우승했으며, 독일에 유학하는 유학생들도 계속해서 생겨났다.** 1945년 제2차 세계대전이 종결되자, 한국은 남북으로 분단되었으며, 독일은 패전과 함께 열강들의 이해 관계 속에서 미·영·불·소의 분할점령 상태에 놓였다. 1948년에 남북한이 차례로 정부를 수립하였고, 1949년에는 서독과 동독이 각각 독일연방공화국과 독일민주공화국을 선포함으로써, 한국과 독일은 전형적인 국제정치형 분단국가가 되었다. 따라서 두 나라의 역사는 한독 관계 또한 분단국가가 갖는 국제정치적 조건과 제약 속에서 전개되었다.

1948년 대한민국을 수립한 후 쾰른에 한국 총영사관을 설치했으며, 1955년 서울에 독일 총영사관이 개관되어 외교 관계가 완전히 복구된다. 1957년 우리나라는 서독의 수도 본에 공사관을 설치, 이듬해 대사관으로 승격하였고 서독도 같은 해 서울의 공사관을 대사관으로 승격시킨다. 이후 **1964년 박정희 대통령의 방독과 1976년 뤼브케 대통령의 방한으로 두 나라의 협력 관계는 매우 우호적이었다. 하지만 1967년은 동베를린 사건으로 한독 외교 관계의 불행한 시간이었다.** 국가 안보문제와 인권문제가 논란이 된 이 사건은 동 베를린 거점 북한대남공작단사건으로 중앙정보부는 이른바 국내외 교수와 학생, 예술인 등 315명이 관련되었다고 밝혔다. 이 사건처리를 둘러싸고 우리나라 정부의 안보우선주의와 독일 정부의 인권문제 중시의 태도라는 양국 간의 태도나 의견의 폭이 좁혀지지 않아, 그 뒤 서독은 정경분리원칙에 입각하여 우리나라의 정치정세에 냉담한 태도를 취하게 되었다. 하지만 독일은 1980년의 광주민주화운동을 지켜 보았고 분단국가라는 아픔을 함께 나누기도 하였다.

1964년 박정희 대통령의 독일 방문(베를린 시장 빌리 브란트와 함께)　　박정희와 독일 뤼프케 대통령, 파독간호사, 광부

독일의 통일과 더불어 한독 관계에도 변화가 생긴다. 독일 통일 후 1999년 주독 한국대사관을 베를린으로 옮겨 산하에 영사관, 한국문화홍보원을 두고, 프랑크푸르트에는 주독 한국 총영사관을 설치한다. 북한과 동독은 공식 외교 관계를 맺고 있었으나 독일 통일과 더불어 외교 관계가 종료되었다. 독일은 잠정조치로 북한주재 스웨덴대사관에 이익 대표부를 설치하였고 북한은 독일주재 중국대사관 베를린 분관에 이익 대표부를 설치한다.

독일로 간 간호사와 광부

남북 분단 상황 아래에서 한반도는 6.25전쟁을 겪고 이후에는 전후 복구에 만전을 기하고 있어 한독 외교 관계를 정상적으로 유지하지 못했다. 비로소 **1955년에 양국 간 외교 관계가 정식적으로 수립되었다.** 이에 양국에서 외교적인 움직임이 있었는데 한국은 독일에 경제 재건과 기술협조에 대한 협정을 확인하는 데 주력하였다. 독일은 6.25 이후 우리나라의 경제 개발 사업에 처음부터 참여한 국가 중 하나이며 1962년 경제 지원을 시작하여 13억 마르크를 제공하였다. 여기에 **서독정부는 우리나라의 간호사와 광부를 받아들일 것을 협정하여 1962년 1월 우리나라의 광부가 독일에 파견된다.** 1962년 1월, 12명의 광부가 1진으로 독일로 떠나고, 1957년부터 **간호사**는 민간주도로, 그리고 1965년 독일 정부 차원에서 간호 인력의 파견요청이 있었다. **간호사들은 "유능하고 친절하며 봉사정신이 높아서" 독일사회에 좋은 한국인 인상을 심어주는 계기가 되었다.** 경제협력을 통한 한독 관계는 1964년에 절정을 이루어 서독 대통령 뤼브케가 한국의 대통령 박정희를 초청하기에 이른다. 이에 대통령 일행은 12월 7일부터 1주일간 독일에 머물면서 정상회담을 가지고, 또한 재독 한국교민을 격려하였다. 독일을 방문한 박정희 대통령이 광부와 간호사들에게 한 연설에서 "나라가 가난하여 목이 메인다" 하여 모인 사람들이 서로 부둥켜안고 눈물바다를 이루었다. 1977년까지 독일에 간 광부와 간호사의 수는 각각 8천여 명과 1만여 명에 이른다. 이로 인해 외화 획득의 기회가 되었는데 1965년 이들을 포함한 해외 취업자들이 국내에 송금한 외화는 상품 수출액의 10.5%, 무역외수입의 14.6%에 달했다. 박정희 대통령의 독일 방문 이후 양국 간의 교역 및 서독의 대한투자는 급증하게 되었으며, 독일의 뤼프케 대통령의 방문(1967년 3월)으로 한독경제 협력이 강화되었다. 1970년대 경제개발 시기에 독일에서 많은 차관을 도입한다.

교역 관계는 1960년대부터 수출 품목은 함부르크를 발판으로 경공업제품이었고, 1970년대는 경제구조가 중공업을 주로 이루어, 루르 지방의 뒤셀도르프로 많이 진출한다. **1980년대는 연평균 10% 정도씩 성장하고, 1980년대 후반부터 한독 관계는 중요한 무역 상대국으로 더욱 긴밀해져 독일과 한국의 상대국에 대한 자본투자도 늘어갔다.** 1995년 대독 수출은 59억 6500만 달러, 대독수입은 65억 8300만 달러로서 최고치에 달했다. 이후 우리나라의 경제위기 및 반도체 수출 부진으로 다소 감소 추세를 보였으며 자본재와 부품을 독일에 의존함에 따라 생기는 대독 무역적자는 장기간 해소되지 않고 있다. **독일은 한국이 1997년 이후 외환위기를 겪을 때 우리 나라의 입장을 지지했으며 투자액수를 두 배로 늘려 과감한 투자를 계속하였는데 대부분 장기투자라는 점이 특징이다.** 독일은 한국에 대해 약 110억 5천만 달러의 채권을 소유하고 있어 일본에 이어 제2의 채권국이다. 한국에 진출한 독일기업은 320여 개 기업이 있다. 1962년부터 독일은 한국의 개발 사업에 참여하여 총 13억 마르크를 제공하였다. 한국의 개방 수준과 함께 1982년 재정적인 협력 관계는 종료되었다. 1989년부터는 기술협력에 있어서도 새 사업은 승인되지 않았으며, 1990년도 중반에 모든 기술협력이 종료되었다.

한독 문화교류

한국과 독일의 교류는 인적, 물적, 문화적 교류에서 오랫동안 동등한 관계의 상호교류라기보다는 일방적인 관계라고 볼 수 있다. 주로 우리나라가 독일로부터 영향을 받는 관계였다. 이는 문화교류에서 특히 두드러지는데 최근에 와서 차차 개선되고 있다.

한독 간의 문화 관계는 1972년에 체결된 한독문화협정에 기초한다. 학술·영화·음악·문학·미술 등 다양한 영역으로 확대되어 왔다. 현재 독일에는 2천여 명에 이르는 한국인이 살고 있고, 5천 명에 이르는 한국 유학생이 독일 대학에서 공부하고 있다. 각 지역의 재독한인회, 본의 독한협회, 서울의 한독협회, 주한 독일문화원과 각종 학회 및 친목회, 동창회들이 한독 문화교류를 활성화해 나가고 있다. 한국의 독일 문화 수용은 시기별로 다르게 나타난다. **해방 이전 일본 침략 시기에 독일과의 공식 외교 관계는 단절되었지만 문화교류는 계속되었다.**

1895년 서울에 관립외국어학교가 설립되었고, 1898년 이 학교 안에 독일어 학교를 부설하였다. 최초 교사는 볼얀으로 5년 과정으로 5명의 졸업생을 배출하였다. 구한말에 조선에 온 독일인은 조선 정부 고문 묄렌도르프와 군악대장 에케르트, 시의 분쉬 박사 등이 있었다. 종교단체는 베네딕트 수도회가 서울과 원산에 성 베네딕트 수도원을 설립하고 선교사를 파견하여 주로 선교, 의료, 교육, 출판, 사업을 통한 원조를 제공하였다. 이후 1949년에는 B. 자우어 주교를 비롯한 신부와 수녀들이 북한 당국에 의해 체포되었고 수도원은 폐쇄되었다. 이후 1957년부터 경북 왜관에 다시 수도원을 개원하였다. 일본은 서양의 여러 나라 중 독일을 근대화 모델로 지목했기 때문에 법, 사회, 교육, 문화의 여러 분야에 독일의 제도를 많이 받아들였으며 이는 간접적으로 한국에도 영향을 주었다. 해방 이후 1950년대부터 한국의 고등학교와 대학교에서 독일어와 독어독문 분야에서 연구와 수업이 본격적으로 시작된다. 과학기술 분야에서 1990년대 초까지는 1966년 9월에 맺어진 한독 기술협정에 의해 독일 측이 주로 기술지원과 협력을 제공하였다. **1986년 9월 다시 체결된 한독과학기술협력협정 이후로는 양국 간에 상호 대등한 관계 협력으로 방향 전환이 추진되었다.**

년도	방독	방한
1958	주독 초대 대사 손원일(8월) 상공부장관 김일환 독일 방문	경제상 에르하르트(Ludwig Erhard)(10월)
1961	특사 김용식(5.16혁명 후), 정내혁(한국경제 및 기술협조에 관한 협정서 조인)	
1964	박정희 대통령(12월) 특사 김현철 한독 관계 결속 확인, 상공부 장관 박충훈 한국경제 사절단, '한국경제회담에 관한 의정서', '한독재정원조에 관한 협정'	하원의장 게르스텐마이어(Eugen Gerstenmaier) (5월)
1966	부총리 겸 경제기획원장관 장기영: 경제협력성 장관 쉘 (Walter Schleel) 제2차 경제각료회담(5월)	경제성차관 랑케(Leopold von Ranke) (3월) 박충훈과 제1차 한독 경제각료회담
1976		뤼브케 Heinrich Lübke대통령(3월)
1969		1976년 외무차관 프랑크 Frank P.(1월):동베를린 거점 북한 대남공작단사건으로 양국 관계 협의
1970	통일원장관 신태환: 동서독 분단상과 통일노력을 시찰(2월)	외무상 쉘(5월): 한독문화협정, '부산직업학교 설립에 관한 약정서' 1972년 '한독비자면제협정, 한독재정원조에 관한 협정'
1983		한독수교 100주년 기념 쉘(W. Scheel) 대통령
1986	전두환 대통령(4월)	
1989	노태우 대통령(11월)	
1991		바이체커(Richard von Weizäcker) 대통령(2월)
1993		콜(Helmut Kohl) 연방수상
1995	김영삼 대통령(3월)	
1997		킨켈(Klaus Kinkel) 외무장관(10월)
1998		바이겔(Teo Waigel) 연방재무장관(2월) 헤르초크(Roman Herzog) 대통령(9월)
2000	김대중 대통령(3월)	슈뢰더(Gerhard Schröder) 총리 ASEM 정상회의 참석(10월)
2002		라우(Johannes Rau) 대통령(6월)
2005	노무현 대통령(4월)	
2006		슈타인마이어(Frank-Walter Steinmeier) 독일 외무장관
2010		쾰러(Horst Köhler) 대통령(2월) 메르켈(Angela Merkel) 총리(10월) G20정상회의 참석
2011	이명박 대통령	
2014	박근혜 대통령: 양국 간 교역·투자 확대와 통일 분야 협력 확 대 방안과 한반도 정세 등 의견 교환(3월)	
2015		가우크(Jochaim Gauck) 대통령 방한(10월)

백남준 비디오아트, 국립현대미술관

경기도 용인시 백남준아트센터

독일 속의 한국 문화

우리 문화가 독일에 알려지고 독일 문화 속에 단편적으로나마 자리하기 시작한 것은 17세기 후반부터이다. 이후 1883년 한 독수호통상조약이 체결되자 비로소 교역과 더불어 한국 문화를 정식으로 소개하려는 노력이 독일인들에 의하여 시도되었다. 선구자 역할을 한 두 사람은 남부 티롤 출신 예수회 신부인 마르티니와 네덜란드 사람 하멜인데, 마르티니는 중국에 체류하는 동안 중국인과 한국인이 쓴 한국에 관한 글을 읽고 그것을 정리하여 〈한반도와 그 경치, 도시, 관습 및 식물에 관한 마르티니의 보고서〉(1653, 1655 독일어로)를 냈고 하멜은 표류기(1668, 1672년 독일어로)를 출판하여 독일에 우리나라를 알렸다. 이후 독일인 지볼트는 의사로서 일본에 머무르며 일본에 표류해 온 한국인을 직접 만나 한글 자모를 배우는 등 한국에 관한 학술적인 조사를 수행해 네덜란드로 돌아가 1883년 한국의 관료제도, 역사, 문화, 언어 등이 비교적 객관적으로 다루어진 책을 출판하여 20세기 중엽까지 한국에 관한 기본 자료로 이용되었다.

한독수호조약과 더불어 우리나라는 독일과 공식적 관계를 맺고 한국 문화가 적극적으로 독일에 소개되며 독일인에 의한 본격적인 여행기들이 발표되기도 하였다. 이 시기에 함부르크 출생의 상인으로 1881년 홍콩에 마이어상사를 설립하고 제물포에 1884년 그 지사인 세창양행을 설치한 마이어는 1886년 초대 주독조선총영사로 임명되어 상업적 관심에서만이 아니라 조선을 대표하는 외교관으로서 한국 문화의 소개에 적극적이었다. **그는 세창양행을 통해 수집한 한국 물품을 1889년 함부르크미술공예관에서, 1894년 함부르크미술공예박물관에서 최초의 공식적인 전시를 하였다.**

한독수호조약 이후 독일인 여행가, 기자들의 방문이 있었고 여행기가 출판되기도 했다. 1895년 헤세-바르텍은 상세한 여행기 〈Korea〉를 썼고, 1901년 세창양행 지사장인 볼터는 〈한국의 옛날과 지금〉이라는 논문을, 독일 쾰른신문의 특파원 겐테는 〈독일인 겐테가 본 신선한 나라 조선, 1901〉, 차벨은 1906년 〈독일인 부부의 한국 신혼여행, 1904〉, 대한제국의 궁궐에 근무하며 궁중생활의 모습을 그려낸 E. 크뢰벨은 1909년 베를린 판 〈나는 어떻게 한국 황실에 왔나〉라는 책을 펴냈다. 이들의 책들은 한국사회 및 문화를 자신의 눈으로 보고 경험하여 구체적으로 소개하였고 그때까지 은둔의 나라로 많이 알려지지 않은 한국을 독일인들에게 알리는 계기가 되었다. 일제강점기에 독일인들에 의한 한국 문화 소개는 전문화되었다. 분도회의 총원장이었던 베버는 1915년에 〈고요한 아침의 나라〉에서 한국과 한국교회를 아름답게 소개하였다. 1908~1928년 사이에 분도회의 선교사 에카르트 신부는 1931년 〈한국의 학교제도〉라는 논문으로 브라운슈바이크 대학

이미륵, 1948

윤이상의 독일 여권과 노트

백남준, 윤이상의 젊은 시절

베를린 시립 묘역의 윤이상 묘

에서 박사학위를 받았다. 계속해서 1923년 〈한국어문법〉, 1929년 〈한국미술사〉, 1930년 〈한국의 음악〉을 출판하였고, 뮌헨대학교에서 한국어를 가르쳤다. 이것은 독일에서 한국학의 출발이었다. 또한 라우텐자흐는 브라운슈바이크대학교의 교수로서 1933년 한국의 지형을 연구하고 돌아가 한국의 지리 및 한국인의 생활과 문화에 대한 논문을 발표하고 1945년 〈한국〉이라는 책을 출판했다.

한편 독일은 당시 비자 없이 유학이 가능한 나라여서 김중세(1882~1946), 이의경(미륵, 1899~1950), 도유호(1905~1982), 안호상(1902~1999), 김재원(1909~1990) 등 수많은 유학생이 유학하였다. **이들은 자연과학, 철학, 예술 등을 전공하였기에 한국 문화나 역사를 구체적으로 소개하지는 못했지만 이 중에서 이미륵은 달랐다.** 그는 3.1운동에 참가한 후 일본 경찰의 추격을 피해 중국을 거쳐 1920년에 독일로 도피, 1928년 뮌헨대학교에서 동물학 박사학위를 취득하였다. **이후 1946년 우리나라의 정서와 사상, 풍속, 역사를 소재로 한 자전소설 〈압록강은 흐른다〉를 독일어로 출판하여 전후 독일문단에서 큰 주목을 받으며 일부가 독일의 교과서에도 수록될 정도로 인정받는 작가가 되었다.** 또한 〈어느 한국 골목의 저녁〉, 〈열녀문〉, 〈흥부와 놀부〉 등 많은 이야기를 독일에 소개하였으며, 뮌헨대학교에서 한학과 한국문학을 강의하여 유수한 동양학자들을 육성하기도 하였다.

레버쿠젠 소속으로 독일에서 활약한 손흥민 선수(2015). 2019년 현재 영국의 토트넘에서 활동하고 있다.

1950년대에는 한국과 서독 사이에 외교 관계가 재개되면서 한국 사람들이 독일로 진출하게 되고 이를 계기로 한국 문화는 서독 안에 정착되고 발전하는 시기를 맞는다. **1960년대부터 한국은 독일어 문화권을 대상으로 한국 소개 책자를 배포하기 시작했다.** 1970년 한독문화협정이 발효된 이후 한국은 독일에서 개최되는 거의 모든 문화 관련 회의와 행사 등에 참여해 왔으나, 같은 아시아권 국가인 중국이나 일본에 비하여 우리나라의 소개 및 문화외교는 상당히 뒤쳐져 있었다.

윤이상(1917~1995)은 1972년 뮌헨 올림픽 개막작 오페라 〈심청〉을 통해 천재적인 음악가라는 평가와 함께 세계적으로 명성을 떨쳤다. 동베를린 사건으로 우리나라에서는 공연이 금지되었다가 사건 전말이 밝혀지고 새롭게 조명 받게 되었다. 북한에서는 해마다 윤이상 음악제가 있었고, 1988년 38선상 민족 합동음악축제를 제의하였다. 1990년 남북통일음악제 주관 이후, 2000년부터 매해 통영국제음악제가 통영에서 열려 세계에서 많은 음악가들이 참가하고 있다.

백남준(1932~2006)은 한국 태생의 미국 미술가, 작곡가, 전위예술가이다. 여러 가지 매체로 예술활동을 하였고, 비디오 아트를 만들어 발전시켰으며 무엇보다 비디오아트의 선구자로 알려져 있다. 1956년 백남준은 독일로 유학을 떠나 뮌헨대학교 및 쾰른대학교 등에서 서양의 건축, 음악사, 철학 등을 공부하였다. 뮌헨대학교 입학 1년 후에는 프라이부르크 고등 음악원으로 옮겨 W. 포르트너 교수에게 배우지만 곧 현대음악의 실험이 활발하던 다름슈타트 여름학기 강좌에 참여했다. 1958년 그 곳에서 현대음악가 요셉 케이지를 만나 그의 자유로운 음악적 실행으로부터 영감을 얻었다. 1950년대 말부터

독일 슈투트가르트발레단 수석, 세계적인 발레리나 강수진과
해외 발레리나들이 펼치는 명품 공연

월드 발레리나
강수진과 친구들
Sue Jin Kang with Friends

젊은 시절 차범근 선수

활발해지기 시작한 독일 라인 지역의 음악 퍼포먼스의 장에서 백남준은 '아시아에서 온 문화테러리스트'(앨런 카프로)라고 불릴 정도의 탁월한 퍼포머로 활약했다. 1959년 '존 케이지에게 보내는 경의'에서 피아노를 부수는 퍼포먼스를 선보이는 것을 시작으로, 바이올린을 파괴하는 〈바이올린 솔로〉, 존 케이지의 넥타이를 잘라 버린 퍼포먼스 〈피아노 포르테를 위한 연습곡〉이 특히 유명하다. 1960년대 초반 G. 마키우나스, J. 보이스 등을 만나 플럭서스 활동을 전개했다.

스포츠계에서는 프랑크푸르트와 레버쿠젠에서 활약하면서 차붐 신드롬을 불러일으킨 차범근 선수가 한국을 알린 자랑스러운 체육인이다. 차범근은 1979년부터 10년간 독일에서 주전 선수로 출전하면서 308경기에서 98골을 넣었으며 세계 올스타 베스트11에 여러 번 뽑혔다. 1998년 독일 축구역사가 협회는 차범근을 20세기 최고의 아시아 축구선수로 선정하였다. 지금은 축구 해설위원으로 중요한 경기가 있을 때마다 선수로서의 입장과 감독으로서의 입장으로 연구하고 분석하며 중계하고, 아들 차두리와 함께 진행하여 재치 있게 입담하여 즐거움을 선사하기도 했다. 차범근의 뒤를 이어 아들 차두리, 구자철, 손흥민 등이 독일 분데스리가에서 뛰었다. 2014년 슈틸리케 감독이 우리나라 국가대표 감독직을 맡으며 독일 축구가 우리 곁에 더욱 가까이 있음을 실감한다.

강수진(1967~)은 현역 무용수이며 2014년부터 3년 동안 한국국립발레단 예술감독을 맡았다. 그리고 2017년 1월에 연임이 결정되어 임기가 2020년까지 연장되었다. 초등학교 3학년에 발레를 시작하여 19세의 강수진은 1986년에 최연소 발레리나로 슈투트가르트 발레단에 입단한다. 1993년 슈투트가르트 발레단 주역으로 데뷔를 하며 '천부적인 자질을 가진 특별한 발레리나'라는 평가를 받는다. 이어 빈, 뉴욕발레단의 초청 주역을 맡아 열연하며 1999년 최고 무용수상 브누아 드 라 당스를 수상하여 독일 무용계 사상 최대 경사를 맞는다. **독일과 세계무대에서의 경험과 열정으로 한국으로 돌아와 단장직을 맡으며 멈추지 않는 춤을 이어나가고 있다.**

독일 프랑크푸르트 '한국정원'의 모습

2005년 세계 청소년의 날 기념 250명 한국 손님을 위해
클라우스 다네 신부의 아이디어,
자우어란트의 한국어 도로 표지판

2005년 한국의 해   KoreaJahr 2005

독일 정부는 2005년을 '한국의 해'로 지정하였다. 독일이 한 해를 외국의 해로 지정한 것은 일찍이 유례가 없었던 일이다.
'2005 한국의 해'는 2005년 9월 베를린에서 개최되는 아·태 주간 행사에 한국이 포커스 국가로 참여하고, 10월 프랑크푸르트 도서박람회에 한국이 주빈국으로 선정된 것을 기념하며 두 행사를 시간적, 공간적으로 확대하여 2005년 한 해 동안 독일 전 지역을 대상으로 한국을 종합적으로 소개하는 행사를 개최하자는 취지였다. 2005년 독일에서 개최되는 한국 관련 행사는 문화 올림픽으로 불리는 10월의 프랑크푸르트 도서박람회를 비롯해 1월부터 매월 크고 작은 행사가 무려 300여 건에 이른다. 2월 베를린 국제영화제 기간 중에는 임권택 감독의 특별회고전 〈서편제〉를 비롯해 20여 편의 한국영화가 상영되고, 함부르크 개항 816주년을 맞는 5월에는 자매 도시인 부산시 소속 예술단과 안성바우덕이 풍물단의 공연이 함께했다. 6월에는 실러 사망 200주년 행사로 한국과 독일에서 동시에 심포지엄이 개최되었고, 한국 해군 순양함이 함부르크 등 독일의 주요 항구도시를 방문하여 한·독 군악대, 의장대 합동공연을 갖기도 했다.

독일에서 한국의 해 기념 첫 행사인 'CMT 2005'(슈투트가르트 국제 관광캐러반 및 국제관광박람회)를 계기로 한류열풍이 세계 최대의 관광국인 독일을 비롯해 유럽으로 확산되는 계기가 될 것으로 기대를 모았다. 다른 한편으로는 **한독 관계를 정치, 경제, 문화, 학술 등 제반 분야에서 한 차원 높은 협력 관계로 발전시키기 위한 중장기적인 토대를 구축하였다.** 더불어 한국에 대한 세계 제1의 수출국인 독일과 한국간의 무역과 투자를 확대하는 계기도 마련하였으며, 독일에 거주하는 우리 재외동포 3만여 명의 권익신장과 한국인으로서의 자긍심을 고취하는 등 한국인의 지위 향상을 도모하는 중요한 계기도 되었다. 한국 정부는 프랑크푸르트 시내 공원 지역에 한국의 해를 기념하기 위해 아담한 정자와 연못이 있는 한국 정원을 조성하여 시에 기증하였다.

남해 독일마을의 〈파독전시관〉

남해 독일마을

어려운 시기에 독일로 건너가 험난한 일을 도맡아 하던 간호사·광부들의 귀국 후 정착생활 지원책으로 이루어진 것이 독일마을이다. **1960년대에 독일에 파견되어 한국의 경제발전에 기여한 독일 거주 교포들이 한국에 정착할 수 있도록 삶의 터전을 제공해주고, 독일의 이국문화와 전통문화예술촌(현 원예예술촌)을 연계하는 특색 있는 관광지로 개발하기 위해 남해군청에서 2001년부터 조성한 곳이다.** 경상남도 남해군은 사업비 약 30억 원을 들여 40여 동의 건축물을 지을 수 있는 택지를 독일 교포들에게 유료 분양하고, 도로, 상하수도 등의 기반시설을 마련해주었다.

남해군 삼동면 물건리와 동천리, 봉화리 일대 약 100,000㎡의 부지에 걸쳐 조성되어 있으며 주택들이 모여 있는 독일교포 정착마을은 산과 바다를 함께 조망할 수 있는 동천리 문화예술촌 안에 있다. 주택건축은 독일 교포들이 직접 독일에서 건축부재를 수입하여 전통적인 독일 양식 주택을 건립하였는데, 남해군청에서도 독일마을 주택설계 시공지침서를 통하여 빨간 기와지붕과 하얀 벽 등 전통 독일식 주택으로만 신축토록 규제하였다. 이 주택들은 독일교포들의 주거지로 또는 휴양지로 이용되며, 관광객을 위한 민박으로도 운영된다. 독일마을은 남해군에서도 가장 아름답고 자연경관이 뛰어난 곳이며 산과 바다를 함께 조망할 수 있는 몇 안 되는 곳 중 하나이다. **'파독전시관', '10월의 맥주축제' 등 독일적 특색을 살려 보물섬 남해군의 명품 관광지로 자리매김하고 있다.**

남해 독일마을 연구

Deutsche Kultur Odyssee : : :

독일어 회화	**Kennst du K-pop 'Kangnam Style'?** 한국의 팝 '강남스타일'을 아니? **Ja, ich liebe PSY!** 그럼, 나는 싸이를 좋아해.
참고/DVD자료	게하르트 분쉬(김종대 옮김): 독일인 의사 분쉬, 학고재, 1999 노르베르트 베버(박일영, 장정란 옮김): 고요한 아침의 나라에서, 분도출판사, 2012 루돌프 차벨(이상희 옮김): 독일인 부부의 한국 신혼여행, 1904, 살림, 2009 안드레 에카르트(이기숙 옮김): 조선, 지극히 아름다운 나라, 살림, 2009 이미륵(전혜린 옮김): 압록강은 흐른다, 범우, 2010 이순우: 손탁호텔, 하늘재, 2012 윤이상: 상처 입은 용, 랜덤하우스중앙, 1977 지그프리트 겐테(권영경 옮김): 독일인 켄테가 본 신선한 나라 조선, 책과함께, 1901 최종고: 한독교섭사, 홍성사, 1983 한스 알렉산더 크나이더(최경인 옮김): 독일인의 발자취를 따라, 한독 관계: 　　　　　　초창기~1910년까지, 일조각, 2009 헤세 바르텍(정현규 옮김): 조선, 1804년 여름, 오스트리아인 헤세 바르텍의 여행기, 책과함께, 2012 세상은 넓다, 독일에 남겨진 작곡가 윤이상의 혼, 2000.01.03 영화, 국제시장, 윤재균 감독, 2014 한국책 독일어 원본 구입할 수 있는 사이트 http://www.rp-online.de/kultur/ 　　　　　buch/koreanische-literatur-in-deutscher-uebersetzung-aid-1.1592789 www.forum.meet-korea.de 한국인과 독일인의 만남의 장

Zur Suche nach
dem Ursprung der
Deutschen

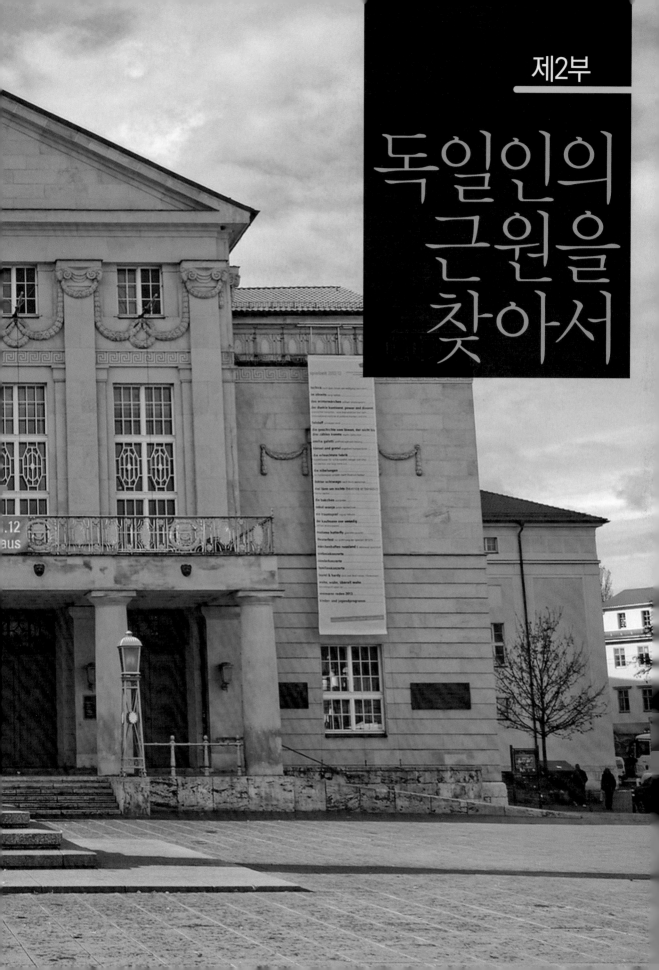

제2부

독일인의
근원을
찾아서

06

Deutsche Kultur
Odyssee

북유럽
신화와
게르만
신화

Nordische Mythologie
und Germanische Mythologie

생각해 보기

그리스로마 신화와 북유럽 신화의 공통점과 차이점은 무엇일까?
북유럽 신화는 독일의 신화인가?

태초의 신 '부리'의 탄생. '부리'의 암소 '아우둠라'

그리스로마 신화 & 북유럽 신화 & 게르만 신화

북유럽 신화는 덴마크, 노르웨이 스웨덴, 아이슬란드 등 북유럽에서 전해 내려오는 게르만 민족의 신화를 말하며 그리스 신화와 함께 유럽 신화의 쌍벽을 이룬다 할 수 있다. 또한 중북부 유럽문화의 뼈대를 만든 게르만 신화의 일부라 할 수 있다. 그 이유는 북유럽 지역의 민족이 다른 게르만 종족보다는 몇 세기 늦게 그리스도교로 개종하였을 뿐만 아니라 개종 후에도 자유롭게 옛 신화를 이야기하고 글로써 전해 풍부한 신화를 남겼기 때문이다. **북유럽 신화와 게르만 신화는 기원이 같긴 하지만, 그럼에도 북유럽에 남은 신화들은 9~10세기 북유럽의 문화를 반영한 것이어서 게르만 신화와 다른 부분이 있다는 것도 감안해야 한다.** 기원전 스칸디나비아 남부와 발트해 연안에 거주하였던 게르만이 원래 어떤 신앙형태를 지녔는지는 남쪽의 로마인과 접촉한 시저나 타키투스에 의해서야 세상에 드러나게 되었고 고고학적 자료로도 아직 미지인 채이다. 일찍부터 그리스도교로 개종한 영국과 독일은 문헌 시대에 들어갈 무렵에는 이교를 파기하는 입장이었기 때문에 게르만인이 가진 신화는 북유럽, 특히 아이슬란드에 남아있는 자료에서 추정할 수밖에 없는 실정이다. 이것을 전하고 있는 **원전은 〈고(古) 에다〉 또는 〈운문 에다〉와 〈신(新) 에다〉, 즉 〈산문 에다〉가 있다.** 〈고 에다〉는 고대 아이슬란드어로 기록된 8~11세기경에 걸쳐 이루어진 북유럽 고대의 많은 서사시를 말하며, 〈신 에다〉는 그 후 12~13세기에 걸쳐 아이슬란드의 대학자인 **스노리 스틀루손**(1179~1241)이 쓴 것을 총칭하는 것이다. **북유럽 신화에는 그리스 로마 신화와는 차원이 다른 독특한 신과 거인, 예언자와 전사가 펼치는 환상의 대모험이 매우 극적으로 그려지고 있다.** 익숙하면서도 낯설었던 북유럽 신화는 문학과 영화, 공연, 게임 등 현재 우리시대의 문화 콘텐츠에 상상력의 원천을 제공하고 있다.

북유럽 창조신화

> 태초에는 아무것도 없었네.
> 모래도 바다도 차가운 풍랑도 없었네.
> 대지도 없었고 그 위에 하늘도 없었으며,
> 풀도 없었고, 텅 빈 목구멍 같은 심연이 있었지.
> —무녀의 예언에서 〈고 에다〉

처음에 우주는 '**기눙가의 심연**'이라는 공동(空洞)의 북쪽, 그 심연의 밑바닥에 있는 강에서 피어오르는 수증기가 차차 얼어서 거대한 얼음덩이를 이루고, 심연의 남쪽 불꽃의 나라로부터 불어오는 뜨거운 바람이 북쪽의 얼음덩이를 녹이는 일이 되풀이되는 동안에 그 얼음덩이에서 원초의 거인 **유미르**가 태어난다. **이 유미르는 얼음덩이에서 생겨난 거대한 암소 아우둠라의 젖을 빨고 자란다.** 유미르가 잠자면서 땀을 흘리면 겨드랑이나 사타구니 사이에서 거인들이 생겨난다. 이것이 '서리의 거인족'인데 수증기 속에 독이 있기 때문에 그들은 사악하다. 태초의 암소인 **아우둠라**가 근처에서 얼음을 핥고 있는 동안 부리라고 하는 아름다운 신이 태어난다. **그의 아들 보르는 에스틀라와 결혼하여 오딘, 빌리, 베의 3형제를 둔다.** 이 세 신들이 힘을 합해서 유미르를 죽인다. 이때 흘린 엄청난 양의 피에 빠져 거인들이 전멸하는데, 오직 베르겔미르만이 이 피의 홍수를 벗어나 세계 끝에 있는 안개 덮인 거인의 나라 요툰하임, 니플하임에서 새로운 거인족의 시조가 되어 신들에 대한 복수심을 불태운다. **오딘 등은 유미르의 시체를 바다 없는 심연의 한가운데에 놓아 대지를 만들고, 두개골은 공중에 던져 하늘을 만든 다음 불꽃의 나라에서 날아오는 불똥 가운데 큰 것을 골라 해와 달을 만들어 세계를 비치게 한다.** 이때 작은 불똥은 별이 된다. 유미르의 머리털은 숲이 되고, 뼈는 산, 피는 바다와 호수, 뇌수는 구름, 이빨은 바위와 돌이 된다. 이어 세 명의 신은 해변에 표착한 아스크(물푸레나무)와 엠블라(담쟁이덩굴의 일종)를 깎아 사람을 만들어 숨과 지혜를 불어넣은 다음, 그들을 우주 한가운데 **미드가르드**에서 살게 한다. 한편 썩은 유미르의 몸뚱이에서는 구더기와 같은 것이 기어 나와 바위틈으로 숨어드는데, 이것이 난쟁이족의 시원이 된다. 따라서 그들은 대장간 일에 능하여 지하에서 금을 파내어 정교한 보물을 만든다.

위그드라실

위그드라실(고대 노르드어: Yggdrasill ['yg,drasil̥])은 노르드 신화의 중심을 이루는 **세계수**로서 형태를 갖추게 된 우주의 한가운데에 서 있다. **우주수라고도 불리는 위그드라실은 세 개의 뿌리를 가진 거대한 나무이며 높이 솟아 신들의 세계, 인간계, 거인의 세계, 난장이의 나라, 죽음의 나라 등 아홉 나라를 연결하고 있다.** 이 나무의 한 개 뿌리 근처에는 우드의 우물이 있는데, 그곳에는 인간의 운명을 결정하는 3명의 **노른**(우르드, 베르단디, 스쿨드의 세 자매, 즉 과거, 현재, 미래의 상징)이 살면서, 독뱀이 갉아먹고 있는 우주수의 뿌리가 말라 죽지 않도록 끊임없이 깨끗한 물을 주고 진흙으로 덮는다. 베드르폴니르와 이름 모를 수리, 수사슴 다인, 드발린, 두네위르, 두라스로르 등의 생물들이 위그드라실에서 살고 있다.

이 나무의 또 한 개의 굵은 뿌리는 거인의 나라에 뻗어 있는데, 거기에도 지혜가 담긴 우물이 있어 거인 **미미르(미메)**가 지키고 있다. 나머지 한 개의 뿌리는 죽음의 나라에 뻗어 있다. 한편 나뭇가지는 하늘로 높이 뻗어 신

북유럽 신화의 세계수 '위그드라실'

세계수

들의 세계인 아스가르드를 덮고 있으며, 오딘의 집인 발할라궁도 그 나뭇가지에 걸쳐 있다. **신들은 아스가르드에 살았고, 거인들은 요툰하임에 살았으며 땅 밑에는 춥고 어두운 니플하임이라는 저승세계가 있었다. 그 중간에는 미드가르드, 즉 중간계가 있는데 거기에 인간이 살았다.**
위그드라실은 〈고 에다〉와 〈신 에다〉에 언급되며 두 문헌에서 거대한 유럽주목으로, 매우 신성한 존재로 취급된다. 에시르 신족은 매일 위그드라실 아래에서 회의를 연다. 비룡 니드호그, 매 베드르폴니르와 이름 모를 수리, 수사슴 다인, 드발린, 두네위르, 두라스로르 등의 생물들이 위그드라실에서 살고 있다.

게르만 신화의 주요 신

오딘, 보탄, 보딘　　　　　　　　　　　　　　　　**Odin, Wotan, Voden**

북유럽 신화에는 총 12명의 주신이 등장한다. 이 중에서도 오딘과 토르는 가장 많이 알려져 있고 바이킹을 주제로 만들어진 영화는 빠지지 않고 등장하는 북유럽의 신들이다. **오딘, 보탄, 보딘은 한 신을 지칭하는 이름인데 시기에 따라 그 이름이 다르게 불리어지고 있다.** 원래는 **바람의 신**이다. 북유럽 최고의 신으로 숭배되던 티르를 혁명적으로 밀어내고 최고신의 자리를 차지한다. **지혜의 신**이며, 전쟁터에서의 명예로운 죽음을 결정하는 전쟁의 신이며, 마법에 능하다. 가지고 있는 보물로는 창 궁니르, 욕망을 나타내는 두 마리 늑대와 세상을 정탐하고 알려주는 후긴과 무닌이라는 까마귀가 있다.
창조신이자 최고의 신인 보탄은 일찍부터 지식과 문자의 힘에 대해 알고 있었다. 그는 스스로 창에 찔려 9일 동안이나 위그드라실에 매달려 **룬(루네)문자를 얻어냈다.** 이름의 어원에 대해 많은 학설이 제기되었지만 '오딘(보탄)의 말'이라는 뜻도 갖고 있는 위그드라실은 요툰하임에 있는 지혜의 샘에도 닿아 있었다. 지혜의 샘물은 주인인 미미르의 허락 없이는 마실 수

왕좌에 있는 최고의 신
오딘과 그의 두 마리 늑대와
까마귀들

한쪽 눈을 잃은 오딘

가 없었는데, **젊은 오딘은 지혜를 얻고자 미미르에게 한쪽 눈을 그 대가로 지불하고 물을 마셨다. 그 때문에 보탄은 외눈이 되었다.** 오딘의 성인 발할은 '죽은 용사의 집'이란 뜻이며, 발퀴레 여신은 전쟁에서 죽은 용사들을 발할성으로 운반해 온다. 꼭 얻고 싶은 것을 위해 신체의 일부를 포기한 오딘을 보며 신이나 사람이나 세상에 공짜로 얻어지는 것은 없다는 것을 새삼 느끼게 한다.

토르   Thor

토르는 천둥과 폭풍과 풍요의 신으로 힘이 세고 용맹하며 망치로 거인을 때려잡는다. 몸에 두르면 힘이 세지는 허리띠까지 가지고 있어 어떤 거인, 어떤 신들도 토르와 맞붙어 싸우면 이길 수 없다. **묠니르라**는 이 망치는 강력한 힘을 가지고 있어 무엇이든 때려 부술 수 있고 던져서 일을 끝내면 다시 주인에게로 돌아오는 부메랑과 같은 기능을 갖고 있다. 토르는 두 마리 염소가 끄는 전차를 타고 나타나 거인들을 물리친다. 토르가 묠니르 망치로 얼음산을 부수면 얼음이 녹으면서 봄이 오고, 천둥과 번개를 쳐서 비를 내리게 하면 농사가 잘된다. **인간의 삶을 힘들게 하는 사나운 거인에 맞서 인간을 보호하고 생활에 도움이 되는 질서를 따르는 수호신이어서 북유럽 일부 지역에서는 여러 신들 중에서 토르를 높이 평가한다.** 토르는 강력하고 파괴적인 자연의 힘을 상징하는 거인들을 제압하지만 그 역시 자연의 힘이다.

로키   Loki

불의 신으로 모든 것을 삼키는 불이 신격화된 존재로 몹시 변덕스럽고 이중적인 특성을 가졌다. 거인 파르바우티와 아제 여신 라우파이야 또는 날(Nal) 사이에서 태어난 아들로 아내는 지긴 여신이다. **로키는 안드바리의 '절대반지'를 빼앗았을 때 저주를 받는다.** 거인 여인 앙그르보다(두려움을 만드는 여인)와의 사이에 늑대 펜리스, 미트가르트 뱀, 헬을 자식으로 두었

| 망치를 들고 있는 토르 | 그물을 들고 있는 로키 | 프리그, 제임스 도일 펜로즈(1862~1932) | 브리징가멘 목걸이 |

다. 보탄과 로키는 여행하는 중에 수달 한 마리를 잡게 된다. 그 수달은 농부의 아들이 변신한 것으로 농부는 아들을 잃은 대가로 수달의 가죽을 벗겨 그 안에 황금을 가득 담아달라고 한다. 문제를 해결하기 위해 나선 로키는 땅속의 보물을 캐내어 세공하는 난쟁이들 중 많은 부를 축적한 안드바리를 찾아가고 그에게서 황금과 많은 보물 그리고 **반지**까지 뺏어온다. 반지를 빼앗긴 안드바리는 화가 나서 반지를 가진 자는 목숨을 잃게 될 것이라는 **저주**를 건다. 농부는 로키로부터 황금과 반지를 받게 되지만, 안드바리의 저주가 효력을 발휘한다. 농부는 자식들에게도 황금을 나눠주지 않으려고 욕심을 부리다가 두 아들에게 살해당한다. 이 **절대 반지**의 이야기는 우리 주변에 계속해서 머물고 있다.

프리그(프라야)   Frigg(Freyia)

풍요와 봄의 여신이자 행운과 사랑의 여신이며 결혼의 수호신이다. 뇨르트와 네르투스의 딸이며 프라이의 쌍둥이 누이이다. 아제 신들에게 마법을 가르치고, 이따금 오딘의 아내 노릇도 한다. 그녀의 탈것은 돼지 힐디스빈이고, 상징물은 목걸이 브리징가멘과 매로 변신시켜 주는 옷이다. 스웨덴과 노르웨이에는 그녀의 이름을 딴 장소가 많다. 이따금 프리그와 섞이거나, 젊음의 사과를 간직하는 이둔 여신과 섞인다.

라그나로크   Ragnarok

신들이 전지전능하고 영생불멸하는 그리스로마 신화와 달리 북유럽 신화는 최후의 전쟁인 라그나로크, 즉 '신들의 황혼(Götterdämmerung)'을 맞이한다. 라그나로크는 신들 세계의 종말을 의미한다. 가장 강력한 신인 오딘은 세상의 종말에 관한 예언을 듣고 그것을 막으려고 애를 쓰지만 결국 실패한다. 세상의 마지막 전투인 라그나로크 전쟁으로 오딘은 늑대에게 잡아먹혀 끝내 목숨을 잃고, 신들 중에서 가장 힘이 센 토르는 거대한 뱀에 물려 독으로 죽는다. 라그나로크에서 마군

신들의 세계의 종말(요하네스 게르츠 작)　　　　　　　　　　〈에다〉 (스노리 스툴루손, 1666)

이 로키를 선두로 밀어닥쳐 대결을 펼친 끝에 함께 쓰러지는 바람에 위그드라실 나무가 불길 속에 휩싸여 바다 속에 잠기고 신, 거인, 괴물들의 세계가 멸망하고 새로운 세계, 인간이 지배하는 새로운 세상이 열린다. 안드바리에게서 반지를 빼앗아 온 로키는 거짓말과 술수에 능한 반신으로, 이 신들의 멸망을 이끄는데 한 몫을 한다. 라그나로크는 이미 신들이 멸망한다는 비극적 세계관을 내포하고 있다는 것을 의미한다. 신화로서는 이 천지창조에서부터 세계 멸망과 그 재생을 노래한 시 〈무녀의 예언〉이 가장 웅대한 부분이고, 이밖에 토르가 우드가르드 로키를 찾아가 팔씨름을 하는 토르의 요툰하임 방문이 널리 알려져 있다.

에다 {align=left} **Edda** {align=right}

북유럽 신화, 게르만족의 신화는 〈에다〉를 통해 글로 전해졌다. **에다는 고대 게르만인의 세계관, 우주관, 믿음, 지혜, 삶에 대한 태도를 엿볼 수 있다.** 에다는 위에서 설명한데로 〈고(古) 에다〉와 〈신(新) 에다〉 두 가지가 있는데, 하나는 9~12세기경에 고대 아이슬란드어로 기록된 운문의 〈고 에다〉이고, 다른 하나는 1230년경에 아이슬란드의 시인이자 역사가 스노리 스툴루손이 쓴 산문으로 된 〈신 에다〉이다. 〈고 에다〉에는 고대 게르만족이 섬겼던 신과 영웅들에 대한 노래와 많은 격언들이 실려 있어 〈에다〉를 통해 게르만인들의 풍속, 풍습을 볼 수 있다. 각 가요의 작자명이나 그것이 언제, 어디에서 생겨났는지 등 분명하지는 않지만, 대개 9세기부터 12세기에 걸쳐서 노르웨이와 아이슬란드에서 쓰여 진 것으로 추정된다. 내용은 신화, 영웅전설, 격언시의 세 가지로 이루어진다. **게르만 신화는 이동하는 민족의 불안정한 세계관을 반영하고 원시적인 생명력과 인간의 본능을 직선적으로 보여주고 있다.** 〈고 에다〉는 북유럽 신화, 게르만 신화나 종교를 연구하는데 가장 중요한 자료라 할 수 있다.

〈고 에다〉의 신화시는 북구인의 호탕하며 방대한 우주해석, 신들과 거인족의 처절한 싸움과 멸망, 오딘, 로키 등 여러 신들의 개성 넘치는 활약상을 통해 매우 흥미로운 이야기를 전해준다. **바그너의 음악이나 그림동화의 일부가 그 원형을 여기에**

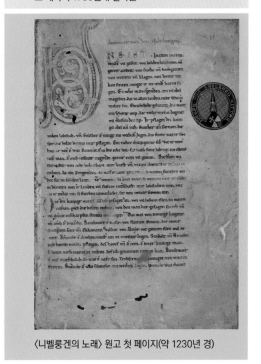

고 에다의 1760년대 필사본

〈니벨룽겐의 노래〉 원고 첫 페이지(약 1230년 경)

서 갖는다는 점도 간과할 수 없다. 그중에서도 가장 위대한 시는 무녀가 오딘의 요청으로 세계의 기원, 신들의 생활과 운명, 세계의 종말과 새로운 세계를 예언하는 〈무녀의 예언〉이다. 우직하며 강직한 토르 신의 모험을 그린 뛰어난 〈휴밀의 노래〉, 〈스룀의 노래〉, 신들 중에서 가장 현명한 오딘과 박식한 거인의 목을 건 지혜 겨루기 〈바프스루즈닐의 노래〉, 거인국에서 돌아온 토르와 수호신이 된 오딘의 해협을 둘러싼 구론 〈하르발즈의 노래〉, 해신 에길하에서 신들의 술자리에 로키가 와서 차례로 신들을 모독하고, 스캔들을 폭로한 〈로키의 구론〉 등 신화시 전체로서 보면 어느 신보다도 오딘이 차지하는 비중이 매우 크다. **제3의 격언시는 많은 신화의 특징과 함께 북구 민중의 현실생활에 뿌리를 둔 처세교훈이다.** "재산은 없어지고, 가족도 죽고, 자신도 결국에는 죽는다. 그렇지만 결코 멸망치 않는 것은 자신이 얻는 명성이다", "어리석은 자는 재산이나 여자의 사랑을 손에 넣으면 위세당당해서 거만해지는데, 분별은 늘지 않는다" 등 〈오딘의 격언시〉는 현대에도 통용될 수 있는 예리한 통찰을 발견할 수 있다.

스노리의 〈에다〉, 〈신 에다〉의 내용도 3부로 구성되어 있다. 〈고 에다〉에서 큰 틀을 가져오고, 세계의 창조에서 몰락까지의 다채로운 사건을 다루면서 예술적으로 정리하고 있다. 또한 〈고 에다〉에는 빠진 흥미 있는 이야기가 포함되어 있기도 하여, 〈고 에다〉를 이해하는 데 꼭 필요한 정보를 제공하고 있다.

니벨룽겐의 노래　　　　**Das Liebelungenslied**

게르만족의 대표적인 중세 영웅 서사시로서 1200년경 중고독어로 기록되었지만 원본은 없어지고 수많은 필사본이 전해진다. 니벨룽겐 전설의 가장 오래된 소재는 〈에다〉에 들어있는 〈그린란드의 아트리의 노래〉이다. 〈니벨룽겐의 노래〉는 당대의 영웅 지그프리트의 생애와 영웅적 활약상, 보물 그리고 그의 아내 크림힐트의 복수전에 의해 부르군트 족이 멸망한 이야기를 다루고 있다. 2,000개의 시연이 넘는 이 방대한 작품을 통해 중세 게르만족의 생활습관, 풍습, 명예심과 복수심 등이 있는 영웅적이고 비극적인 여러 인생사들을 엿볼 수 있다.

신화의 재창조　　　Neuschaffung der Mythen

바그너와 히틀러

J. R. R. 톨킨이 쓴 〈반지의 제왕〉에 앞서 19세기에 이미 **작곡가 리하르트 바그너(Richard Wagner, 1813~1883)는 북유럽 신화에 대한 기록과 독일의 영웅서사시 등을 바탕으로 음악과 극을 탄탄하게 결합한 음악극을 완성했다.** 바그너는 북유럽 신화의 보고인 〈에다〉와 독일의 영웅 서사시 〈니벨룽겐의 노래〉 등을 바탕으로 음악극 〈니벨룽겐의 반지〉 대본을 완성했다. 바그너는 독일의 민족적 정체성을 가진 텍스트에 관심이 많았으며, 신화와 전설을 바탕으로 스스로 대본을 작성하곤 했다. **그는 위의 문헌들을 참고했지만 등장인물이나 줄거리에 변형과 창작을 가했고, 그 때문에 바그너의 〈니벨룽겐의 반지〉 내용은 신화의 원형과 다른 점이 많다.**

바그너의 죽음 무렵에, 유럽의 국수주의자 운동은 1848년 이후 군사주의와 공격의 그림자가 드리우고 있었으며, 이후에는 1871년 독일의 통일과 비스마르크의 정권 교체가 많은 영향을 끼쳤다. 1883년 바그너의 죽음 후에, 바이로이트는 신화와 오페라에 끌린 우파 독일 국수주의자의 중심이 되어갔고, 이들은 바이로이트 모임으로 불렸다. **바그너 부인인 코지마에게 공인을 받은 이 모임의 한 사람인 체임벌린은 나치라면 읽어야 했던 수많은 철학서적을 저술한 저자로 바그너의 딸인 에바와 결혼했다.** 코지마와 아들 지크프리트 바그너가 1830년에 사망한 후, 바이로이트 축제의 운영권은 지크프리트의 미망인이었던, 영국 태생의 비니프레트에게 넘어갔는데, 그녀는 아돌프 히틀러와 개인적 친분이 있었다. **히틀러는 바그너의 〈로엔그린〉을 관람한 후 바그너 음악의 숭배자가 되었고, 독일인으로서의 자긍심을 한껏 치켜세워주는 바그너의 음악과 독일이라는 국가에 대한 히틀러 자신의 영웅적인 신화를 융합할 길을 모색했다.** 이후 히틀러는 독일인을 하나로 뭉치게 하고 독일인 우월주의를 세뇌하고자 바그너의 음악을 철저하게 이용했다. 예를 들어, 나치의 뉘른베르크 집회는 매번 마이스터징거 서곡 연주로 문을 열었고 교향곡 〈지그프리트 목가〉를 제2당가로 사용할 정도였다. 또 가두 행진 시에는 〈순례자의 합창〉을 틀었는데 유대인들을 가스실로 보낼 때도 〈순례자의 합창〉을 연주하게 했다. 히틀러는 바그너의 원본 악보 다수를 2차 세계대전 동안에 그의 베를린 벙커에 보관했다가 전쟁의 최후 순간에 히틀러와 함께 사라졌다. 몇몇 학자들은 바그너의 시각, 특히 그의 반유대주의와 독일인 우월주의가 나치의 영웅주의에 영향을 주었다고 주장해 왔지만, 이런 주장은 찬반 논란이 많다.

바그너의 악극 〈니벨룽겐의 반지〉는 〈라인의 황금〉, 〈발퀴레〉, 〈지그프리트〉, 〈신들의 황혼〉의 4부로 구성되어 있다. 1부인 〈라인의 황금〉은 서곡에 해당하며, 반지를 중심으로 이야기가 펼쳐진다. 〈라인의 황금〉은 그 자체로는 아무런 해가 되지 않

리하르트 바그너　　　반지의 제왕 모티브 소설　　　아돌프 히틀러

현재 독일어나 영어에서 사용되는 월요일부터 일요일까지의 요일 이름 가운데 화요일, 수요일, 목요일, 금요일이 북유럽 신화에 나오는 신들의 이름에서 비롯되었다고 한다. 지혜의 신 오딘 또는 보탄은 독일어의 수요일(Mittwoch, Wednesday)을, 용감한 전쟁과 천둥의 신 토르는 목요일(Donnerstag, Thursday), 사랑과 풍요의 신 프레야는 금요일(Freitag, Friday)을 상징한다.

지만, 반지를 만들면 세상의 모든 것을 갖고 지배할 수 있는 강력한 힘을 갖게 된다. 이 반지를 두고 니벨룽족 난쟁이와 거인, 심지어 신들까지 욕망에 휩싸이게 된다. 〈라인의 황금〉은 신화시대의 〈라인 강 밑〉과 〈라인 강가〉, 〈산위의 공터〉, 니벨룽 족이 사는 지하 세계 〈니벨하임〉을 배경으로 전체 1막 4장으로 구성되어 있다. 오랫동안 〈니벨룽겐의 반지〉는 게르만 민족의 가장 거대한 중세 신화인 〈니벨룽겐의 노래〉에 기초하여 바그너가 새롭게 창작한 것으로 알려져 왔지만 위에서 드러난 것처럼 **아이슬란드에 정착한 스칸디나비아 사람들이 방대한 기록으로 남긴 〈에다〉 신화가 출발점이라는 데 의심의 여지가 없다. 다시 말해 〈라인의 황금〉에 나오는 수많은 신들은 〈에다〉 신화의 신들과 곧바로 연결된다.**

북유럽 신화의 현재화: 영화, 드라마, 게임과 요일

북유럽 신화는 영화 〈반지의 제왕〉으로 21세기에 다시 생명력을 얻고 대중의 많은 관심을 받았다. 신과 거인들의 대립, 보물에 대한 갈망, 신들의 최후 등 수많은 캐릭터와 광대한 서사 구조를 가진 북유럽 신화에는 예술적 소재가 무궁무진하다. **북유럽 신화는 우리 시대에 각종 영화와 게임, 문학에 다양한 소재를 제공하며 문화 원형으로서의 가치를 높이 평가받으며 반지를 중심으로 이야기가 펼쳐진다.**

반지의 제왕
해리포터
(온라인 게임) 라그나뢰크
(온라인 게임) 가덴히어로
(미국드라마) 왕좌의 게임
(영화) 토르
토르의 망치 몰리에르
(영화) 토르
(영화) 니벨룽겐의 반지
(영화) 토르: 라그나로크
Thor: Ragnarok(2017)

Deutsche Kultur Odyssee : : :

독일어 회화	Kennst du Siegfried? 너는 지그프리트를 아니? Ja, ich kenne ihn. 응, 나는 그를 알아.
참고문헌	김민주: 50개의 키워드로 읽는 북유럽이야기, 미래의창, 2014 안인희: 북유럽신화 1·2·3, 웅진지식하우스, 2011 안인희: 북유럽신화, 바그너, 히틀러, 민음사, 2003 타키투스(이광숙 편역): 타키투스의 게르마니아(Germania), 서울대학교 인문학연구소, 1995 신영미: 만화로 보는 북유럽신화 16, 창해, 2004 스노리 스툴루손(이민용 옮김): 에다 이야기, 을유문화사, 2013 볼프강 홀바인, 토르스텐 데비(이미옥 옮김): 니벨룽겐의 반지, 예담, 2008 볼프강 슈말레(박용희 옮김): 유럽의 재발견, 을유문화사, 2000 김용환: 마왕을 위한 동화(다음 웹툰) 게임: 라그나로크 영화: 니벨룽겐의 반지, 울리히 에델 감독, 2004 　　　니벨룽겐의 노래, 프리츠 랑 감독, 1924 　　　호빗, 피터 잭슨 감독, 2012/2013/2014 　　　라그나로크, 미켈 브레네 산데모세 감독, 2013 보름스 니벨룽겐 박물관 http://www.nibelungenmuseum. 　　　de/nibelungenmuseum/museum_live/index.php

07

Deutsche Kultur

Odyssee ———————— <<<

독일 역사 이야기

Deutsche Geschichte

▼
▼
▼

생각해 보기

철혈재상이라 불리며 독일제국 수립에 공을 세운 사람은 누구인가?
홀로코스트란 무엇인가?

베를린 브란덴부르크문

게르만족의 대이동: 독일인, 그들은 어디에서 시작되었을까?

기원전 2000년 경 스칸디나비아 반도, 북해, 발트해 연안 등지에 다양한 게르만족이 흩어져 살고 있었다. 부르군트족, 고트족, 알레만족, 랑고바르트족, 프랑크족, 작센족, 앙엘족, 유트족 등이다. **이들은 인구의 증가, 권력 다툼, 추운 북유럽 환경에서의 식량난 등으로 소규모로 남하하기 시작**한다. 지금의 독일 땅을 차지하고 있던 켈트족을 압박하며 갈리아를 차지한 뒤 알프스 이남의 선진 로마인과 접촉하며 위협했다. 따라서 로마의 카이사르는 라인강을 넘어 게르만족 토벌을 단행했고 네로의 로마군은 엘베 강까지 진출했다.

370년경 흑해 북방에 거주하던 게르만족인 고트족이 중앙아시아의 유목민족인 훈족의 공격을 받았다. 동고트왕은 자살하였고 20만 명의 동고트인이 도나우강 주변으로 밀려들었다. 동고트족의 이동을 시작으로 거의 전 부족을

게르만 이동	게르만부족의 이동
	프랑크족이 세운 프랑크 왕국
프랑크 왕국	프랑크 왕국의 강성: 카를 대제
동프랑크 843	프랑크 왕국은 동프랑크와 서프랑크로 분열됨
	(동프랑크의 역사가 독일의 역사)
신성로마제국 962	신성로마제국: 동프랑크의 오토 1세가 962년 로마 황제 대관을 받은 것을 계기로 일컬어짐
	(독일 황제와 로마 교황의 대립 갈등, 주변 연방국가와의 갈등, 중앙과 지방 제후 간의 갈등, 십자군, 흑사병으로 독일은 오랜 시간 정치적 혼란기에 직면. 루터의 종교개혁, 농민전쟁·기사전쟁·30년 전쟁…)
	신성로마제국의 해체: 1806년 나폴레옹 침략
독일제국 1871	독일제국 건국: 독일 연방 1871년 1월 빌헬름 1세와 비스마르크 재상
바이마르 공화국	독일제국의 제1차 세계대전 발발 및 패배 바이마르공화국 정부 수립
히틀러의 제3제국	제3제국 히틀러 나치의 제2차 세계대전 야기와 패배
서독과 동독 분단	서독과 동독으로 분단
통일독일	통일 1990년 10월 3일

뛰어난 기마술을 가진 훈족의 침입

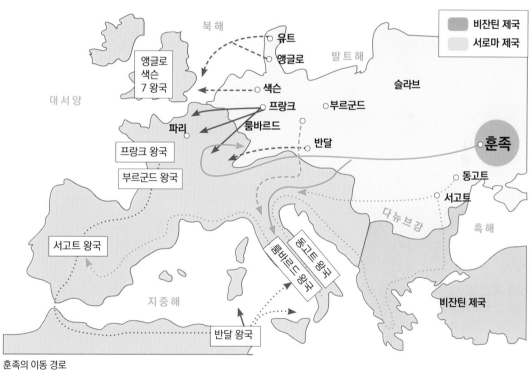

훈족의 이동 경로

아우르는 대이동이 시작되었다. 이른바 게르만족의 대이동이다. 역사상 처음으로 모습을 드러냈던 훈족은 453년 그 세력이 와해될 때까지, 게르만족의 대대적인 이동을 격발시켰고 (서)로마제국의 붕괴를 초래하였다. **베버에 따르면 훈족의 침입과 게르만족의 이동은 유럽사에서 고대의 종말을 가져 온 획기적인 사건이자 독일사의 시작이다.** 서로마 제국은 476년 게르만의 용병대장 오도아케르에 의해 붕괴되었다.

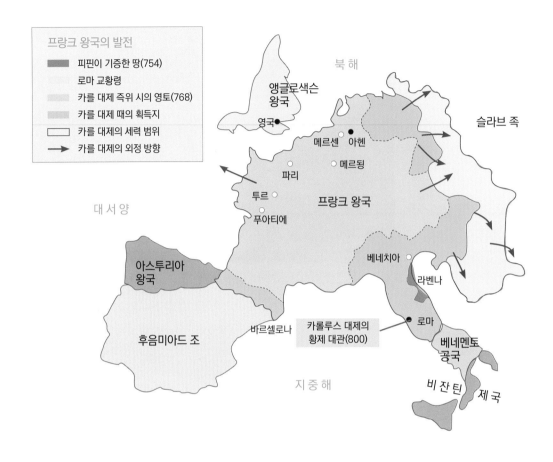

카를 대제와 프랑크 왕국,
한 손에는 성서를 또 다른 한 손에는 칼을 들다

고대 게르만족 가운데 많은 부족이 수적 혹은 문화적 열세나 종교적 갈등으로 대부분 단명했지만 프랑크족이 강성하여 서유럽 최초의 통일국가인 프랑크 왕국을 세운다. 프랑크 메로빙거 왕조의 창시자인 클로비스(재위 481~511)는 가톨릭으로 개종하였고 이교도를 교화한다는 명목으로 주변 부족을 정복하였다. 그러나 그의 사후 왕조의 분열이 계속되어 왕권은 유명무실해졌다. 이때 이슬람군의 침입을 격퇴한 카를 마르텔의 아들 피핀이 즉위하여 메로빙거 왕조는 카롤링거 왕조로 바뀐다. 800년 피핀의 손자인 카를 대제(프랑스어 샤를마뉴, 라틴어 카롤루스 마그누스, 742~814)가 성 베드로 성당에서 로마교황 레오 3세에 의해 서로마 황제가 된다.

카를 대제는 이교도였던 다른 게르만족을 오랜 살육전을 통해 복속시키고 스페인 왕국과 이탈리아 남부 및 브리튼 제도를 제외한 서유럽의 거의 모든 지역을 통일한다. 이것은 로마 가톨릭을 수반하는 로마제국의 부활을 의미하지만 로마인을 계승하여 바로 게르만인이 세운 제국이라는 점이 다르다. 카를 대제는 **로마제국의 선진문화와 게르만족의 전통을 계승하고 발전시켜 서유럽 최초의 르네상스를 만들어냈다.** 궁정을 아헨에 두고 라틴어와 프랑크어 두 개의 언어를 사용하며 40년이 넘는 통치기간 동안 문화적 황금기를 이루었다.

814년 카를대제의 갑작스런 죽음으로 제국은 아들 경건왕 루드비히를 거쳐 세 왕국으로 나뉜다. 혼란기를 거쳐 **843년 베**

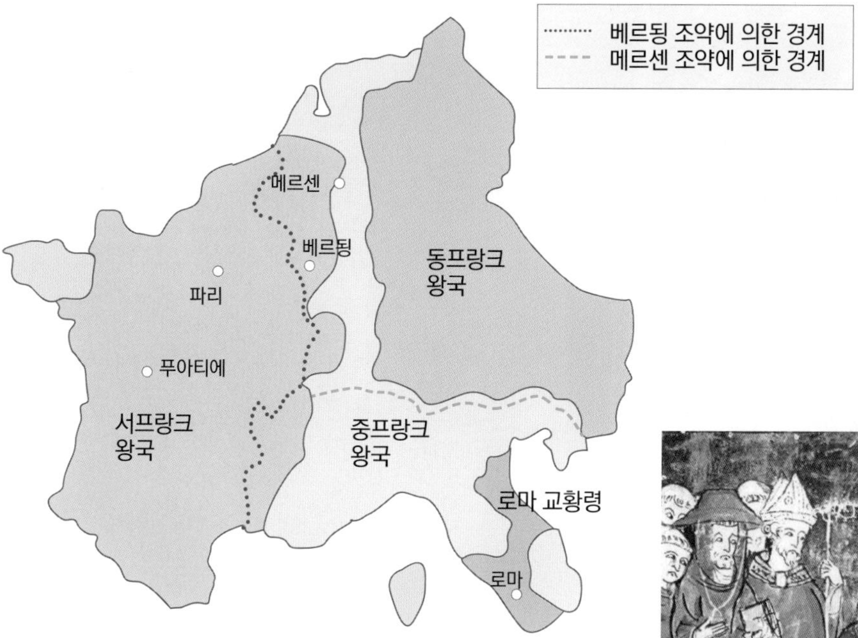

베르됭 조약에 의한 경계
메르센 조약에 의한 경계

메르센

베르됭

동프랑크
왕국

파리

푸아티에

서프랑크
왕국

중프랑크
왕국

로마 교황령

로마

베르됭 조약과 메르센 조약에 따른 국경의 변화

카를 대제가 교황 레오 3세에 의해 서로마황제가 됨

르됭 조약을 통해 장남인 로타르 1세가 중프랑크(로트링겐, 알사스, 프로방스, 이탈리아 반도 북쪽 등), 셋째인 루트비히 2세가 동프랑크(라인 강 동쪽 영토), 이복형제 카를 2세가 서프랑크(지금의 프랑스 대부분)를 상속받는다. 869년 장남인 로타르 1세가 후사 없이 사망하자 서프랑크의 카를 2세가 로트링겐 지방을 병합하였다. 동프랑크의 루트비히 2세는 이에 반발하였다. 전쟁 직전 870년에 네덜란드의 메르센에서 중프랑크 로트링겐을 나누어 가지는 조약을 체결하였다. **메르센 조약이다.** 이로써 현재의 프랑스, 독일, 이탈리아 국경의 지리적 기초가 성립되었다.

중세 로마가톨릭교회와 신성로마제국의 흥망성쇠

동프랑크의 왕통이 단절되자 프랑켄 부족장 콘라트 1세가 **지방 제후들에 의해 독일 왕으로 선출됐다.** 선출된 왕이기 때문에 권력 지반이 약했으며 따라서 **지방과 부족의 특권은 그대로 유지되었다.** 이러한 **지방분권주의는 독일 역사의 구조적 특징이 되었다.** 그의 뒤를 이어 선출된 작센족의 하인리히 1세와 **그의 아들 오토 1세(936~973)는** 지방 제후들을 견제하여 강력한 왕권을 확립했다. **이탈리아 원정에 성공하고 동유럽의 마자르족과 슬라브족를 물리침으로써 962년 로마교황 요하네스 1세로부터 황제의 대관을 받는다.** 이와 더불어 **신성로마제국(Heiliges Roemisches Reich Deutscher Nation)의** 역사가 시작된다.

오토1세

합스부르크가 마리아 테레지아 황후 가족

이후 기독교의 보호자를 자처하는 역대 황제들은 국내 문제보다 십자군 전쟁 등 이탈리아의 문제를 해결하는데 치중하였고, 이 때문에 제후들의 세력이 더욱 막강해졌다. 콘라트 6세의 사망 후에 왕조가 단절되고 **제후 간의 알력 다툼으로 새로운 황제가 선출되지 못했다.** 이른바 황제가 없는 무질서하고 혼란스러운 **대공위시대(1256~1273)이다.** 이후부터는 오스트리아의 합스부르크가가 신성로마제국의 황제권을 세습하였다.

기독교 이념을 토대로 형성된 신성로마제국은 프랑스 대혁명 이후 유럽통일을 꿈꾸었던 나폴레옹의 공격을 받아 해체된다. 비인을 거점으로 하는 합스부르크가의 프란츠 2세가 결국 **신성로마제국의 해체(1806)를** 선언한다. 이로써 기독교 이념을 토대로 중세를 풍미했던 신성로마제국은 역사 속으로 사라지고 프란츠 2세는 오스트리아 제국을 세웠다. 이 제국은 제1차 세계대전까지 지속되었다.

중세의 끝자락 혹은 근대의 시작에서 루터와 종교전쟁

중세의 끝자락 혹은 근대의 시작에서 인간의 재발견을 의미하는 르네상스가 발생한다. 새롭게 깨어난 비판의식은 교회의 폐해에 반기를 든다. **구텐베르크의 금속활자의 발명 등** 자연과학의 발달과 신세계의 발견 그리고 마틴 루터의 종교개혁과 **종교전쟁은** 단일한 세계관을 이끌었던 중세를 끝내며 근대를 일깨운다.

1517년 로마 베드로 성당 신축을 재정적으로 지원하기 위해 교황 율리우스 2세는 면죄부를 발행했다. 이에 맞서 신학교수인 루터(1483~1546)는 95개조의 반박문을 비텐베르크성 교회정문에 붙인다. 신성로마제국의 황제는 네덜란드와 프랑스와의 대립 문제뿐 아니라 투르크의 침입으로 일관된 종교정책이나 효과적인 국정을 운영할 수 없었다. 이 틈을 타서 루터파

프라하 창문투척사건   보름스 제국의회에 참석한 루터

제후들은 '슈말칼덴 동맹'을 결성하여 로마 교황청과 황제파에 대항하여 승리했다. 프로테스탄트와 가톨릭의 오랜 반목은 1555년 '아우크스부르크 평화회의'로 끝이 난다. 이로써 영토를 지배하는 자가 그 지역의 종교를 결정한다는 원칙이 마련되었다. 가톨릭교회와 루터주의가 공존할 수 있게 된 것이다.

17세기로 넘어갈 무렵 신구교 간의 대립이 다시 첨예화된다. 1618년 프라하의 대주교와 황제 대리인이 신교의 신축교회를 철거하도록 한 데 대해 신교 측 귀족들이 프라하에 모여 항의 집회를 열었고 황제가 이를 받아들이지 않자 **황제 대리인 2명과 서기 1명을 창 밖으로 내던져 버렸다.** 소위 **프라하 창문투척사건**이다. 심각한 부상을 입은 사람은 없었지만 30년 종교전쟁의 도화선이 된다. 유럽 전역이 직·간접으로 참여하는 이 전쟁에 독일 땅이 전쟁터가 되었다. 종교전쟁은 정통적인 가톨릭 국가인 프랑스가 신교를 지원하는 등 더 이상 종교전쟁만이 아니었다. 30년 간 계속된 **이 전쟁은 1648년 '베스트팔렌 평화조약'으로 종결된다. 신성로마제국은 알자스 지방 등 영토를 잃고 황제의 지배를 받던 독일 군주들은 제국으로부터 독립하여 350개 이상의 영방이 독일에 들어섰다.** 독일은 분열과 폐허 속에 유럽에서 가장 후진 상태가 된 것이다.

철혈재상 비스마르크와 프로이센의 독일통일

나폴레옹의 침략과 몰락 속에 신성로마제국은 해체되었고 전파된 프랑스대혁명의 자유, 평등, 우애의 이념은 독일에서 시민혁명을 야기시켰다. 물론 귀족을 중심으로 하는 기존의 지배세력은 시민계급 주도의 혁명을 배격하였다. 프로이센의 비스마르크(1815~1898)는 왕당파 보수주의자였으나 파리와 러시아 공사를 지내 급변하는 국제사회에 대한 날카로운 통찰력을 갖추고 있었다. 그는 **"시대의 큰 문제들은 연설과 다수결에 의해 결정되는 것이 아니라 철과 피에 의해 결정되는 것이다"**

1848년 독일혁명   프랑스 베르사유궁전에서 독일제국 선포

라는 슬로건 아래 민중의 민주의의와 입헌주의에 대한 갈망을 애국과 통일의 이데올로기로 억압한다. 프로이센은 해체된 신성로마제국 내에서 경합하던 오스트리아와의 전쟁에서 승리하고 스페인 왕위 계승문제를 이용하며 프랑스에 전쟁을 도발하여 나폴레옹 3세의 항복을 받아낸다. **1871년 1월 18일 베르사유궁전에서 독일통일이 선포되었다.** 나폴레옹의 침략에 대한 보복의 의미도 내포되었다. 프로이센 왕인 빌헬름 1세가 황제가 되고 비스마르크가 재상으로 취임하며 수립된 **독일제국은 22의 연방과 3개의 자유시로 구성된 연방국가였다.**

빌헬름 2세의 제국주의 야망과
제1차 세계대전, 찰나의 바이마르 공화국

과시적이고 낭만적인 빌헬름 2세(재위 1888~1918)는 범게르만주의를 표방하고 "신행로 정책"을 추진한다. 당시 유럽에서 가장 위험스러운 지역은 발칸반도였다. 오스트리아는 러시아를 중심으로 범슬라브 민족을 통일하려는 슬라브 국가에 둘러싸여 있었다. **1914년 6월 28일 보스니아의 사라예보에서 오스트리아-헝가리 제국의 황위 계승자인 페르디난트 대공과 조피 대공비가 세르비아의 민족주의자 '검은 손'이라는 비밀 결사 단원들에게 암살당한다.** 오스트리아는 1914년 7월 28일 세르비아에, 독일 또한 오스트리아 측으로 8월 1일 러시아에 선전포고함으로써 전쟁이 시작되었다. 러시아, 프랑스, 영국이 참전한다. **빌헬름 2세의 야욕은 후발주자의 역습으로** 독일이 제국주의 식민지 쟁탈과정에서 외국 경쟁자들을 문화 및 과학적으로 압도하고 경제적, 정치적 이득을 얻기 위해서 전쟁을 정책으로 활용했다. 약 1천 5백만 명의 목숨을 앗아간 제1차 세계대전의 결과는 물론 패배였다. 결정적으로 미국이 독일에 선전포고를 했기 때문이다.

1918년 11월 독일제국의 빌헬름 2세가 네덜란드로 망명했다. 바이마르 공화국이 성립된다. 공화국은 처음부터 전쟁 피해 보상금, 인플레이션, 대량 실업 등 많은 문제를 안고 있었다. **새 의회는 베를린이 아닌 유서 깊은 문화의 중심지 바이마르에서 소집되었다.** 의무교육제도를 도입하고 여성에게도 투표권을 주는 등 독일사상 가장 민주적인 바이마르 헌법이 수립된다. 그러나 많은 정당이 난립하여 파업, 혁명, 쿠데타를 통해 정부를 전복하고자 했으며, 좌우익 세력 모두가 가혹한 조건의 베르사유 조약체결에 대해 정부를 격렬하게 비난했다.

빌헬름 2세

페르디난트 대공과 조피 대공비

바이마르공화국의 시위현장

바이마르공화국 1920년대의 베를린

그러나 '로카르노 조약'으로 **독일이 알자스로렌을 포기**하고 서부 국경을 침공하지 않을 것을 약속함으로써 연합군의 라인란트 철군과 독일의 국제연맹 가입이 성사된다. 이를 계기로 슈트레제만 통화개혁 등 일련의 적극적인 전후 복구정책을 실시하여 독일재건의 기틀이 마련되어 갔다. 경제부흥 및 정치 안정이 이루어지면서 **1920년대의 황금기를 맞는다. 특히 베를린은 문화와 과학에서 유럽의 중심지로 떠올랐다.** 이런 바이마르 공화국의 몰락은 1929년 초부터 외국군의 철수와 함께 대부금이 회수되기 시작하고 미국 발 세계공황의 여파가 다른 어떤 나라보다도 독일에 더 큰 타격을 주었기 때문이다.

독일인의 지워지질 않을 오욕인가: 히틀러와 홀로코스트

1933년 대통령 힌덴부르크는 독일공산당의 약진에 대한 엘리트의 반발에 힘입어 나치당의 히틀러를 수상에 임명한다. **히틀러는 재상 겸 총통이 되어 바이마르 공화국을 해체하며 제3제국을 수립했다.** 그는 주 의회를 폐지하여 권력의 중앙 집권화를 꾀하였고 노동조합을 폐지하고 나치당 이외의 정당에 대한 탄압 등을 포고했다. 또한 독일의 피폐해진 경제상황에서 제1차 세계대전의 패전 결과물인 베르사유 조약의 군사 관련 제한 조항을 폐기하고 징병제를 실시하여 군비를 확장하며 대량 실업 해소에 성공한다. 농민, 시민과 대자본가의 전폭적인 지지를 받는다. 히틀러가 이끄는 나치당(민족 사회주의 독일 노동당)의 **핵심사상은 반유태주의, 아리아족 우월**

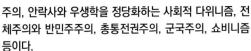
히틀러에 대한 독일인의 열광

홀로코스트 희생자

주의, 안락사와 우생학을 정당화하는 사회적 다위니즘, 전체주의와 반민주주의, 총통전권주의, 군국주의, 쇼비니즘 등이다.

나치 독일은 1938년 3월 오스트리아를 병합하고 1939년 3월 체코슬로바키아를 점령하고 1939년 9월 1일 폴란드를 침공한다. 영국과 프랑스는 1939년 9월 3일 독일에 선전포고한다. 제2차 세계대전의 발발이다. 독일의 승세는 1941년 가을부터 다음해 봄에 이르는 시기까지 절정에 달했으나 1942년 여름부터 미국을 포함한 연합군의 총 반격이 시작됨에 따라 수세에 몰리게 되었다. 히틀러는 1945년 4월 29일 소련군에 포위된 베를린에서 에바 브라운과 결혼한 다음날 지하 벙커에서 권총으로 자살했다. 후계자로 지명된 되니츠 제독은 1945년 5월 연합군의 무조건 항복 요구를 받아들였다. 패전 후 독일은 미국, 영국, 프랑스, 소련 등 4대 전승국에 의해 분할 점령된다.

뛰어난 웅변술의 소유자였던 히틀러가 〈나의 투쟁〉에서 기술하듯이 독일 민족국가를 통합하여 독일인을 위한 생활공간을 확보하고 천년제국의 건설을 실현하고자 했다. 그 가운데서 발생했던 것은 **인류 역사상 가장 큰 비극 중의 하나로 기억되는 유대인 대학살, 홀로코스트이다.** 홀로코스트는 유럽에 살고 있는 6백만 명의 유태인을 조직적으로 학살한 행위를 말한다. 유대인은 모든 권리와 재산을 박탈당했을 뿐만 아니라 조직적으로 아우슈비츠수용소와 같은 강제수용소 가스실에서 학살되었다. 물론 유대인뿐만이 아니었다. 사회주의자, 공산주의자, 동성애자, 집시, 장애인 등이 조직적으로 착취, 고문, 억압, 학살을 당했다. **홀로코스트에는 모든 국가기관과 군부, 기업, 은행, 학계, 의료계의 엘리트들이 직간접적으로 관여했다.**

또 다시 분열된 독일과 독일의 재통일

제2차 세계대전에서 패전한 독일에는 4개국 연합군이 진주한다. 소련은 동독과 동베를린에 미국, 영국, 프랑스 등은 서독과 서베를린에 진주한다. 통일독일 정부 수립을 위한 동서간 교섭이 실패하고 냉전이 구체화되자 서방 점령지역에서 먼저 통화개혁을 단행하며 경제통합을 실시하여 **1949년 9월 21일 독일연방공화국(BRD, 서독)이 수립된다.** 동독 지역에서는 **1949년 10월 7일 독일민주공화국(DDR, 동독)이 수립된다.** 1960년대부터 서독 수상 아데나우어 정부의 할슈타인원칙에 따라 동서 대결 국면이 조성되고 **소련은 1961년 8월 13일에 동서 베를린 사이에 장벽을 설치한다.** 냉전 이데올로기에 휩쓸려 서독과 동독은 각자의 길을 가게 된 것이다.

이데올로기의 최전방에 선 서독정부는 1960년대 초 미국의 경제원조와 에어하르트 초대 연방경제부장관이 관철시킨 사회적 시장경제체제를 통해 경제재건 정책이 성공하면서 획기적인 경제발전을 이룬다. 이른바 라인강의 기적이다. 대외적으로는 할슈타인 원칙에 따라 동독 불승인 정책을 고수한다. 이러한 대결 국면이 전환기를 맞은 것은 1969년 브란트 총리가 동방정책을 추진하면서부터이다. 그는 긴장완화를 위해 동독과 협상을 시작하며 소련, 동구권과의 관계개선을 추진한다. 1972년 12월 동서독 간의 기본조약을 체결하고 유엔에도 동시 가입함으로써 공존 관계를 확립한다. 그 후 지속적으로 과학기술, 문화, 환경 등에 관한 협력체계를 구축하고 동서독의 민간인 교류가 이루어졌다.

1985년 소련의 고르바초프 서기장은 개혁과 개방정책을 추진하는 한편, 1988년 유럽의 공산국가에 대해 간섭하지 않겠다고 선언한다. 그 결과 동구권 국가

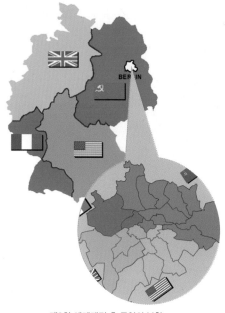

제2차 세계대전 후 독일의 분할

폴란드 바르샤바 게토에서 무릎 꿇은 브란트 수상

WILLY BRANDT 7 XII 1970

서독 수상 콜과 동독 수상 모드로우

붕괴된 브란덴부르크 문

들이 소련의 영향력에서 벗어나 민주화를 추진하게 된다. 1989년 가을부터 동독 지역에서 여행의 자유와 국가안전부(슈타지) 폐지 등을 요구하는 대대적인 시위가 일어난다. 1989년 9월, 헝가리, 오스트리아, 체코와 폴란드 등의 서독 대사관을 통해 동독인들이 대규모로 탈출하기 시작한다. 동독은 11월 9일 밤 서베를린으로의 국경을 개방한다고 발표한다. 동독인들은 동서 베를린을 가로막고 있던 장벽을 무너뜨린다. 이때 콜 수상을 위시한 서독정부는 막강한 경제력을 내세워 소련에 경제협력을 약속하고 주변 국가에 외교 공세를 펼친다. 1990년 초부터 독일 통일의 문제를 규정하기 위해 동서독 당사국과 미국, 영국, 프랑스, 소련의 이른바 2+4회담이 열린다. 8월 말 통일조약이 체결되고 9월에는 2+4회담의 승인을 얻어 마침내 민족통일을 이끌어낸다. 독일의 재통일이다. **1990년 10월 3일 기본법 제23조에 따라 서독이 동독을 흡수하는 형태로 독일은 통일되었다. 독일연방공화국이라는 서독의 공식 명칭은 통일 독일의 공식 명칭이 되었다.**

쿼바디스, 통독 이후...

1999년 수도를 베를린으로 이전했다. 통일을 환호하는 가운데 천문학적인 통일 비용이 문제점으로 나타났다. 경제적인 문제만이 아니라 동독인과 서독인 사이의 사회문화적 갈등도 적지 않았다. **오시(Ossi)와 베시(Wessi)**이다. 동독인은 서독인을 자본을 투자하고 그대로 돈벌어가는 자본주의 인간, 거드름 피우며 잘난 척하는 서독놈(Wessi)이라 불렸고, 서독인은 동독인이 자신들이 오랫동안 노력해서 일궈낸 부를 하루아침에 차지하고자 하는 양심 없는 사람들이라며 게으르고 불평만 늘어놓는 동독놈(Ossi)이라고 비하했다. 그러나 **경제가 회복되면서 사회적 갈등도 점차 해소되었다.**

2003년 3월, 슈뢰더 총리는 전후 최대의 개혁정책으로 평가되는 아젠다 2010을 발표했다. 독일 경제는 세계경제의 호황과 정부의 과감한 구조개혁정책 등으로 2006년과 2007년 견고한 성장률을 보였다. 2008년에 독일은 세계 금융 위기 등 세계 경제 불황의 여파로 마이너스 성장을 기록하지만 현 메르켈 정부에서 독일 경제는 수출 회복, 내수 확대, 경기 부양책, 고

용정책 등으로 최고 수준의 성장률을 달성했다.

쿼바디스 독일… 현재 독일은 유로존 국가들의 재정 위기 속에서 위기를 가장 잘 극복한 나라, 가장 낮은 실업률을 가진 나라이다. 통일 직후 한때 독일은 사회적인 혼돈 속에서 '유럽의 병자'라고 불렸지만 온갖 경제위기 속에서도 나 홀로 성장을 하며 유럽연합을 이끄는 경제리더가 되었다. 이제 세계는 이런 독일의 미래를 주목하고 있다.

Deutsche Kultur Odyssee : : :	
독일어 회화	**Lesen Sie deutsche Geschichte? 독일역사를 읽고 있습니까?** **Nein, ich lese deutsche Kurzgeschichte. 아니오, 나는 독일 단편을 읽고 있어요.**
참고/DVD자료	김누리 외: 통일과 문화: 통일독일의 현실과 한반도, 역사비평사, 2006 박래식: 이야기 독일사, 청아, 2008 임종대 외: 독일이야기 1, 거름, 2010 하겐 슐체 반성완 옮김: 새로 쓴 독일 역사, 지와사랑, 2011 KBS 세상은 넓다 2014.08.15 역사를 기억하는 도시의 미소-독일 & 오스트리아 KBS 세상은 넓다 2004.02.24 역사가 이곳에서-포츠담, 독일 독일 다큐멘터리 영화 〈Deutschlandspiel〉, 2000

교육과 참교육

Das deutsche Bildungssystem

생각해 보기 _____

우리나라의 수능시험에 해당하는 독일의 시험을 무엇이라고 부르는가?

초등학교 4학년 때 진로를 결정하는 독일교육시스템에 대해 어떻게 생각하는가?

독일교육현장

2014년 세계경제포럼의 국가경쟁력 평가에 따르면 독일은 경쟁력이 세계 5위이다. 그러나 국제학업성취도평가(PISA) 순위는 중하위권이다.

> "이곳에선 경쟁 없이 공부해도 사는데 아무 지장이 없더군요. 다 함께 사는 법을 가르치는 것이 결국 경쟁력 있는 교육이라는 것을 알았습니다."
>
> ─박성숙의 〈독일 교육 이야기〉

프뢰벨이 세계 최초로 유치원을 세우고 대안학교의 대명사로 전인교육을 실천하는 발도르프 학교가 처음 생긴 곳이 독일이다. 선행학습이라곤 상상할 수 없는 이 나라에서 알파벳을 배우고 몇 가지 단어를 익히는 데 1년이 걸리며 1부터 20까지 덧셈과 뺄셈을 배우는 데 또 1년이 걸린다. 시간이 걸리더라도 스스로 자기만의 방법을 찾아가는 교육을 행하는 곳이 바로 독일이다.

연령

18~30

대학교/대학원

기업

직업학교

11~18

김나지움   레알슐레   하우프트슐레   존더슐레(특수학교)   게잠트슐레

초등학교

6~10

유치원

독일 교육제도

독일의 교육제도

독일 기본법은 개인의 인성을 자유로이 펼칠 권리와 기호 및 능력에 따라 학교나 교육기관, 직업을 자유롭게 선택할 수 있는 권리를 명시하고 있다. 따라서 독일의 모든 국민은 평생에 걸쳐 인성교육, 직업교육, 정치교육을 받을 수 있는 권리를 갖는다.

독일의 의무교육 기간은 초등과 중등을 합쳐 12년(2011년부터 13학년이 12학년 으로 축소됨)이다. 종교단체 등이 운영하는 소수의 사립학교를 제외하고 독일의 학교는 공립이며 학비는 무료이다. 초등학 교에서 대학교 박사과정에 이르기까지 독일 국민분만 아니라 유학생 및 외국인 노동자의 자녀 역시 소정의 행정비용을 제 외하고는 거의 수업료를 내지 않는다. 교과서는 무상으로 지급하거나 대여해주며 기본적으로 남녀공학제이다.

역사적으로 독일의 교육은 연방정부가 아니라 각 주의 교육성이 담당한다. 따라서 주마다 교육제도가 약간씩 다를 수 있다. 그러나 학교의 기본 구조가 어느 정도 단일화되고, 주 교육문화장관 상설회의를 통해 주정부 간의 교육문화에 대한 의견을 조정하고 있다.

초등학교 입학 때 받는 학용품 선물바구니

카이저스라우텐 소재
하인리히 하이네 김나지움 심볼

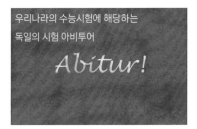

우리나라의 수능시험에 해당하는
독일의 시험 아비투어

취학 전 교육은 의무제가 아니다. 만 3~6세의 아동 75%가 유치원(Kindergarten)이나 통합아동보육기관(Kindertagesstätte)에 다닌다. 6세가 되면 초등학교(Grundschule)에 입학한다. 초등학교의 4년 과정이 끝나면 적성 및 초등학교의 성적에 따라 다양한 중등교육 과정으로 진학할 수 있다. 중등교육 과정의 5~6학년은 진로모색단계(Orientierungsstufe)로 7학년에서 학교 간 이동이 가능하다. 중등교육기관으로는 직업교육이나 업종별 도제를 준비하는 하우프트슐레(Hauptschule 5~9학년), 김나지움과 하우프트슐레의 중간수준으로 경제와 행정분야의 교육을 담당하는 레알슐레(Realschule 5~10학년), **대학교 수학능력을 다지는 것을 기본과제로 하는, 그룬트슐레 졸업생의 약 1/4이 선발되는 김나지움(Gymnasium 5~12학년) 등이 있다.** 고전어 김나지움 이외에 현대어 김나지움, 사회 김나지움, 경제 김나지움, 수학·자연계 김나지움, 음악 김나지움 등이 있다.

그밖에 진로를 너무 일찍 결정짓고 한 번 선택한 진로를 도중에 바꾸기가 힘든 전통적인 교육과정의 결점을 보완하기 위해 **각 주마다 종합학교에 해당하는 소수의 게잠트슐레(Gesamtschule)가 운영되고 있다.** 게잠트슐레에 다니는 학생은 보다 자유롭게 자신에게 알맞은 진로를 선택할 수 있다. 여기서는 학년이 낮을수록 필수과목이 많고 학년이 높을수록 선택과목이 많아진다. 각 코스는 소그룹으로 구성되고 한 학기를 마치면 코스를 바꾸는 것이 가능하다. 다음과 같은 과목이 개설된다.

기초필수	종교, 사회, 음악, 미술, 체육 등
수준별필수과목	독일어, 영어, 수학, 자연과학 등
필수선택과목	자연과학, 사회, 음악, 문학, 미술, 작업경제기술, 제2외국어, 작업론, 체육, 직업준비코스, 정보학 등
자유선택과목	합창, 악기연주, 사진, 체조, 축구, 속기, 연극, 문학, 환경보호, 시사 테마 등

바이올린 마이스터

이원적 직업훈련제도　　　Duales System

독일에서는 15~18세의 청소년 중 50% 이상이 직업교육을 받는다. **직업교육은 학교 교육과 현장 실습을 병행하는 이원적 직업훈련제도로, 주 1~2일은 학교에서 이론수업을 하고, 3~4일은 산업체(공동훈련소)에서 실습함으로써 이론과 실기를 겸비한 인력을 양성한다.** 대학교를 나오지 않더라도 어떤 분야에서 특별한 기술을 획득하여 마이스터(Meister)가 되면 사회적으로 인정을 받고 생활도 안정되기 때문에 독일에서는 꼭 대학교를 고집하지 않는다.

이원적 직업훈련제도

- 법적 근거: 직업교육법, 수공업법, 청소년노동보호법, 학교법
- 노동청의 도움으로 학생이 희망기업에 직접 지원함
- 보수: 300~700유로로, 교육기간 중 보험(건강, 연금, 실업, 사고)에 가입됨
- 졸업: 해당 직업인협회(수공업회의소나 상공회의소)에서 주관하는 졸업시험에 합격하면 도제자격증이나 전문인증 취득

직업교육기관으로는 직업학교, 직업전문학교, 고등전문학교 등이 있다.
직업학교(Berufsschule): 3년 과정으로 하우프트슐레 졸업생이 진학한다.
직업전문학교(Berufsfachschule): 하우프트슐레와 레알슐레 졸업생이 진학할 수 있다. 2년 과정이다.
전문고등학교(Fachoberschule): 전문학교를 마치고 2년 이상의 현장 경험이 있으면 입학이 가능하다. 이곳을 졸업하면 기술전문사(기능사와 기사의 중간단계) 자격을 획득하여 직장에서 책임 있는 위치에서 일하게 된다. 전공영역으로는 공업계, 기술계, 상업계, 가정사회복지계 등이 있고 영역에 따라 1~3년 교육을 받는다. 가장 인기 있는 직종은 자동차 기술 정비사, 판매원, 금융, 정보미디어 등의 사무직이다.

마이스터 학교

마이스터 학교인 전문학교(Fachschule)는 좋은 교육 여건으로 각 분야의 최고 기술자를 양성하는 기관이다. 독일직업교육의 핵심이다. 직업학교를 졸업하고 약 3년간의 기업체험을 쌓은 다음 입학하여 1~2년간의 교육과정을 거친 후 시험을 치러 마이스터가 된다. 입학은 의무가 아니다. 이 과정을 거치면 직업연수기회를 갖고 직무능력의 개발이 가능하다. 고용시장에서 유리하며 제자를 키울 수 있고 독자적이고 창의적인 노력과 의지로 회사의 현재와 미래를 책임지고 동참할 자격과 위치를 갖는다. 아비투어 없이 대학교에 입학할 수 있다.

실습현장

일과 공부의 융합‥독일식 직업교육 확대

EBS뉴스 2014/09/17

EBS 뉴스, 서현아입니다.
산업 명장, '마이스터'의 산실 독일. 그만큼 독일은 세계적인 기술 강국인데요. 그 비결은 일과 공부를 융합한 직업교육에 있다고 합니다. 우리 정부도 독일의 직업교육제도 도입을 추진하고 있다고 하는데요. 독일 함부르크의 국립보건학교 치위생과 학생들이 치아의 배열 구조를 익히고 있습니다. 일주일에 이틀은 여기서 이론을 배우고, 나머지 사흘은 병원에서 견습 치위생사로 직접 실습에 나섭니다. "만일 공부만 한다면 매우 빨리 잊어버릴 것입니다. 하지만 이곳에서는 계속해서 학교에서 배우고, 그것을 실습해서 개선할 수 있습니다."(**마레일레 리두바우/치위생과 학생**)
독일 고등학생의 43%는 직장에 견습생으로 취직한 상태에서 시간제로 학교수업을 받습니다. 대부분 학비가 들지 않고, 오히려 정식직원 연봉의 30% 정도의 임금까지 받습니다. "저는 이 시스템이 정말 좋고, 제 친구와 함께 일도 할 수 있어서 저에게 많은 즐거움을 가져다준다고 생각합니다."(**미켈 바르테트/국립보건학교 학생**)
독일에선 약 350개 직종에서, 학교 수업과 기업의 도제식 실습을 병행하는, 이른바 '듀얼교육'을 합니다. 독일 속담엔 기술은 마르지 않는 금광이라는 말이 있습니다. 수출 세계 1위, 노동생산성 세계 1위라는 독일의 저력은 이처럼 일과 공부를 융합한 직업교육에서 나옵니다. 우리 정부도 독일식 직업교육의 도입을 추진하고 있습니다. 간호학 용어를 독일어로 배우는 학생들. 16주 동안 함부르크 지역의 병원과 학교를 오가며, 현장실습을 받게 됩니다. 우리 교육부와 함부르크 주의 협력 양해각서에 따라, 독일의 듀얼교육을 체험하게 된 대학교생들입니다. "이곳에선 보호자들이 없는 병동이라고 해서 전임간호를 실시하는 병동들밖에 없거든요. 그런 병동들이 많기 때문에 아무래도 우리나라에 없는 부분들을 좀 더 배워가는 게 좋지 않을까 생각합니다."(**이순혁 3학년/대구보건대 간호학과**)
올해 6개 분야 22명을 시작으로, 2017년까진 모두 100명의 학생이 이 사업의 혜택을 받게 됩니다.
국내에서도 앞으로 일과 공부를 함께 하는 직업교육 기반을 마련하겠다는 것이 정부의 의지입니다. "우리나라에서 지금까지 직업교육이라고 하면 학교와 직장이 좀 분리가 되어 있었어요. 공부 다 마치고 직장에 가든가, 직장에 들어가서도 공부를 하려면 직장을 그만두고 아주 공부하고, 그래서 그것이 분리가 돼 있었는데 이것을 하나로 융합하자는 것입니다."(**황우여 장관/교육부**) 학생 대부분이 대학교엘 가지만 취업은 여전히 하늘의 별 따기인 우리 현실에서 독일식 직업교육은 주목할 만합니다. 하지만, 제도가 국내에 정착하려면 정부의 지속적 지원과 함께, 청소년 직업교육을 사회적 투자로 여기는 기업들의 적극적 의지가 과제로 지적됩니다.

뮌헨 대학교

파사우대학교 인문대학도서관

마이스터의 종류는 200여 가지로 다양하다. 안경, 상수도, 하수도, 제과/제빵, 양조, 조명, 선박제조, 난로제작, 세탁, 보석 세공, 전자기계제작, 전자기술, 에너지, 상품판매, 청소, 컴퓨터판매, 건물수리, 정밀기계, 정육, 수산물 판매, 꽃꽂이, 산림 관리, 사진, 정원관리, 건물안전, 건물관리, 피혁, 음료제작, 장난감, 정보기술, 자동차, 기계, 피아노, 주방, 가구 시계제작, 동물관리, 레스토랑관리, 자전거, 치과기계 등이 있다. 마이스터 시험과목은 실기, 전공이론, 경제/법, 직업교육학이다.

고등교육기관

독일학생이 대학교에 입학하기 위해서는 12년 동안의 학교교육을 받고 아비투어에 합격해야 한다. 우리나라의 수능시험에 해당하는 아비투어는 연방 주마다 시험 일정과 문제가 다르다. 아비투어에 합격하면 평생 다시 시험을 보지 않고 언제든 대학교에 지원할 수 있다. 단 기회는 2번으로 제한되어 있다.
고등교육기관인 독일의 대학교는 크게 종합대학교(Universität), 공과대학교(Technische Universität), 응용과학대학교(Fachhochschule) 등으로 구분된다. 독일의 대학은 몇몇 사립대학교를 제외하고는 국립대학교이며, 평준화되어 일, 이, 삼류 대학교의 구분이 없다.

윈스터 응용과학대학교 미술대학교 실습현장

종합대학교

독일은 전통적으로 미국이나 영국의 시스템과 다른 독일만의 독자적 학위 프로그램이 있었다. 석사에 해당되는 마기스터 (Magister Artium)와 디플롬(Diplom)이다. 그러나 **2010년 이후부터 유럽의 고등교육개혁인 볼로냐 프로세스(Bologna Process)에 따라 독일의 학위과정이 다른 유럽 및 미국과 비교 가능한 학제, 즉 학부(Bachelor)/석사(Master)/박사 (Doktor(Ph.D))로 나누어진다.** 독일의 학부과정은 일반적으로 3~4년 정도 걸린다. 그러나 일부 대학교, 일부학과(의학과, 법학과 등)는 여전히 전통적인 학제를 고수하고 있다. 마기스터는 인문과학을 마친 사람에게 수여되는 학위이다. 일반적으로 주전공 2개 혹은 주전공 1개와 부전공 2과목을 이수해야 한다. 디플롬은 자연과학, 공학, 경제학, 사회과학 등을 공부한 사람에게 수여된다. 국가고시는 사범대학교, 법학, 의학, 치의학 및 약학의 학생들이 졸업 후 자격증을 받기 위해 국가가 실시하는 시험이다. 이 시험은 국가가 관장하여 실시한다.

독일의 학기는 일반적으로 겨울학기(10월 중순 경 시작해서 2월 중순에 끝남)에 시작하지만 여름학기(4월 중순 경 시작해서 7월 중순 경 끝남)에도 학생을 뽑는 대학교가 늘고 있다. 학기가 시작되면 수업이 계속되다가 크리스마스와 신년을 전후로 2주 정도 겨울휴가가 있고 1월 7일 경 다시 개강한다. 대학교 1~2년은 전공 기초과정으로 수료하면 일종의 대학교 중간평가인 중간시험을 치른다. 중간시험은 논술(180분)과 구두시험(3과목 총80분)으로 구성되고 중간시험에 합격하면 전공과정인 3~4학년에 다니게 된다. 전공과정을 수료하면 졸업시험을 치르는데, 졸업시험은 졸업논문, 필기시험, 구두시험으로 구성된다.

응용과학대학교

독일에는 고유한 학제로 실용적인 측면에 방향이 맞추어져 있는 응용과학대학교(FH)가 있다. 이 대학교는 실습을 반드시 요구하는 학과, 예를 들면 미술치료, 음악치료, 관광학 및 자동차 디자인 등과 같은 실용적인 학과를 위주로 한다. 일반적으로 8학기 내에 졸업해야 하며 졸업할 때까지 총 160학점을 이수해야 한다. 독일의 응용과학대학교는 한국 내의 전문대학교와는 다르다.

미술대학교 졸업생 작품전

음악대학교와 예술대학교

독일의 음악대학교(Musikhochschule)는 종합대학교에 포함되지 않는다. 종합대학교에서는 음악학이나 이론과 관련된 것만을 공부할 수 있다. 실습이나 실기가 요구되는 음악교육은 음악대학교에서 따로 운영된다. 대부분이 국립인 음악대학교는 공교육 10년(적어도 고등학교 1학년) 이상을 받아야 지원이 가능하다. 전통적으로 음대는 디플롬을 받고 졸업했지만, 볼로냐 프로세스에 따라 학부와 석사과정이 나누어지고 있을 뿐만 아니라 박사과정도 개설되고 있다. 독일 음대에서는 클래식만을 배울 수 있는 것이 아니라, 팝과 재즈 등과 같은 현대 음악도 배울 수 있다.
독일의 예술대학교(Kunsthochschule) 역시 종합대학교에 속해 있지 않다. 종합대학교에서는 예술사나 예술이론, 문화경영 등 이론이나 경영과 관련된 것만을 공부할 수 있다. 실습이나 실기가 요구되는 예술교육은 예술대학교에서 따로 전공으로 개설되어 있다. **상업적인 혹은 직업과 관련된 교육은 응용과학대학교에서도 가능하다.**

만일 독일유학을 원한다면…

독일 유학상담 안내(독일학술교류처 서울사무소 홈페이지)

·독일 거주 및 경험이 있는 한국인 상담원과 독일인 DAAD 교수의 무료상담
·독일 대학, 대학원, 박사과정에 대한 자료 제공
·독일 정부가 제공하는 장학금 안내
·인터넷을 통한 자료열람 및 출력 서비스
·매년 독일 유학, 연수 박람회 개최 daad

주소: 100-053, 서울시 중구 퇴계로 108(회현동 3가) 세대빌딩 6층 602호
Tel.: + 82 02 324 0655 Fax: + 82 02 324 0675
E-mail: info@daad.or.kr Home: https://www.daad.or.kr

지원서류 및 요구사항은 학교에 따라 차이가 있을 수 있으나 대략 다음과 같다.

지원서: 독일 각 대학교의 외국인 사무소나 사이트에서 다운로드 받아 사용가능
고등학교 성적증명 및 졸업 증명(영문)
수능성적: 한국교육과정평가원에서 영문으로 발급
대학교 성적증명 및 졸업증명(영문)
독일에서 대학교 예비자과정을 들은 경우 졸업시험
(Feststellungsprüfung) 결과 자료
어학증명: 독일어로 수업을 들을 경우 TestDaF또는 DSH, 영어로 수업을 들을 경우
TOFEL CBT 217 또는 IBT 81 / IELTS 6.5 이상) 요구됨
여권사진(4×5cm) 4~5장과 여권 복사본(사진이 있는 첫 면)
경력이나 인턴십 증명(있을 경우-영문/독문)
이력서-테이블 형식
기타: 한국에서 대학교를 졸업하지 않고 독일공대에 유학할 경우 TestAs 또는
SelfAssessment international 시험을 봐야 함
공증이 필요할 경우: 재발급이 불가능한 서류(예를 들면 독일문화원 어학증명)를 독일에
보내야 할 경우, 복사를 한 뒤 주한 독일대사관에서 스템프를 받아 제출한다.
(유료: 문의 주한독일대사관 02 748 4114)

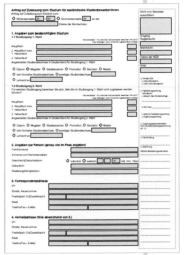

예시 원서

독일 대학교에서 학위취득을 목적으로 유학하고자 하는 경우, 자신이 유학하고자 하는 대학교의 웹사이트 등에서 정보를 수집한 다음 충분한 시간을 갖고 준비해야 한다. (www.study-in.de/www.studieren-in.de) 적어도 6개월에서 1년 정도의 여유를 갖고 독일어를 배우며 독일 대학교와도 연락을 취해야 한다. **독일 대학교로부터 입학허가를 받기 위해서는 지원하는 대학교 또는 대학 내 외국인을 위한 부서로 우니-아시스트(uni-assist), 외국인청(Akademisches Auslandsamt)으로 서류를 보내야 한다.** 지원하고자 하는 대학교와 학과의 웹사이트에서 지원요강을 통해 열람하며 준비해야 한다.

특히 음악대학교나 예술대학교에서는 위의 서류 이외에도 특별한 예술적 자질을 증명하도록 요구받는다. 원하는 대학교의 입학정보 또는 교수정보 및 입학지원서 등을 각 대학교의 웹사이트를 통해 확인한다. 예술대학교는 포트폴리오가 필수적이다. 자신의 실력을 제대로 보일 수 있어야 하며 작품의 제목과 제작 연월일 그리고 작품에 대한 해석 또는 설명을 간단하게 독일어로 첨부한다. 분량이나 크기, 개수에 대해서는 대학교 측에 직접 확인 문의한다. **독일의 음대에 지원할 경우 가장 중요한 것은 해당 음악 대학교의 교수와 미리 연락을 취하는 것이다.** 지원하고자 하는 대학교의 교수님께 이메일을 통해 미리 편지를 쓴다든지, 아니면 개인적 접촉이나 그 교수의 매스터클래스 수업을 듣는 것도 좋은 방법이다. 교수가 지원자의 연주에 관심이 있을 경우 입학시험을 볼 때까지 개인 레슨을 받을 수도 있는데, 이 경우 레슨비는 따로 지불해야 하고 정중하게 부탁해야 한다.

주한독일문화원 괴테-인스티튜트(주한독일문화원 홈페이지)

해외에서의 독일어 및 독일문화 보급과 지원, 국제 간의 문화교류 증진을 위하여 1959년에 설립된 기관으로 재정적으로 독일연방공화국 외무성의 지원을 받는다.

연극·음악·영화·학술 및 강연, 기타 문화행사를 주최하며 다양한 어학강좌 개설. 전 세계적으로 인정되는 독일어학 증명 시험을 실시한다.

도서관은 독일의 문화, 정치, 사회 분야의 최신 정보를 제공하고 있으며 다양한 서적과 시청각자료를 구비하고 본부는 뮌헨에 위치한다.

독일어 능력시험 Zertifikat Deutsch(ZD)

ZD 시험종류

A1, A2(Elementare Sprachverwendung)-초급(청소년, 성인)

B1, B2(Selbständige Sprachverwendung)-중급(청소년, 성인)

C1, C2(Kompetente Sprachverwendung)-고급(성인)

유학을 생각하는 사람이나 독일 관련 전공 학생들에게 필요한 ZD를 독일문화원에서 응시할 수 있다. 독일대학 예비 자과정인 스튜디엔 콜렉 혹은 독일 일부대학에서는 ZD B2나 C1을 요구한다.

그밖에는 TestDaF(대학진학용) / BULATS Deutsch-Test für den Beruf(취업용) 있다.

주소: 주한독일문화원 서울특별시 용산구 소월로 132

우편번호 04328

연락처 전화: + 82 2 20212800 팩스: + 82 2 20212860

주한독일문화원 www.goethe.de/seoul

Deutsche Kultur Odyssee : : :

독일어 회화	Was studieren Sie? 무엇을 전공하나요? Ich studiere Koreanische Geschichte. 한국역사를 전공해요.
참고/DVD자료	김창환: 인재강국 독일의 교육, 신정, 2008 박성숙: 독일 교육 이야기 꼴찌도 행복한 교실, 21세기북스, 2010 박성희: 독일교육, 왜 강한가?: 더불어 사는 삶을 가르치는 현장, 살림터, 2014 유진영: 독일의 직업교육과 마이스터 제도, 학이시습, 2015 이명환 외: 녹색교육 숲 유치원: 독일·스위스·한국, 교육아카데미, 2010 정혜영 외: 독일의 초등학교 교육, 문음사, 2008 EBS 세계의 교육현장: 독일 1 DVD EBS 2011년 01월 EBS 세계의 교육현장: 독일 2 DVD EBS 2011년 01월 http://www.daad.or.kr/ DAAD 홈페이지 독일학술교류처 서울사무소 http://www.goethe.de/seoul 주한독일문화원 홈페이지

09

독일 철학
이야기

Deutsche Philosophie

생각해 보기

우리가 흔히 말하는 계몽이란 무엇인가?

'신은 죽었다'라며 서양 근대철학사상을 부정한 철학가는 누구인가?

철학의 흐름

17~18세기 독일은 근대 사상의 흐름과 발전에 중심적인 역할을 했다. 칸트는 합리론과 경험론을 종합하여 근대 철학의 새로운 토대를 확립했고 헤겔은 변화 주체로서의 절대 정신과 방법론으로서의 변증법을 제시하여 근대 철학을 완성했다. 마르크스는 변화의 주체를 절대 정신이 아니라 경제적 생산력과 인간 주체의 구체적 실천에서 발견했고 쇼펜하우어는 구체적 현실과 개인의 비합리적 의지를 강조했다. 니체는 "신은 죽었다"며 전통적 형이상학의 근간을 부정했다.

20세기를 전후로 한 자연과학의 비약적인 발달과 그 과정에서 사회가 급격하게 변동하는 가운데 생의 철학, 현상학, 실존주의, 비판이론 등이 대두되고 인간 소외의 문제를 부각시킨다. 딜타이를 위시한 생의 철학자들은 자연과학과 구분되는 정신과학을 정립했고, 이후 해석학, 현상학, 실존주의에 막대한 영향을 끼쳤다. 야스퍼스와 하이데거 등에 의해 구축된 실존 철학은 실존의 본질과 구조를 밝히려고 했다. 프랑크푸르트학파는 비판이론을 전개했는데 호르크하이머와 아도르노가, 지배와 억압을 정당화하며 이성이 도구적으로 전락했다고 서구 계몽 과정을 비판했다면 프랑크푸르트학파의 제2세대를 대표하는 하버마스는 사회적 합리성의 개념을 도입함으로써 비판이론의 외연을 넓혔다. 비판이론의 제3세대를 대표하는 호네트는 인정투쟁이라는 개념에 입각하여 비판이론의 상호작용적 패러다임을 이어가고 있다.

쾨니히스베르크대학, 현재 칸트대학으로 변경됨

칸트

칸트

Immanuel Kant 1724~1804

궁극적 질문: 인간이란 무엇인가? 그 해답은… 이성적 동물이다.

"사고를 위한 이마는 침착한 유쾌함과 기쁨의 자리였다. 말에는 풍부한 사상이 넘쳐흘렀고 농담과 재치가 장기였다. 알만한 가치가 없는 것에 대해서는 무관심했다. 어떠한 음모나 편견 그리고 명성에 대한 욕망도, 진리를 빛나게 하는 것에서 그가 조금이라도 벗어나도록 유혹하지 못했다. 그는 다른 사람들로 하여금 스스로 생각하도록 부드럽게 강요했다. 내가 최고의 감사와 존경을 다해 부르는 그의 이름은, 임마누엘 칸트이다."

—칸트의 제자 요한 헤르더

서유럽 근대철학의 전통을 집대성한 칸트는 동프로이센의 쾨니히스베르크(현재 러시아 칼리닌그라드)에서 출생했다. 마구 제조업자인 아버지와 경건하고 신앙심 두터운 어머니 사이에서 태어났으며 경건주의학교에 입학하여 라틴어 교육을 받았다. 13살 때 어머니가 세상을 떠나고 17살 때부터 쾨니히스베르크 대학에서 공부를 시작했다. 1755년에는 오늘날의 교수 자격논문에 해당하는 〈형이상학적 인식의 제1원리에 관한 새로운 해명〉을 썼으며 1770년 46살 때 쾨니히스베르크 대학의 정식 교수로 임용됐다. 작은 키에 기형적인 가슴을 가졌으며 몸이 약했기 때문에 평생 엄격한 식생활을 했던 그의 강의는 유머와 박진감이 넘쳤다. 영국과 프랑스의 문학은 물론 여행기와 지리학, 과학과 철학 등 광범위한 독서에서 얻은 풍부한 내용의 강의는 늘 생기 있었다고 한다.

칸트를 가리켜 합리론과 경험론을 비판하고 종합한 철학자라 일컫는 것은, 그가 인식의 형식은 본래부터 갖고 있지만 인식의 내용은 경험으로 얻을 수밖에 없다고 보았기 때문이다. 인간은 경험을 내용으로 삼되, 경험과는 상관없이 타고난 인식 형식을 통해 보편적 진리를 알 수 있다는 것이다. 그런 그의 일화 가운데는 그가 하루도 어김없이 정해진 시각에 산책에 나섰기 때문에 코니히스베르크 시민들이 산책하는 칸트를 보고 시각을 맞췄다는 얘기가 유명하다. 한 번은 장 자크 루소의 〈에밀〉에 몰두하여 산책 시간을 어겼다고 한다. 그의 묘비에는, "더욱 더 자주 그리고 더욱더 곰곰이 생각해볼수록, 내 위에 별이 반짝이는 하늘과 내 속의 도덕 법칙은 더욱 더 새롭고 큰 존경과 경외심으로 마음을 가득 채워준다"(〈**실천이성비판**〉 중)라고 새겨져 있다.

칸트가 말하는 계몽이란?

"계몽이란 인간이 자신에게 책임이 있는, 미성년의 상태에서 벗어나는 것이다. **미성년 상태란 다른 사람의 인도 없이는 자신의 오성(Verstand, 개념을 간직하며 이용하는 능력)을 사용하지 못하는 무능**을 말한다. 그런데 만일 그 원인이 오성의 결핍에 있는 것이 아니라 다른 사람의 인도 없이 오성을 사용하겠다는 결의와 용기가 부족하기 때문이라면, 이 미성년 상태는 자신에게 책임이 있다. 현명해지도록 하라! 자신의 오성을 사용하려는 용기를 가져라! 이것이 계몽주의 표어다."

—『'계몽이란 무엇인가?'라는 질문에 대한 답변』

헤겔 Georg Wilhelm Friedrich Hegel 1770~1831

"헤겔에 의하면…"이라고 말하면 현학적으로 보일 것이다. 왜냐면 누구도 헤겔에 대해 되묻지는 않을 것이기 때문이다. 헤겔은 대부분 독일어로 책을 썼지만 사람들은 그의 책이 헤겔어로 쓰였다고 말한다. 그만큼 쉽게 읽히지 않았다. 가능하면 긴 이름도 외워서 써먹자 "게오르크 빌헬름 프리드리히 헤겔… 그에 따르면…"

헤겔은 칸트 철학을 계승한 독일 관념론의 완성자이다. 슈투트가르트 출생인 헤겔은 뷔르템베르크 공국의 재무관 아들로 1788년 튀빙겐대학교 신학과에 입학하여 횔덜린 및 셸링과 친분을 쌓았다. 헤겔은 셸링의 도움으로 예나대학의 강단에 선다. 한번은 헤겔이 〈정신현상학〉의 서문과 첫 부분을 셸링에게 증정하고 격려의 뜻을 받고자 했다. 이때 셸링은 참을 수 없는 분노를 느꼈다. 헤겔이 자신의 철학을 보잘것없는 것으로 여기고 새로운 철학을 완성했다고 생각했기 때문이다. 셸링은 죽을 때까지 헤겔에 대한 적대 감정을 풀지 않았다. 반면 헤겔은 평생 그런 셸링의 기분을 눈치 채지 못했다. 헤겔은 그만큼 둔감했다. 예나를 떠난 헤겔은 하숙집 부인과의 불륜으로 아들을 얻게 되고 나폴레옹군의 침공으로 예나대학이 폐쇄되자 밤베르크에서 신문 편집자로 일했다. 그 뒤 하이델베르크대학 교수로 취임했으며 1818년에는 프로이센 정부의 초청으로 베를린대학 교수가 되었다. 1831년 콜레라로 사망했다.

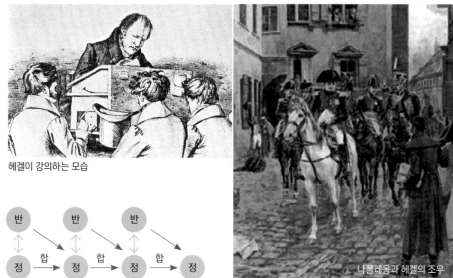

헤겔이 강의하는 모습

나폴레옹과 헤겔의 조우

"세계는 정신이다. 그리고 변증법적으로 발전한다."

헤겔의 〈정신현상학〉은 나폴레옹 군대가 예나에 입성한 날인 1806년 10월 13일 밤에 탈고되었다. **헤겔에 따르면 정신현상학이란 의식을 경험하는 학문으로 의식이 여러 가지 경험을 통하여 진리를 파악하여 가는 과정이라는 것이다.** 여기서 경험이란 의식이 그 자체의 내용과의 대립을 극복하고 처음으로 돌아와서 의식 자체와 완전히 일치하게 되기까지 끊임없는 변증법적 운동을 가리킨다.

변증법이란 정립, 반정립, 종합의 3단계 체계로 끊임없는 역동적인 변화를 통해 궁극적으로 절대정신에 도달한다. 정립(正)의 단계에서 그 자신 속에 이미 대립과 모순을 포함하고 있다. 반정립(反)이란 그 모순이 자각되어 밖으로 드러나는 단계이다. 반정립은 다름과 다름으로 인한 소외를 통해 고통을 야기시키는데, 이는 발전을 위한 필연적인 과정이다. 제3의 종합(合)의 단계는 제2단계인 반정립의 문제점을 해결한 단계이다. 제3의 단계가 다시 정립으로 보면 정립-반정립-종합의 단계는 계속해서 반복된다.

헤겔은 도토리를 예로 든다. 하나의 도토리는 그 안에 도토리나무가 될 가능성을 가지고 있다. 그러나 도토리가 그대로만 있다면 아무런 발전이 없다. 하지만 도토리는 땅에 떨어져 싹을 틔우고 자라난다. 그러면 도토리는 도토리나무가 된다. 그러나 도토리는 사라지는 것만은 아니다. 도토리나무가 열매를 맺으면서 다시 여러 개의 도토리가 되어 나타나기 때문이다. 도토리-도토리나무-여러 개의 도토리는 그대로 정립-반정립-종합의 과정과 일치한다. 역사도 이러한 방식으로 자기를 실현해 가는 과정이다.

미국의 독립전쟁, 프랑스혁명, 나폴레옹 전쟁 등 헤겔의 시대는 **극과 극의 대립이 사회 전반에 만연했다. 따라서 그 둘의 화합과 조화가 간절히 요청되었다.** 이때 바로 변증법을 통해 각 요소의 특징을 다 포괄하고 이 둘의 평화로운 화해가 가능하다. 헤겔의 철학은 관념론적 형이상학이라는 점에서 많은 비판을 사기도 했지만 화해와 타협이 필요한 시대사적 요청에 부응한 사상으로 중요한 의의를 가진다.

마르크스

마르크스와 엥겔스

마르크스   **Karl Heinrich Marx** 1818~1883

> "의식이 존재를 규정하는 게 아니라 존재가 의식을 규정한다."
> "인간이 변해야 사회가 변하는 게 아니라 사회가 변해야 인간이 변한다."

마르크스는 트리어 출신으로 유대인 그리스도교 가정의 7남매 중 셋째 아들로 태어났다. 아버지는 변호사로 자유사상을 지닌 계몽주의자였고 어머니는 네덜란드의 귀족 출신이었다. 1835년 본대학교에서 그리스와 로마의 신화, 미술사 등 인문학을 공부했고 1836년 베를린대학교에 입학하여 법률·역사·철학을 공부했다. 당시 헤겔의 철학을 알게 되어 헤겔학파의 좌파인 청년헤겔파에 소속되어 무신론적 급진 자유주의자가 되었다. 마르크스가 편집장이던 반정부신문인 〈라인 신문〉이 폐간되자 프로이센 귀족의 딸로 4살 연상인 예니와 결혼하여 파리로 옮겨간다. 그곳에서 경제학과 프랑스 사회주의를 연구했다. 프로이센 정부의 요청으로 파리에서 추방되어 브뤼셀로 가서 프로이센 국적을 포기했다. 엥겔스와 함께 공산주의자 동맹에 가입하여 동맹의 강령인 〈공산당선언〉을 공동명의로 집필했다. 엥겔스는 런던으로 망명한 마르크스에게 재정적 원조를 아끼지 않았다. 1881년 12월에 아내의 죽음으로, 1883년 1월에는 큰딸의 죽음으로 충격을 받은 그는 그해 3월 14일 런던에서 엥겔스가 지켜보는 가운데 64세로 일생을 마쳤다.

〈공산당선언〉

"한 유령이 유럽을 배회하고 있다-공산당이라는 유령이" 〈공산당선언〉(1848)만큼 세계 곳곳에서 널리 읽혀지고 세계의 정치사상에 심각한 영향을 준 문서는 없을 것이다. 이 책은 4개의 장으로 구성되었다. 부르주아와 프롤레타리아라는 제목이 붙여져 있는 제1장은 부르주아와 프롤레타리아라는 계급이 역사 속에서 등장한 과정을 살펴보고 프롤레타리아의 승리가 불가피한 것임을 보여준다. **"이제까지의 모든 사회의 역사는 계급투쟁의 역사이다."** 이런 사상이 대두된 당시 사회상을 보면 시민 개인이 요구하는 자유와 권리가 정치적으로 탄압되었고 반면 기술과학의 발전에 따라 이루어진 급속한 산업화는 물질만능주의의 만연과 자본가와 자본주의의 기형적인 성장을 가져왔다. **자본가의 노동자의 착취로 인한 사회계층 간의 극심한 갈등 속에 몰락하는 노동자 문제가 심각한 사회문제로 대두되었다.**

방직공장에서 아동노동

마르크스가 발간한 라인 신문

그의 핵심 사상으로서의 유물론적 변증법은 "세계는 물질이다. 그리고 변증법적으로 발전한다." 세계는 물질로 이루어졌으며, 정신이나 의식 따위는 물질의 산물이라고 보는 것이다. 헤겔의 관념적 변증법의 변형이며 물질이 절대정신의 위치로 놓이게 된다.

쇼펜하우어   Arthur Schopenhauer 1788~1860

염세사상의 대표자인 쇼펜하우어는 단치히 출생으로 부모는 은행가와 여류작가였다. 1793년 단치히가 프로이센에 병합되자 함부르크로 이사했고 1803년에는 유럽여행을 떠났다. 1805년 그를 상인으로 만들려던 아버지가 죽자 1809년부터는 괴팅겐대학에서 철학과 자연과학을 배우고 슐체의 강의를 들었다. 1811년에는 베를린대학으로 옮겨 피히테와 슐라이어마허의 강의를 들었다. 〈충족이유율의 네 가지 근원에 관하여〉(1813)로 예나대학에서 박사학위를 받았다.

사교가인 모친 요한나와의 불화와 대립이 유명하다. "… 아버지가 고독하게 지내는 동안 어머니는 연회를 베풀었다. 또한 아버지가 극심한 고통으로 괴로워하는 동안 어머니는 즐겁게 지냈다. 그것이 여인들의 사랑이다. …" 쇼펜하우어의 어머니는 작가로서 화려하게 살롱을 운영하면서 괴테 등 다양한 사람들과 교제하였다. 뿐만 아니라 누이동생 아델레는 우스꽝스런 옷차림을 하고 여성주의를 주창했는데 쇼펜하우어는 이를 혐오했다. 이탈리아 여행 중에 한 여인을 알게 되어 딸을 낳았으나 곧 죽었다는 얘기가 있다. 여행에서 돌아왔을 때 유산으로 물려받은 상가가 도산하여 경제적 어려움을 겪었다. 쇼펜하우어는 평생 헤겔을 정신적 괴물이라며 비판하였는데 헤겔이 있는 베를린 대학교에서 일부러 헤겔과 같은 시간대에 하는 강의를 선택하기도 했다. 1831년에는 당시 유행한 콜레라를 피해서 프랑크푸르트로 옮겨가 평생 그곳에서 살았다.

쇼펜하우어

쇼펜하우어의 어머니와 누이동생

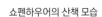

쇼펜하우어의 산책 모습

〈의지와 표상으로서의 세계〉

〈의지와 표상으로서의 세계〉에는 당시 이성주의 철학의 흐름에 반기를 들었던 염세주의 철학자 쇼펜하우어의 세계관이 잘 드러나 있다. 결론적으로 말하면 **의지가 모든 것의 근원이고 모든 것은 의지의 결과인데**, 이 의지는 개인에게는 고통이며 삶은 허무하다. **우리가 사물 자체를 있는 그대로 대하는 게 아니라 사물에 대해 주관적인 상징만을 가질 뿐이다. 따라서 삶과 세계는 끊임없는 다툼, 불화, 갈등과 투쟁의 역사인 것이다.** 인간의 욕망은 끝이 없고 그 충족은 극히 제한되며 결국 환멸과 슬픔만 남는다. 슬픔과 고통의 세계에서 벗어나기 위해서 생명의 의지를 부정해야 한다.

이로부터 벗어나기 위해서는 무욕구의 상태, 즉 이 의지가 부정되고 형상세계가 무로 돌아가는 것에 의해서만 가능하다. 그는 인도철학에서 말하는 해탈과 정적의 획득을 이상적 경지로서 제시했다. **또한 자아의 고통에서 벗어나면서부터 시작되는 타인의 고통에 대한 동정(Mitleid)을 최고의 덕목이자 윤리의 근본원리로 보았다.** 그의 철학은 만년에 이르기까지 크게 인정을 받지 못하였으나, 19세기 후반 염세적 시류에 맞물려 크게 보급되었다.

니체와 아이의 대화하는 장면(동상)

니체   Friedrich Wilhelm Nietzsche 1844~1900

니체, 비운의 천재인가 아니면 광인인가? 자신이 십자가에 못 박힌 예수가 되고 또 그 예수에 저항하기도 하는 디오니소스이기도 한 인간 니체, 스스로 초인의 삶을 지향하지만 결국 광인으로 생을 마친다.

니체는 레켄 출생으로 5세 때 목사인 아버지를 간질 발작으로 인한 뇌질환으로 잃고 어머니, 누이동생 엘리자베스와 함께 외할머니 집에서 성장했다. 어린 시절부터 너무 많은 책을 읽고 글도 많이 썼기 때문에 평생 두통을 안고 살아간다. 14세 때 프로르타 공립학교에서 엄격한 고전교육을 받았고 20세 때 본대학에 입학하여 고전문헌학에 몰두했다. 라이프치히대학으로 옮긴 그는 쇼펜하우어의 〈의지와 표상으로서의 세계〉에서 깊은 감명과 영향을 받았고, 바그너의 음악에 심취했다. 1869년에는 29세의 나이로 스위스의 바젤대학 고전문헌학의 교수가 되었다. 그는 옷을 잘 입는 멋쟁이 교수였다. 1870년 프로이센과 프랑스의 전쟁에 지원하여 위생병으로 종군했다가 건강을 해치고 바젤로 돌아왔다. 1879년 이후 건강이 악화되어 35세에 바젤대학을 퇴직하고 요양을 위해 이탈리아 북부와 프랑스 남부에 체류하면서 저작에 전념했다. 1889년 정신착란을 일으키고 1900년에 바이마르에서 생을 마감했다. 라이프치히 시절 창녀촌에서 매독에 걸려 평생 이 병에 시달리다가 결국 정신이상으로 죽었다는 설도 있다.

니체와 두 여자, 루 살로메와 여동생 엘리자베스

니체가 로마에서 러시아 태생의 독일인 살로메를 만난다. 당시 21살의 살로메는 최고의 지성인이었지만, 팜므파탈로 분류된다. 니체가 살로메를 보자마자 던진 말은 "우리는 어느 별에서 떨어져 오늘 여기서 만나게 된 걸까요?" 서른일곱 살의 니체는 5월의 어느 날 루체른 공원에서 스물한 살의 살로메에게 청혼했지만 거절당한다. 그 후 사랑과 결혼에 대한 몇 번의 시도가 있었지만 그의 결론은, "그대 여자한테 가려는가. 채찍을 잊지 말자", "철학자에게 결혼은 코미디이다".

두 살 아래의 누이동생이 엘리자베스이다. 니체가 동생과 근친상간이라는 말도 있지만 동생의 그에 대한 시기와 방해로 금치산자가 되었다는 얘기도 있다. 니체의 말년 작품은 니체문서기록보관소를 세운 그의 누이에 의해 수정되고 편집되었다는 설도 제기된다. 무엇보다도 니체의 이름이 히틀러 및 파시즘과 연결되는 것은 주로 그의 동생 때문이다. 히틀러에 대한 열렬한 지지자인 엘리자베스는 대표적인 국수주의자이자 반유대주의자인 푀르스터와 결혼했고 푀르스터가 자살한 뒤 니체를 푀르스터의 이미지로 개조했다.

"신은 죽었다(Gott ist tot)."

니체의 저서 〈즐거운 학문〉에서 미친 사람의 입을 통해 최초로 언급되는 "신은 죽었다", 혹은 차라투스트라가 "신은 죽었다"고 선언하고 산에서 내려와 이것을 전하는 순간, 그것은 엄청난 사건이다. **"신은 죽었다"는 말은 물론 '신이 존재하지 않는다'로 해석되기도 하지만, 신의 존재와 상관없이 동시대인이 처한 니힐리즘적인 상황에서 전통적인 사상, 진리, 지식, 규범 등 일체의 가치를 부정함을 의미한다.** 신은 죽었다. 그 결과 피안의 세계에 대한 믿음을 전제로 하는 이원론은 사라지고 남는 것은 허무이다. 왜냐하면 이 순간은 전통이 지배하는 문명을 해체하는 순간이며 영원불멸의 유토피아로 간주되던 이상사회를 부정하는 순간이기 때문이다. 따라서 "신은 죽었다"는 허무의 시작으로 인간의 본질에 대한 물음과 문명에 대한 비판적인 해석을 제기하는 중요한 가능성의 장치이다.

니체에 따르면 인간의 모든 행동을 가능하게 하는 기본적 충동, 본능적 충동은 의지이다. 권력에의 의지는 영웅주의, 투쟁, 권력, 힘을 골자로 하여 돈과 명예와 욕망을 추구하며 실현하고 그 가운데서 중상과 비방과 거부와 파괴가 난무한다. 삶이 굴러가는 삶의 동인으로서의 이런 권력에의 의지는 엄밀히 말해 노예의 의지다. 세계와 인간을 지배하고 예속시키며, 더 많은 권력과 통제를 위한, 인간의 무한한 의지에의 의지 혹은 의지를 위한 의지에 스스로 지배당하는 것을 의미하기 때문이다. **되풀이되는 인생은 허무이다.** 이런 허무주의를 철학적 주제로 받아들여 그 의미를 철학사 속에서 체계화했던 사람이 니체

였다. 그는 허무주의의 근원을 추적하며 되풀이되는 인생, 목적, 통일, 존재, 진리 등과 같은 이성범주에 대한 절대적 믿음 혹은 자신의 신념을 진리로 맹신한 독단적 태도 등을 비판한다. 이것 모두가 종래는 무가치하며, 아무 목적 없이 회귀를 반복한다. 바로 이때가 초극의 순간이다. 인간은 목적이나 목표가 아니라 상승과 하강 사이에 놓여 있는 하나의 다리(überbrücken), 하나의 과정이다. **인간은 자기 초극을 통해서 위버멘쉬(Übermensch 저편으로 건너가려는 자)로 나아갈 수 있는 존재이지만 다른 한편으론 마지막으로 전락해 버릴 수 있는 존재이기 때문이다.** 위버멘슈는 신이 없는 세계에서 형이상학적 망상이나 도덕적 위선 없이 자신의 삶을 정직하게 살아갈 수 있는 용기 있는 인간이다. **위버멘쉬는 모든 피폐화된 가치와 고통스러운 현실세계를 긍정하고 재창조하는 자로 자율적인 의지의 세계를 선포하는 가치 창조자이다.**

ÜBERMENSCH
위버멘쉬

철학하는 나라 독일

흔히 독일은 철학과 시인의 나라라고 일컬어진다. 도대체 왜 그럴까? 칙칙한 오후에 긴 산책에 나서는 사람들을 상상해 보라. 아마도 독일의 흐린 날씨와 그 가운데서 긴 산책을 하는 독일인의 모습에서 비롯된 것은 아닐까? 내성적인 독일 사람들, 가슴에는 이상과 낭만을 가득 품은 채, 다소 비관적인… 1648년 30년 전쟁 이래 오랜 갈등과 분열과 피폐함 속에서 타협과 화합의 이상주의를 갈망했던 독일인들에게 역사적, 사회적 상황의 특수성은 녹록치 않았을 것이다. 그런 그들에게 사색의 철저성이 강요되지 않았을까?

Deutsche Kultur Odyssee : : :	
독일어 회화	**Können Sie das Wort Philosophie buchstabieren?** 단어 철학의 철자를 말할 수 있습니까? **Ja, P-h-i-l-o-s-o-p-h-i-e.** 네. 페-하-이-엘-오-에스-오-페-하-이-에
참고/DVD자료	강영계: 마르크스 니체 프로이트 철학의 끌림, 멘토프레스, 2011 안광복: 처음 읽는 서양 철학사, 웅진지식하우스, 2007 위 버킹엄 외(이경희 외 옮김): 철학의 책, 지식갤러리, 2011 이나 슈미트(장혜경 옮김): 철학은 어떻게 정리정돈을 돕는가, 어크로스 ,2012 철학사전편찬위원회: 철학사전, 중원문화, 1987 폴커 슈피어링(정대성 옮김): 세계사를 바꾼 철학의 구라들, 이룸, 2007 한스 요아힘 슈퇴리히/박민수 옮김: 세계철학사, 자음과모음, 2008 김미경: B급 문학연구: SF 글쓰기 전략 및 미학적 가능성에 대하여, 헤세연구 제33집, 2015

10

Deutsche Kultur
Odyssee

독일 문학,
독일인의
삶과 생각
Deutsche Literatur

생각해 보기

소설 〈젊은 베르테르의 슬픔〉은 누구의 작품인가?

노벨문학상을 수상한 독일작가에는 누가 있는가?

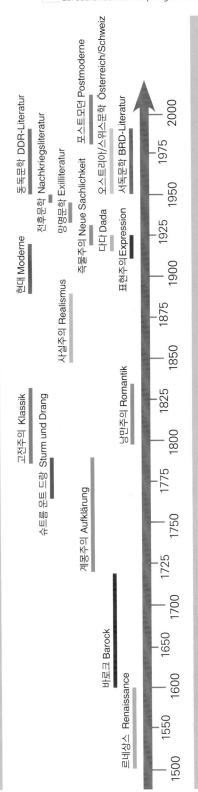

문학의 흐름

독일의 문학사를 거슬러 올라가면 〈에다〉가 있는데 구전으로 전승되던 게르만의 신화와 영웅 설화 등이 고대 아이슬란드에서 기록된 것이다. 여기에서 고대 게르만족 문학의 뿌리를 엿볼 수 있다. 중세 문화의 중심지는 궁정이고 방랑, 음유시인 등이 영웅서사시 〈니벨룽겐의 노래〉, 〈파르치팔〉, 〈트리스탄〉, 〈에레크〉 등을 남겼다.

근대가 시작된 후 30년 전쟁(1618~1648)의 혼돈 속에 대두된 독일 바로크 문학에는 이율배반적인 세속적인 쾌락과 죽음의 동경, 규범의 강요와 현실의 무상함 등이 주된 주제로 나타났다. 18세기 계몽주의 이래로 본격적인 시민계급의 시대가 도래했다. 이 시기에는 기독교 질서와 귀족 중심의 봉건 지배구조에 맞서 개인의 존엄성을 내세우며 이성과 합리주의로 현실을 개혁하려는 문학이 등장한다. 계몽주의 문학이다. 슈트름 운트 드랑(질풍노도)의 젊은 작가들은 반봉건을 지향했지만 반계몽주의적인 방식을 선택하여 절대적인 자유를 추구했다. 이 흐름의 중심에 있던 괴테는 이탈리아를 여행하면서 고전주의로 돌아섰다. 고전주의는 고대 그리스와 로마의 예술을 모범으로 삼아 조화와 균형, 객관성, 보편성, 총체성, 정제된 형식 등을 추구했다. 이때 교양 시민이 핵심을 이루었으며 주된 장르는 희곡이었다. 낭만주의는 프랑스 혁명 이후 나폴레옹의 침공에 맞선 해방 전쟁의 열기 속에서 고전주의에 반기를 들고 감성과 상상력, 동경, 신비, 무한한 것, 민속적인 것 등을 꿈꾸었다. 환상적인 내용에 시적인 단편이 많았다.

산업혁명 이후 포이어바흐와 마르크스 등의 유물론 사상이 확산되고 자연과학이 발달함에 따라 현실주의 의식이 널리 퍼졌다. 문학에서도 구체적 현실을 충실하게 형상화하려는 사실주의 문학이 생겨났다. 이 시기에 오락, 교양 잡지가 잇달아 발간되고 통속문학이 발전했다. 20세기 전반의 독일 문학은 인상주의·상징주의·신낭만주의·신고전주의·표현주의·신즉물주의 등 다양한 양식의 문예사조가 등장하였다. 제2차 세계대전의 패전과 함께 시작된 독일의 전후 문학은 '폐허문학', '영시점', '언어 벌채'와 같은 용어들이 유행했고 폐허의 참담함 속에서 나치와의 단절 및 새 출발의 의지 등을 표명하였다. 20세기 후반부터 문학은 다시금 새로운 변화를 맞게 된다. 탈정치화, 탈이데올로기화의 경향이 뚜렷해지고 인간해방, 사회 정의 같은 거대 담론에 억눌려 왔던 개성적 감수성과 개인적 욕구가 분출되었다.

영화 〈니벨룽겐노래〉 포스터   〈젊은 베르테르의 슬픔〉 한 장면

니벨룽겐의 노래   **Das Nibelungenlied**

1200년경 오스트리아에서 발견된 것이 독일어권에서 보존되는 니벨룽겐 소재의 가장 오래된 전승본이다. 작가 미상이다. 소재가 구전되다가 1200년경에야 비로소 문학 텍스트의 모습을 갖추었다. 피비린내 나는 처절한 비극으로 드라마틱하다. 역사적 현실이 반영된 민중 영웅서사이다.

네덜란드 왕자 지크프리트는 부르군트족의 왕인 군터의 누이동생 크림힐트가 미인이라는 소문을 듣고 보름의 성을 방문한다. 지크프리트는 그 전에 니벨룽이란 소인족을 정복하며 보물을 지키고 있던 용을 퇴치할 때 그 용의 피를 뒤집어쓰고 불사신이 된다. 다만 등의 일부분에 보리수 나뭇잎이 붙어 용의 피가 닿지 않았고 따라서 그곳이 유일한 약점이 되었다. 한편 군터는 아일랜드의 여왕인 브룬힐트에게 구혼하고 싶지만 그녀가 무예로써 자기를 정복하는 남자가 아니라면 결혼하지 않겠다고 공언함에 따라 대적할 용기가 없었다. 그는 지크프리트에게 도움을 청하여 일이 잘 되면 누이동생을 주겠다고 약속한다. 지크프리트는 니벨룽의 보물을 이용하여 몸을 숨기고 군터를 도와 브룬힐트를 이기게 한다. 이로써 두 쌍의 부부가 출현할 수 있었다. 훗날 이들이 다시 만나고 성당에 누가 먼저 들어가느냐 하는 서열의 문제를 두고 크림힐트와 브룬힐트가 다툼을 벌인다. 그 과정에서 군터의 결혼 비밀이 폭로되고 지크프리트는 브룬힐트의 원한을 사게 된다. 브룬힐트는 복수를 위해 남편의 부하 하겐을 이용하여 약점을 알아내게 하고 지크프리트를 암살시킨다. 그 후 훈족의 왕인 에첼과 재혼한 크림힐트는 복수를 잊지 않고 13년 후에 오빠 부부와 그의 신하들을 초청하여 한 사람도 남김없이 다 살해한다. 크림힐트도 이 광란을 보고만 있을 수 없던 영웅 힐데브란트에 의해 죽임을 당한다.

〈니벨룽겐의 노래〉의 인물 및 그들의 성격은 이미 북유럽 신화에도 나타난다. 그러나 〈에다〉에서는 범접하기 어려운 처녀 여걸 브룬힐트가 중심을 이루는 반면, 〈니벨룽겐의 노래〉에서는 복수의 화신이 된 크림힐트가 중심인물이 된다. 정치적 암살, 배신, 방화와 약탈, 절도와 모험, 기만과 협박, 결혼사기, 부인들 간의 알력 등이 결말에 가서 화합과 조화로 해소되지 않고 처절한 파멸로 이어지는 비극은 게르만족의 전형적인 모습을 보여준다. 사랑과 용서라는 기독교적인 원리가 아니라 명예와 복수가 '나의 힘'인 것이다. 뿐만 아니라 **이 작품은 지크프리트가 용과 격투하는 등 환상문학적인 성격을 지니고 있으며** 게르만족 대이동기의 전투 행각 및 훈족의 침입과 강성 등 역사적인 모습을 보여주고 있다.

바이마르시의 괴테와 실러 동상

젊은 베르테르의 슬픔
Die Leiden des jungen Werthers

〈젊은 베르테르의 슬픔〉은 독일의 대문호 괴테(Johann Wolfgang von Goethe, 1749~1832)의 작품이다. 베르테르라는 청년이 유부녀에 대한 이루어질 수 없는 사랑으로 자살을 한다는 이야기로 괴테의 자전적 소설이다. 1인칭 시점으로 쓰인 서간체 소설이다. **총 87편의 편지에는 자유를 향한 강한 의지, 사랑의 고뇌, 격렬한 감정표현, 끝없는 동경 등 당시 젊은이들 가운데서 유행하던 슈트름 운트 드랑(Sturm und Drang 질풍노도)의 시대사적 경향을 적나라하게 드러내고 있다.**

평범한 시민인 주인공 베르테르는 사회에서의 적응에 실패한 채 시골 마을로 들어오게 되고 마을 무도회에서 로테를 만나 사랑에 빠진다. 그녀에게 이미 약혼자 알베르트가 있다는 것을 알게 되지만 그녀에 대한 사랑을 멈출 수 없었다. 일 때문에 도시로 나갔던 로테의 약혼자가 돌아오고 베르테르는 절망에 빠진다. 베르테르는 냉정하고 합리적인 계몽주의 성향의 알베르트와 자살에 관해 심한 논쟁을 벌인 후 결과와 형식만을 중시하는 알베르트가 로테와는 어울리지 않는다고 생각한다. 로테가 베르테르의 생일에 책과 자신의 리본을 선물하자 베르테르는 이것을 사랑의 징표로 생각하고 열정에 사로잡힌다. 알베르트와 로테 사이에서 괴로워하던 베르테르는 여행을 떠난다. 1년 만에 돌아온 베르테르는 알베르트와 로테가 결혼했다는 사실을 알게 된다. 다시 만난 로테는 그를 차갑게 대하지만 시와 음악을 매개로 다시 예전처럼 가까워진다. 우연한 기회에 베르테르는 사랑 때문에 살인을 저지른 남자를 변론하지만 결국 그는 사형 선고를 받는다. 그에게서 자신의 모습을 투영한 베르테르는 낙심한다. 로테가 남편의 충고대로 베르테르에게 만남을 자제할 것을 요청하자 베르테르는 더 이상 살아갈 희망을 찾지 못한다. 실의에 빠진 베르테르는 여행을 빙자하여 알베르트에게서 호신용 권총을 빌리고 로테의 손에 의해 건네진 총으로 목숨을 끊고 만다.

〈젊은 베르테르의 슬픔〉은 슈트름 운트 드랑 혹은 천재시대의 전형적인 작품이다. 당시 유행어였던 슈트름 운트 드랑은 F.

⟨파우스트⟩의 한 장면   파우스트와 한 장면   티슈바인이 그린 이탈리아 여행의 괴테

M. 클링어의 동명소설에서 유래한다. **슈투름 운트 드랑의 작가들은 기존의 질서와 권위 및 지배구조에 저항하며 스스로 창조해낼 수 있는 천재가 되고자 했다.** 괴테를 제외하고는 대부분 소시민적인 농촌 출신의 젊은 작가들이 주를 이루었다. "개천에서 용났다"는 표현과 상응할 것이다. 따라서 민중적일 수밖에 없다. **이들은 제우스에 저항한 프로메테우스를 본보기로 삼았고, 사상적 토대로는 루소를 들 수 있다.** 그는 "인간의 손에서 모든 것은 멸망한다"고 주장하며 "자연으로 돌아가라!"를 외친다. 여기서 말하는 자연이란 문화와 문명의 대척점에 위치하는 것으로 계몽주의가 자연의 신성을 과학적으로 박탈하며 인류문화의 발전을 신뢰한 것을 부정한다. 이런 자연은 또한 인간의 내면이며 인간 본연의 것으로 어두운 충동, 무의식, 자아를 지칭한다. 그들은 낭만주의 시대를 앞서 이런 주제를 선취하였다.

이 작품에서 베르테르가 총으로 목숨을 끊고 마는데 당시 기독교 사회에서는 용납할 수 없었다. 이 작품은 자살, '자유죽음'에 대한 논란을 불러일으켰다. **'베르테르 신드롬'이라는 모방자살이 이 작품에서 비롯된다.** 어떤 영향력 있는 인물이나 자신이 모델로 삼고 있는 사람이 자살하거나 죽었을 때 그 사람과 자신을 동일시하여 스스로 자살하는 현상을 말한다. 이 소설이 19세기 유럽에서 널리 읽혀지면서 소설의 주인공인 베르테르처럼 자살하는 젊은이가 급증했다는 데서 나온 말이다. 당시 유럽의 상황은 경제적으로 악화되어 있었고 정치적인 구심체가 약화된 시대적 상황에서 젊은이들이 심리적인 공황을 겪고 있었다.

파우스트   Faust

오늘날에도 여전히 대문호 괴테를 기억하게 하는 또 하나의 걸작이 희곡 ⟨파우스트⟩이다. 이 작품은 파우스트 전설을 문학적으로 형상화했다. **서곡과 1, 2부로 구성되었는데 서곡은 연금술사 파우스트를 두고 신과 악마 메피스토펠레스가 벌이는 대결이다.** 파우스트가 타락하여 영혼을 뺏을 수 있다는 메피스토펠레스와 모든 방황에도 불구하고 인간은 결국 고귀함을 잃지 않고 바로 설 수 있으리라는, 즉 "인간은 노력하는 한 방황하지만 선량한 인간성은 검은 충동에 사로잡혀 버리더라도 결국 올바른 길을 잃지 않으리라"는 신의 승부 내기에서 시작한다.

제1부에서 파우스트는 자신을 찾아 온 메피스토펠레스와 계약을 맺는다. "내가 순간을 향해, 멈추어라, 너는 정말 아름답구나라고 말하게 되는 날, 너는 나를 결박해도 좋다. 그러면 나는 기꺼이 멸망의 길로 가리라." 메피스토펠레스는 마녀의 주방으로 데려가 늙은 파우스트를 활기찬 젊은이로 만들어 주고 온갖 감각적 향락을 제공한다. 그때 시민 출신의 그레트헨을 만

천 마르크(구 독일 화폐로 최고의 단위) 화폐 속의 그림 형제 　디즈니만화영화 〈개구리 왕자〉 　판타지영화 〈백설 공주〉

나 혼전 임신을 하게 하고, 결국 이로 인해 그녀의 가정은 파탄이 난다. 어머니는 죽고 오빠는 파우스트와의 결투에서 살해되며 그레트헨은 정신착란에 빠져 자신의 아이를 죽이고 감옥에 수감된다. 파우스트가 그녀를 구하려고 하자 그녀는 죽음으로 자신의 죄를 용서받고자 한다. 2부에서는 파우스트가 메피스토펠레스의 도움으로 고대 그리스 최고의 미녀인 헬레네를 만나 사랑에 빠지고 그들 사이에는 오이포리온이란 사내아이가 태어난다. 그러나 이 아들이 그리스 독립전쟁에서 죽게 되고 헬레나가 죽은 아들에게 돌아가면서 둘의 사랑은 끝이 난다. 파우스트는 이제 인류사회의 공익을 위해 헌신적으로 봉사한다. 황제로부터 황무지를 받아 대단위 개간 사업을 벌이고 종이화폐를 만들며 경제파탄에 빠진 공동체를 일으켜 세운다. 충만한 환희와 평화를 느끼며 "순간아, 멈추어라!"를 외친다. 그리고 "끊임없이 노력하는 자는 구원받을 수 있다"는 천사들의 합창이 울려 퍼진다.

괴테는 두 번의 이탈리아 여행 후 질풍노도의 문학을 벗어나 고전주의에 들어선다. **고전주의는 조화와 균형의 단정한 형식미를 중시하는 예술 사조로 고대 그리스 로마시대의 예술과 문화를 모범적으로 삼는다.** 낙관적이며 조화를 이룬 순수한 아름다움의 아폴론적 문화가 모범인 것이다. 파우스트는 고전주의의 대표작으로 제1부는 59세 때에 발표되고, 제2부는 그가 사망하기 직전에 완성되어 유고집으로 출판되었다.

그림 동화와 메르헨 가도

동화가 최고의 문학 형식이었던 시절이 프랑스혁명 직후인 18세기 낭만주의 시대이다. 예나, 하이델베르크, 베를린, 비인을 거점으로 하는 상류 계층의 작가들이 여기에 속한다. **고전주의에 대항하는 낭만주의는 '꿈꾸는 듯한', '비현실적'이고 '감상적인' 것으로 작가들은 현실 사회의 고통, 혼란을 도외시한 채 페르시아 등 동양의 문물을 동경하고, 도시를 떠나 자연, 옛 중세도시를 방랑했다.** 특히 〈독일어 사전〉 등을 공동 저작한 그림형제는 역사와 언어에 대한 활발한 연구뿐만 아니라 전래 동화, 민요, 민담, 전설을 수집하여 아동과 가정의 동화(Kinder- und Hausmärchen)를 편찬한다.

독일어로 민담, 전설, 동화 등을 뜻하는 메르헨에 거리를 붙인 메르헨 가도는 독일 여행지로도 손꼽힌다. 메르헨 가도는 그림 형제의 고향인 독일 남부 헤센주 하나우에서 시작돼(빨간 모자), 하멜른(피리 부는 사나이), 트렌델부르크(라푼첼), 자바부르크(잠자는 숲 속의 공주) 등을 거쳐 브레멘(브레멘 음악대) 등을 잇는, 50개 도시 약 600km 구간을 말한다. 메르헨가도 도시는 동화의 배경지이기도 하지만 그림 형제의 생애와도 밀접하게 연관되어 있다. 슈타이나우는 유년 시절을 보낸 곳

카프카 기념우표   카프카의 아버지와 어머니

이고 마르부르크에서는 법학을 공부했고 카셀은 그림 형제가 언어학, 문헌학을 공부하며 전래동화를 수집한 곳이다. 수집한 옛이야기를 수정, 보완, 삭제, 첨부하고 예술적으로 다듬은 사람은 주로 동생 빌헬름(Wilhelm Grimm, 1786~1859)이었다. 그는 "옛날 옛적에…(Es war einmal...)"라는 동화의 도입 형식을 이끌어냈다. 초판에서의 성적 묘사와 잔혹 행위와 어두운 면을 어린이의 눈높이에 맞춰 순화하여 개정했다. 형 야코프(Jacob Grimm, 1785~1863)는 이것을 탐탁하게 생각하지 않았다. 1812년 초판에 이어 계속 새로운 이야기를 추가하고 개정하며 1857년 7판까지 펴냈다. **이런 동화는 현실이 투영된 상상의 세계를 상징적이며 환상적인 이미지로 재현한다. 그림동화는 2005년에 유네스코 세계문화유산에 등재되었다.**

성적 묘사와 잔혹 행위와 어두운 면의 순화된 예

1) 〈백설공주〉에서 나오는 왕비는 원래 친어머니였는데 잔혹성으로 인해 계모로 순화하였다.
2) 〈개구리왕자〉 동화에서 개구리가 멋진 왕자로 변하자 공주는 두 번 생각하지 않고 바로 동침한다는 내용을 "아버지의 뜻대로"라고 완화시켰다.
3) 〈헨젤과 그레텔〉은 중세 유럽 시대에 기근이 자주 발생하여 그때마다 서민들 사이에서 영아 살해가 빈번했다는 것을 헨젤과 그레텔이 숲에서 실종되었다고 완화시켰다.

변신   # Die Verwandlung

체코 태생의 독일어 작가 카프카(Franz Kafka, 1883~1924)는 현대소설의 거장이며 실존주의, 표현주의, 초현실주의의 대표적인 작가이다. **그는 부조리한 사회구조를 상징적으로 표출시키며 절망적인 시대 상황, 인간 존재의 이해할 수 없음을 문학적으로 형상화했다.** 프라하 카를대학에서 법학 박사학위를 받고 낮 동안에는 노동자재해보험회사의 보험 법률가로 일하고 밤에는 늦도록 창작에 몰두했다. 이런 고된 이중생활은 폐병으로 이어졌다. 카프카는 사후 자신의 작품을 소멸시킬 것을 요청했으나 절친 막스 브로트에 의해 유작으로 출판되었다.
프라하의 유태 가문 출신인 카프카의 작품에는 전반적으로 세대 간 갈등, 오이디푸스 콤플렉스 등이 잘 드러나 있다.

"나는 그 어려운 환경에서도 이만큼 해냈는데, 부족한 게 없는 너는 왜 그렇게밖에 못하느냐."
"아버지 당신은 강하고 거대하고 … 저는 당신의 손에 매달린 왜소한 해골바가지죠."
—〈아버지에게 보내는 편지〉

카프카는, 자수성가한 상인으로 기골이 크고 독선적이며 신분상승의 욕구가 강한 상점 주인인 아버지를 거인족의 일원으로, 감탄스럽기는 하지만 무시무시하고 혐오스러운 폭군으로 형상화한다. 1919년에 쓴 부치지 않은 〈아버지에게 보내는 편지(Brief an den Vater)〉에서 카프카는 자신이 무능하다는 생각을 주입시켜 준 위압적인 아버지로 인해 자신 또한 한 아버지가 되는 평범한 삶에 실패하여 문학으로 도피했다고 고백한다.

카프카의 대표 작품 가운데 하나가 〈변신〉이다.

홀로 가족을 부양하는 외판원인 그레고르, 잠자는 어느 날 갑자기 잠에서 깨어나 벌레가 되어버린 자신을 발견한다. 가족은 벌레가 된 그레고리에게 냉담해지고, 그레고르는 없어져 버려야 될 해충으로 전락해 버린다. 결국 진짜 벌레로 전락한 그레고리는 가족의 냉대와 폭력에 육체적, 심적 고통 속에서 싸늘하게 죽게 된다. 그레고르가 죽자 가족들은 신에게 감사드리고 그들만의 소풍을 떠난다. **카프카는 부조리하고 불합리한 세계 속에서 무의미하고 불안한 인간 존재를 파헤쳤다.** 그렇다면 그레고르의 변신은 무엇을 의미하는가? 인간 그레고르와 벌레 그레고르의 차이점과 공통점은 무엇인가? 현대를 살아가는 우리가 한 번 쯤 되새김질 해야 하는 물음이다.

카프카와 마찬가지로 체코 프라하 출신인 릴케의 시 〈가을날〉

Herbsttag

Herr: Es ist Zeit. Der Sommer war sehr groß.
Leg deinen Schatten auf die Sonnenuhren,
und auf den Fluren laß die Winde los.
Befiehl den letzten Früchten reif zu sein
gib Ihnen noch zwei südlichere Tage
dräng sie zur Vollendung hin und jage
die letzte Süße in den schweren Wein.
Wer jetzt kein Haus hat, baut sich keines mehr.
Wer jetzt allein ist, wird es lange bleiben,
wird wachen, lesen, lange Briefe schreiben
und wird in den Alleen hin und her
unruhig wandern, wenn die Blätter treiben.

가을날

주여, 벌써 가을입니다.
지난 여름은 실로 위대했습니다.
당신의 그림자를 해시계 위에 놓으시고
광야에는 소슬한 바람을 주옵소서.

마지막 과일들을 결실토록 명하시고
따스한 햇살을 이삼일만 허락하옵소서.
포도송이마다 감미롭게 결실하여
향기로운 포도주를 빚게 하옵소서.

지금 집 없는 자는 어떤 집도 짓지 않습니다.
지금 외로운 자는 오랫동안 외로이 머무를 것입니다.
잠 못 이루어 책을 읽고 긴 사연의 편지를 쓸 것입니다.
그리고 잎이 지면 가로수 길을 불안스레 이곳저곳 헤맬 것입니다.

헤세의 데미안 책표지

데미안   **Demian**

데미안은 한국인이 가장 좋아하는 외국 작가 중의 한 사람인 헤세(Herman Hesse, 1887~1962)의 작품이다. 헤세는 기독교 선교사를 부모로 둔 독실한 기독교 집안 출신이다. "시인이 되거나 전혀 아무 것도 되고 싶지 않았기 때문에" 다니던 신학교에서 뛰쳐나오고, 연상의 여인과의 사랑 때문에 자살을 기도했다. 질풍노도의 청춘은 한동안 정신병원에 입원하여 치료를 받아야만 했다. 이후 서점 점원과 공장 실습생으로 일하며 괴테를 탐독하고 문학과 철학에 관심을 갖고 시를 썼다. 그는 동양의 정신세계와 문화를 연구하며 기독교와 불교와 바라문교 등의 종교의 경계를 뛰어넘었다. **헤세는 1946년 노벨문학상을 수상했다.**

"내 속에서 솟아 나오려는 것, 바로 그것을 나는 살아보려 했다. 왜 그것이 그토록 어려웠을까."

어린 싱클레어는 부모님이 계신 집안의 밝은 세계와 하녀와 범죄자가 처해 있는 어두운 세계를 동시에 예감한다. 그는 불량배 크레머에게 도둑질과 거짓말을 강요당함으로써 안전한 밝은 세계의 붕괴를 경험한다. 싱클레어의 구세주로 데미안이 등장한다. 카인과 아벨에 대한 또 다른 견해를 갖고 있는 그는 크레머를 멀리 사라지게 한다. 그러나 싱클레어는 어린 세계로 도피하며 데미안과 결별한다. 상급 학교에 진학한 싱클레어가 사춘기로 방황하는 가운데 데미안의 편지가 도착한다. **"새는 알에서 부화하려고 한다. 알은 세계요, 새는 신에게로 날아간다. 그 신의 이름은 아브락사스."** 싱클레어는 대학에서 데미안을 다시 만나게 되고, 그의 어머니 에바에게서 꿈속의 연인을 보게 된다. 전쟁으로 두 친구는 헤어지고 싱클레어는 중상을 입어 죽어가는 데미안을 만나게 된다.

〈데미안〉은 제1차 세계대전 중인 1916년에 쓰여지고 전쟁이 끝난 직후인 1919년에 출판되었다. 익명으로 발표하여 에밀 싱클레어의 작품으로 알려져 있다. **'에밀 싱클레어의 젊은 시절의 이야기'라는 부제가 붙은 이 작품은, 청춘기의 고뇌와 방황을 1인칭으로 솔직하고 강렬하게 표현함으로써 전후 세대에 영향을 미쳤다.** 어둠과 밝음, 신과 악마 등의 대립된 요소를 하나로 통합하는, 자신의 운명을 탐구하는 젊은이의 운명을 그려낸 이 작품은 헤세 자신에 내재하는 모순을 객관적으로 묘사한 소설이다. 데미안이란 말은 데몬(Dämon)에서 유래된 것으로 신과 인간의 중간자, 악마, 초자연력 등을 의미한다. "내 속에서 솟아 나오려는 것, 바로 그것을 나는 살아보려 했다." 문학이 도울 것이다.

피아노 치는 여자 　　　　Die Klavierspielerin

옐리네크(Elfriede Jelinek, 1946~)는 '노벨상 미스터리', '스캔들 제조기', '남자 잡아먹는 여자', '제 집 더럽히는 여자' 등의 수식어를 달고 다닌다.

삼십대 중반 에리카는 피아니스트로 성공하는 데 실패하고 음악원 피아노 선생으로 학생들을 가르친다. 정신병원에 남편을 둔 어머니는 에리카의 생활을 일거수일투족 간섭하고 통제하며 다른 사람들과의 관계를 차단시킨다. 에리카는 은밀하게 자

엘프리데 옐리네크

널 완벽하게 연주하고 싶다!

피아니스트
La Pianiste

M. 하네케 감독의 영화 〈피아노 치는 여자〉

이런 책들 읽어보면 어때요…

땅의 혜택: 크누트 함순(안미란 옮김), 문학동네, 2015
장례식은 필요 없다: 베른하르트 아이히너(송소민 옮김), 책뜨락, 2015
산 자와 죽은 자: 넬레 노이하우스(김진아 옮김), 북로드, 2015
성: 프란츠 카프카(권혁준 옮김), 창비, 2015
게걸음으로: 귄터 그라스(장희창 옮김), 민음사, 2015
그리고 신은 얘기나 좀 하자고 말했다: 한스 라트(박종대 옮김), 열린책들, 2015
유배중인 나의 왕: 아르노 가이거(김인순 옮김), 문학동네, 2015
이날을 위한 우산: 빌헬름 게나치노(박교진 옮김), 문학동네, 2015(초판 2010)
개선문: 에리히 마리아 레마르크(장희창 옮김), 민음사, 2015
수고양이 무어의 인생관: E. T. A. 호프만(박은경 옮김), 문학동네, 2015
여름을 삼킨 소녀: 넬레 노이하우스(전은경 옮김), 북로드, 2015
저지대: 헤르타 뮐러(김인순 옮김), 문학동네, 2014(초판 2010)
통과비자: 안나 제거스(이재황 옮김), 창비, 2014
강철 폭풍 속에서: 에른스트 윙거(노선정 옮김), 뿌리와이파리, 2014
잃어버린 은띠를 찾아서: 발터 뫼르스(이광일 옮김), 들녘, 2014
비둘기: 파트리크 쥐스킨트(유혜자 옮김), 열린책들, 2014(초판 2000)
아일랜드 일기: 하인리히 뵐(안인길 옮김), 미래의창, 2014
폭스밸리: 샤를로테 링크(강명순 옮김), 밝은세상, 2014
돈 카를로스: 프리드리히 실러(안인희 옮김), 문학동네, 2014
심플 스토리: 잉고 슐체(노선정 옮김), 민음사, 2014(초판 2009)
몸앓이: 크리스타 볼프(정미경 옮김), 창비, 2013
파리인간: 한스 올라브 랄룸(손화수 옮김), 책에이름, 2013
파비안: 에리히 캐스트너(전혜린 옮김), 문예출판사, 2013(초판 1999)
여름 거짓말: 베른하르트 슐링크(김재혁 옮김), 시공사, 2013
특성 없는 남자 1: 로베르트 무질(안병률 옮김), 북인더갭, 2013
레스토랑 체리의 계절: 니콜라 바로(전은경 옮김), 현대문학, 2013
파저란트: 크리스티안 크라흐트(김진혜 옮김), 문학과지성사, 2012
바람을 뿌리는 자: 넬레 노이하우스(김진아 옮김), 북로드, 2012
창백한 죽음: 안드레아스 빙켈만(서유리 옮김), 뿔, 2011
커피향기: 게르하르트 J. 레켈(김라합 옮김), 웅진지식하우스, 2011
숨그네: 헤르타 뮐러(박경희 옮김), 문학동네, 2010

신의 학생들을 대상으로 사디즘적, 마조히즘적 성향을 드러내며 관음증적 행동도 서슴지 않는다. 자신감에 넘치고 잘생긴 공학도 클레머는 그녀에게서 피아노를 배우면서 이성으로서의 관심을 보이며 성적 관계를 맺으려고 시도한다. 클레머는 에리카와의 관계를 자신이 주도하려 하지만 에리카는 온갖 마조히즘적 행위들을 요구하면서 자신이 주도하려 한다. 에리카는 클레머가 자신에게 폭력을 행사하지 않고 사랑해주기를 기대하지만 클레머는 자신의 욕망에 따라 에리카를 지배할 수 없다는 사실에 분노한 어느 날 그녀를 폭력으로 짓밟고 강간한다. 마음에 깊은 상처를 입은 에리카는 다음날 그에게 복수하려고 칼을 지니고 찾아가지만 결국 자기 어깨를 찌르고 다시 어머니에게로 돌아간다.

옐리네크는 인류문화사에서 타부시 되어 온 여성의 성의 묘사를 자신의 사회비판 도구이자 문학의 방편으로 삼고 있다. 따라서 옐리네크의 문학에는 노골적인 타부침범이 일어나고 늘 포르노 시비가 따라다닌다. 지금까지 소위 외설적인 문학작품에 대한 담론에서 주된 논쟁거리는 작품의 성적 표현을 두고 음란물인가 아닌가를 구분하는 것이었다. 차이와 다양성을 인정하며 탈경계를 말하는 현대 사회에서 더 이상 이러한 이분법적 가치관과 평가 기준으로 옐리네크의 글쓰기를 외설이냐 예술이냐 하는 가치매김을 할 필요는 없을 것이다. **그녀는 자신만의 독창적이고 실험적인 글쓰기에서 전통적인 언어를 과감하게 해체하기 때문이다.** 또한 현대 소비 가부장사회의 부당함과 이를 무비판적으로 몸에 익힌 채 살아가는 여성들의 삶을 장르의 해체 및 혼합, 기계적인 반복과 악의적 과장, 신랄한 독설과 풍자 등으로 구현하면서 시적이고 음악적이며 회화적인 유희를 벌이고 있기 때문이다. 따라서 그녀의 작품은 예술이냐 외설이냐의 이분법적 등식을 뛰어넘어 포르노를 차용하여 포르노를 뛰어넘는 '외설적인 예술작품'으로 간주될 수 있을 것이다.

Deutsche Kultur Odyssee : : :

독일어 회화	**Können Sie Goethes Die Leiden des Werthers lesen?** 괴테의 젊은 베르테르의 슬픔을 읽을 수 있어요? **Nein, ich kann es nicht.** 아니요, 읽을 수 없어요.
참고/DVD자료	김성곤: 독일문학사, 도서출판 경진, 2009 바바라 G. 워커(박혜란 옮김): 흑설공주 이야기, 뜨인돌출판사, 2009 오용록: 독일문학기행, 계백, 2000 프리츠 마르티니(황현수 옮김): 독일 문학사, 을유문화사, 1989 김미경: 예술인가 외설인가? 옐리넥의 포르노 경계 넘나들기, 독일문학 47권 3호, 2006 KBS 세상은 넓다 2003.06.13 그림형제와 함께 간다-독일, 메르헨 가도 KBS 세상은 넓다 2004.08.09 영원한 방랑자, 헤르만 헤세의 발자취를 따라서-독일

Zum Leben
der Deutschen

제3부

독일인의 삶 곁으로

구텐 아페티트! 프로스트!

Guten Appetit! Prost!

11

생각해 보기

독일 맥주의 종류는 몇 종류일까?

우리나라 음식과 비슷한 독일음식은 무엇이 있을까?

소시지 요리

"사람은 빵만 먹고 살 수 없다. 반드시 소시지와 햄이 있어야 한다."

독일 요리는 프랑스 요리처럼 화려하거나 다양하지는 않지만, 소박하고 깊은 맛이 나며 푸짐한 것이 특징이다. **독일 음식이라고 하면 여러 종류의 소시지와 감자 요리가 유명하다.** 천여 종이 넘는 소시지는 지방마다 독특한 맛을 자랑하고, 감자는 다양한 조리법 개발로 감자 요리 전문점이 있을 정도로 즐겨먹는 음식이다. **빵은 호밀이나 밀, 이스트 이외에 설탕을 전혀 넣지 않고 기울을 제거하지 않은 빵들이 식사 때 먹는 종류인데 브레첸(작은 바케트)과 둥글고 검은 빵을 많이 먹는다.** 여러 가지 형태로 각종 크기의 것이 있으며 약 200가지의 빵을 구할 수 있다. 독일식 아침에는 오렌지 주스, 따뜻한 커피와 부드러운 마말레이드(잼)와 햄, 치즈와 소시지를 올린 빵을 먹는다. 점심은 따뜻한 음식을 먹으며 하루 중 가장 든든하게 먹는다. 오후에는 '커피 휴식'을 가지며 커피와 보기만 해도 예쁘고 먹음직스러운 케이크 한 조각을 먹는다. 저녁은 '아벤트 브로트'(저녁 빵)라고 부르며 빵과 찬 음식을 먹는 다는 뜻이지만 따뜻한 음식을 먹기도 한다. 스파게티와 피자는 독일인이 일상적으로 선호하는 음식이며, 지중해 음식인 케밥 등 터키나 그리스, 중국, 태국 음식은 매우 일반화 되어있고 일본식 스시나 한국의 비빔밥에 대한 선호도 점점 커지고 있다. 크리스마스 시기에는 직접 구운 과자나 스톨렌(말린 과일을 넣어 만든 케이크), 랩쿠헨이 있다. 또한 독일인의 식탁에서 빼놓을 수 없는 것이 육류인데 고기를 양념하여 오븐에 넣어 통째로 구워 먹는 고기요리를 즐긴다. **독일은 다른 유럽 국가들보다 돼지고기를 많이 소비하는데, 그 양은 1년에 450만 톤, 인구 1인당 하루 약 156g에 달한다.** 독일 어느 지역에 가더라도 정육점이나 슈퍼마켓에 각양각색의 온갖 소시지들이 진열장 가득 채워진 것을 볼 수 있으며, 이들 가운데 마음에 드는 것을 골라 빵에 끼워 먹으면 근사한 한 끼 식사가 된다.

소시지　　　　　　　　　　　**Wurst**

소시지는 부어스트라고 하는데 여러 종류가 있다. 소시지만큼 독일인의 식생활에 밀접한 음식도 없을 것이다. 독일식 소시지는 돼지고기를 간 것에 소금, 후추, 마조람, 넛맥 등 다양한 향신료를 섞어 케이싱(**소시지의 외피**)에 채워 찌거나 숙성시켜 만든 요리이다. 프랑크푸르트, 뉘른베르크의 뉘른베르거, 튀링엔의 튀링어 부어스트 등 각 지방마다 특색 있는 소시지가 있다. **바이에른 지방에서 유래한 흰색 소시지 바이스부어스트는 훈연하지 않고 짧게 가열 처리해 당일 먹는 방식으로 조리된다.** 먹을 때는 튀기지 않고 물로 살짝 삶아 겨자인 젠프를 발라 먹으면 개운한 맛을 느낄 수 있다.

커리부어스트

커리부어스트
Currywurst

독일의 대표적인 길거리 간식이다. 잘 구워진 소시지를 자르고 그 옆에 감자튀김을 올린다. 그리고 그 위에 케첩과 칠리 파우더, 마지막으로 커리파우더를 뿌리면 간단한 길거리음식 커리부어스트가 된다. **베를린에서 인기 있는 간식이다. 베를린에 커리부어스트 박물관도 있다.**

구운 소시지 브라트부어스트

브라트부어스트
Bratwurst

독일 전역에 널리 퍼져있는 소시지의 한 종류로 돼지고기, 송아지고기로 만들며 이 둘을 적당히 섞기도 한다. **브라트부어스트는(Braten은 기름에 굽다, 튀기다) 구어낸 소시지를 말한다.** 이것은 뉘른베르거인데 크기가 손가락만 하고 독특한 향신료에 사우어크라우트(양배추초절임)와 함께 먹으면 느끼하지 않고 개운한 맛을 즐길 수 있다. 이 밖에도 혀 살로 만든 충엔부어스트나 간으로 만든 레버부어스트, 피를 넣어 순대처럼 보이는 블루트부어스트 등 독특한 소시지도 있다.

슈바이네 학세

슈바이네 학세와 아이스바인
Schweine Haxe und Eiswein

슈바이네 학세는 돼지나 송아지 뒷다리 살을 소금에 절였다가 부드럽게 삶은 것으로, 뒷다리를 뼈와 함께 오븐에 통째로 구워서 소스와 함께 먹는 요리이다. **중부 지방과 남부 지방에서 많이 먹는데, 특히 남쪽의 바이에른 지방에서는 추어 학세라고도 하고, 송아지 다리살로 만든 것은 칼브스 학세, 산돼지 다리로 만든 것은 빌트슈바인스 학세라고 구분해서 부르기도 한다.** 반쯤 조리한 후 그릴에 구워내기도 하여 쫄깃한 맛이 특징이고 감자를 으깨 만든 메쉬포테이토와 함께 먹으면 부드럽고 고소한 맛을 느낄 수 있다. 맥주 안주로도 적당하며 보통 사우어크라우트와 감자요리가 곁들여 나오며, 젠프를 발라 먹기도 한다. 슈바이네 학세와 비슷하지만 물에 삶아 촉촉한 식감이 특징인 아이스바인도 인기 있는 음식이다.

아이스바인

슈니첼
Schnitzel

우리가 즐겨먹는 돈가스의 일종인 슈니첼!! 돼지고기나 송아지안심살 같은 고기를 부드럽게 다지고 밀가루, 빵가루, 계란 물을 입혀서 기름에 지진 커틀릿이다. 기름에 튀기는 것이 아니어서 바삭함보다는 부드러움이 더 크고 레몬즙을 뿌리고 소스에 찍어 먹는다. 크기가 매우 크고 튀긴 감자가 곁들여 나와 푸짐함을 만끽할 수 있는 식사다.

빵과 브레첼
Brötchen und Brezel

브레첼은 밀가루, 소금, 설탕, 이스트와 따뜻한 물을 넣은 반죽을 길게 만들어 가운데에 매듭이 있는 하트 모양 또는 두 팔로 감싸 안은 듯한 모양으로 어느 지역에서나 거의 동일한 독일빵이다. 종류별로 재료나 조리법에 차이가 있지만 위에 묻은 소금의 짠맛 때문에 맥주에 곁들여 먹기도 한다.

치즈
käse

치즈는 고약한 냄새가 진하면 진할수록 맛있는 치즈이다. 독일 특유의 것도 마찬가지이다. **알고이 지방에서 주로 생산되며 림부르거, 고우다, 에멘탈러, 에다머 등이 대중적이다.**

맥주 왕국　　　　　　　　　　　　　　Bier

독일은 맥주의 본고장이자 맥주의 왕국이다. 또한 독일인들은 세계에서 맥주를 가장 많이 마시는 사람들로 유명하다. 국민 1인당 매년 130여 리터의 맥주를 소비한다. 이에 걸맞게 독일에는 전 세계 맥주 양조장의 3분의 1인 1400여 개의 맥주 회사가 있으며, **그 중 절반 가량이 독일 남부 바이에른 지방에 몰려 있다.** 이러한 맥주 양조장은 전통적으로 수도원과 관련이 깊은데, 옛날 수도사들이 스스로 '곡차'를 만들어 '영양물'이라 마셨고 심지어 '약'으로도 썼다고 한다. 현재까지 이 맥주 회사들은 각기 독자적인 전통기술로 맥주를 제조하고 있다.

맥주는 유목 생활에서 정착생활로 바뀌면서 곡류를 재배하기 시작하고 곡류를 가공하기 시작하면서부터 빵과 함께 생겨났을 것이라 추측한다. B.C. 4200년경 고대 바빌로니아에서 그 예를 볼 수 있다. **독일의 양조 역사도 고대까지 거슬러 올라간다.** 이후 10세기경에 처음으로 뉘른베르크에서 '독일의 바이스비어'가 만들어졌는데 맥주에 '홉'을 첨가하는 방식이었다. 독일 맥주는 1516년 바이에른 공 빌헬름 4세가 '맥주순수령'을 반포하여 주원료인 대맥과 호프, 물 이외의 부가적인 원료 사용을 금지시켜 '순수한 맥주'가 그 특징이 되고 있다. 이것은 독일만의 순수한 맥주 맛을 유지시켜 나가기 위해 기본 재료 3가지 외에 아무 것도 첨가해서는 안 된다는 법령이었다. 이후 1551년 '효모'를 추가하여 4가지가 되었고, 1906년 독일 전

역에서 맥주순수령이 채택되었다. 맥주순수령은 맥주의 질을 높여보고자 하는 의도도 있었지만, 밀 맥주에 쓰이는 밀이 늘어나면서 빵을 만들 밀이 부족해지자 보리 사용량을 늘리고자 한 것이기도 하다. 1516년 맥주순수령을 공표했음에도 불구하고 밀맥주를 계속 만들자 보리사업을 독점하고 있던 바이에른 왕조가 1567년 밀맥주 제조를 금지시켰다. 하지만 1610년에 다시 밀맥주의 판매가 허용되었다. 1871년, 비스마르크에 의해 독일이 통일되면서 바이에른에 국한되던 맥주순수령을 독일 전역에 반포, 1933년 독일 맥주관련법에서 상면발효맥주에만 설탕이나 다른 종류의 맥아가 맥주의 재료로서 가능하다고 개정했다.

한편 북부 지방의 도르트문트에서는 필젠(필스) 타입의 상큼한 담색맥주와 뮌헨 맥주의 맛을 곁들인 특유의 담색맥주가 상당한 시장을 확보하였으며, 바이에른에서도 점차 담색맥주를 생산하게 되었다. 이 황금색의 맥주는 하면발효 맥주로서 독일의 양조사인 그롤이 체코의 필센에 있는 한 양조장에서 만든 것이 그 시작이었다. 독일의 양조기술자는 냉각기술과 매칭되면서 품질위주의 생산방식만을 고집하며 세계에서 가장 주목받으며 퍼져 나갔다. 독일 맥주는 일반적으로 짙고 풍부한 맛을 주며, 부드러운 촉감과 은은한 향기를 지녀 그 품질의 우수성을 세계에 자랑하고 있다. 또한 각 지방의 수질, 원료, 기후, 생활습관에 따라 양조 방식을 달리하고 있어 그 종류도 수없이 많고 원맥즙의 농도 또한 다양하다.

호프부로이하우스, 뢰벤부로이, 켈러, 아우쿠스티너 켈러, 하커프쇼르 켈러, 뢰벤브로이 켈러, 슈파텐브로이 켈러, 파울라너살바터 켈러 등이 뮌헨에 있는 유명한 맥주 회사이다. 이 중에 호프브로이하우스는 바이에른 왕실의 양조장이었던 곳인데 전통과 문화가 있는 곳이라 이제는 세계에서 가장 유명한 맥주홀이 되었다. 빌헬름 5세가 1589년 설립했으며, 일반인들은 사용을 하지 못하다가 1830년부터 사용하게 되었다. 1층은 독일식 전통 맥주하우스이고 2층은 무도회장이다. 가볍게 맥주를 곁들인 저녁식사와 일반인들이 사교와 춤을 즐길 수 있는 공간이다.

바이에른의 대표적 맥주회사 호프브로이의 약자

도르트문더 엑스포트   알트비어   쾰쉬   베를리너 킨들

독일 지역별 맥주

북부 함부르크에서부터 남부의 뮌헨까지 독일 전역에서 가장 많이 생산되는 맥주는 필스 맥주다. 필스는 발효한 라거 맥주의 한 종류로, 알코올 도수가 높지 않고 약간 쓴맛이 난다. 남부 바이에른 사람들은 필스 맥주 외에도 밝은 빛깔의 헬 맥주를 선호하는데 엑스포르트이다. 이는 뮌헨 지역의 대표적인 맥주로, 알코올 도수가 높지 않고 빛깔이 맑은 것이 특징이다. 이것을 비롯하여 독일 각 지방의 특수 맥주들은 각기 고유한 맛을 지닌다. 독일의 대표적 맥주 브랜드는 외팅어, 크롬바허, 비트버거, 바슈타인어, 벡스, 하쓰뢰더, 벨틴스, 파울라너, 라데베르거, 슈테른부르크 등이 있다. **우리나라에 들여온 것은 주로 북부 지방 맥주이다.**

도르트문더 엑스포트(Dortmunder Export)는 **도르트문트 지역의 맥주로 밝은 색깔, 강한 맥아 향, 약간 높은 알코올 도수(약 5.5%)가 특징이다.** 도르트문트 지방을 중심으로 예전부터 발달하였는데, 그 당시 다른 지방이나 해외로도 수출하여 엑스포트라는 명칭이 붙게 되었다.

알트비어(Altbier)는 **옛 맥주라는 뜻으로 뒤셀도르프 지역에서 만들어진 상면발효 맥주(에일)이다.** 향긋하면서 진하고 깊은 맛이 특징이다. 뒤셀도르프에 '춤 쉬펜' 맥주집은 1628년에 개업해서 387년의 오랜 역사를 지니고 있으며 1811년 나폴레옹이 이곳에 들렀다는 이야기가 전한다.

쾰쉬비어(Kölschbier)는 프랑스 점령하에 만들어졌다는 쾰른 향수인 4711과 함께 쾰른을 대표하는 맥주이다. **발효를 많이 시켜 맛이 무겁지 않고 부드러울 뿐 아니라, 드라이한 호프의 쓴 맛이 특징이다.** 색을 연하게 하기 위해 그리고 거품의 포지성을 올리기 위해 밀맥아를 사용하기도 하는데, 전체 맥아 사용량의 15%를 넘기지는 않는다. 쾰쉬는 사용하는 잔의 모양도 특이해서 200ml들이 유리잔으로 용량이 적고 키가 크며 홀쭉하다.

베를리너 킨들(Berliner Kindl)과 베를리너 바이세(Berliner Weisse)는 병에 붙은 상표에 아이가 등장하여 의아하다. 아이가 마시는 맥주가 아니라 독일인들이 베를리너를 사랑하고 즐겨 마시는 대중화 된 맥주임을 나타내

시럽을 넣은 베르리너 바이세　진한 색의 라우흐비어　여러 종류의 바이에른 맥주

는 광고이다. **베를리너 킨들은 풍성한 거품과 강한 탄산의 만남으로 부드럽지만 강한 맛의 맥주이다.** 밀맥주이기 때문에 노란 색상이 짙다. 베를린에는 초록빛과 체리 빛의 맥주도 있다. 베를리너 바이세라는 맥주로 직역하면 베를린의 흰 맥주라는 뜻이다. 보통 맥주에 초록빛과 체리빛의 시럽 민트(산딸기)를 섞어 큰 유리잔에 빨대를 꽂아 마시는 단맛의 여성 취향 맥주이다. 특히 여름에 예쁜 색깔의 음료를 맥주에 섞어 마시면 상큼하고 시원한 음료가 된다.

라우흐비어(Rauchbier)는 훈제 맥주라는 뜻으로 **맥주보리를 연기에 통과하여 만들어 독특한 향이 일품이다.** 남부지방의 밤베르크에서 만들어졌다.

바이에른의 맥주(Bayerisches Bier)들은 **뮌헨을 중심으로 널리 알려져 있고 밀 맥아를 많이 사용하기 때문에 밀맥주라고 부른다.** 밀의 부드러움과 함께 상면발효의 특징적인 향을 가장 잘 표현하고 있는 맥주라 할 수 있다. 이 맥주 안에서도 헬레스비어(여과한 맑은 밀맥주로 연한색을 띰), 바이첸(여과하지 않고 과일 향을 첨가한 탁한 밀맥주), 둥클레스(맥아를 사용한 짙은 색 흑 맥주), 슈타인(제조 과정에서 돌을 사용하는 맥주)으로 나누어지며 알코올 도수는 약 4.8~5.5%이다. 독일 맥주는 알코올 함유량이 5% 이하로 도수가 높지 않은 편이나, 바이에른의 보크 맥주는 예외적으로 7.8%의 알코올을 함유하고 있다.

하면발효맥주
맥주를 저온에서 발효시킨 뒤 효모가 가라앉는 맥주를 이르는 용어이다. 실온에서 발효시켜 효모가 뜨는 상면발효에 비해 알코올이 5~10%로 비교적 낮고 부드러운 맛과 향기를 가지고 있다. 대체로 독일계 맥주는 하면효모로 만들어진다.
(Bockbier, Dunkles Export, Helles Lagerbier, Pils(ener))

상면발효맥주
상면발효란 양조에 사용되는 발효 형식의 하나로, 발효 중에 발생하는 이산화탄소의 거품과 함께 액면 상에 뜨고 일정 기간을 경과하지 않으면 가라앉지 않는 발효 효모에 의해 이루어지는 발효를 말한다. 비교적 고온에서 발효시키며, 영국, 미국의 일부, 캐나다, 벨기에 등지에서 이 방법으로 맥주가 생산되고 있다.
(Altbier, Berliner Weisse, Kölsch, Weizen)

맥주 장인 브라우마이스터   **Diplom Braumeister**

독일에는 현재 크고 작은 1400여 개의 맥주공장이 있고, 각기 독자적인 전통기술로 맥주를 제조하고 있다. 여러 가지 다양한 제조 방법에도 불구하고 그 전통과 명성을 이어주는 데는 **브라우마이스터**라고 불리는 맥주 양조 기술자가 있기 때문이다. 전문적으로 그들을 양성하는 기관도 있어, 고품질의 맥주를 양조하는 데 온 힘을 쏟고 있다. **독일에서 맥주를 전문적으로 배울 수 있는 곳은 독일의 모든 종합대학 중에서 뮌헨공과대학 하나뿐이다.** 이 대학은 노벨상을 11명이나 배출한 세계 3대 공대이자 독일 내 랭킹 1위의 독일 최고 명문대학이다. **뮌헨공과대학에는 맥주제조 학부 과정(Brauwesen)과 맥주제조마이스터 과정(Braumeister)이 있다.** 맥주제조 과정의 커리큘럼은 세포생물학, 유기화학, 물리학, 메카닉, 기계도면 및 설비, 컴퓨터프로그래밍, 무기화학, 열역학, 미생물학, 유체역학, 유전학, 기기분석 등 웬만한 공과대학에서 배우는 기본적인 커리큘럼에다 경제학, 재무관리, 경영학까지 해야만 통과될 수 있는 아주 힘든 과정이다. 물론 그러한 기본과정+맥주에 관련된 공학을 해야 하며 논문 및 해당 관련 회사에서 최소 18주의 실습을 해야만 학부 졸업이 되며 실질적으로 맥주에 관련하여 브라우마이스터 과정까지 취득을 하려면 26주의 실습경력까지 요구한다. 이 과정은 9학기, 즉 4년 반이 걸린다. 졸업 후에 유럽을 포함 세계 굴지의 식품 및 맥주회사로 취업하거나 약품회사나 연구소로 가는 경우도 상당히 많다.

입학에 필요한 서류로는

1. 수능성적증명서
2. 고등학교 성적증명서
3. 학졸업증명서(혹은 휴학, 재학)
4. 대학 성적증명서(만일 있다면)
5. 독일어 성적증명서(DSH2, Testdaf 4전 영역, ZDP)
6. 뮌헨 공과대학 Vogelpol 교수의 확인서명이 들어 있는 최소 6주의 관련 업종 실습경력 증명서
7. 지원동기
8. 이력서

위의 서류가 갖춰지면 원서를 뮌헨공과대학 입학처로 보내 허가(Zulassung)를 받으면 된다. 본인이 스스로 작성한 지원동기와 이력서를 제외하면 모든 문서는 반드시 공증본으로 보내야 하며 입학처에서 후에 원본대조를 하게 된다.

와인 **Wein**

독일이 맥주의 왕국이라고 불리지만 이 맥주만큼 종류가 다양한 것이 바로 독일의 와인이다. 독일에는 서부 지역만 해도 5만여 종의 와인이 있으며, 이를 모두 합치면 맥주보다 종류가 더 많다. **독일의 와인은 다양한 화이트 와인으로 알코올 도수가 낮고 향이 짙으며 산뜻한 단맛이 있는 와인이 특히 유명하다.** 1980년대까지 독일에서 생산되는 와인의 약 90%가 화이트와인이었으나 **프렌치 패러독스(French Paradox)** 이후 레드 와인이 선호되면서 생산비율이 증가하여 현재 약 30% 정도가 레드 와인이다. **라인강 유역에서 자란 포도로 빚은 모젤 와인이나 라인 와인이 대표적이다.** 대부분 가늘고 긴 병에 담겨져 있는데, 라인 와인은 갈색, 모젤와인은 녹색으로 정해져 있다. 독일의 화이트 와인은 세계의 애음가들로부터 호평을 받고 있다. 와인 생산 지역과 지역의 특색은 다음과 같다.

라인헤센 **Reheinhessen**

독일 최대 규모의 와인생산 지역이며 생산량은 두 번째인데 강수량이 적고 평균기온이 높아 와인생산에 적합하다.

라인가우 **Reheingau**

독일의 가장 중심적인 와인 생산 지역이며 라인강의 경계선에 위치해 있고 리슬링 품종의 비율이 비교적 높다.

모젤 **Mosel**

유럽에서 가장 오래된 와인생산 지역이며 급경사 지역이다. 독일에서 가장 오래된 엘플링 품종을 생산한다.

라인강 지역(모젤)의 경사진 포도밭

레드와인의 섭취로 심장병 사망률이 낮다는
보고에서 비롯된 '프렌치 페러독스' 이후
늘어난 적포도

독일의 와인 등급

독일 와인의 등급은 크게 두 가지로 나뉜다. 발효 시작 전 샤프탈리제이시옹(가당)이 허용되는 등급과 그렇지 않은 등급이다. 가당이 허용되는 와인은 타펠바인과 QbA이다. 가당이 허용되지 않는 와인은 크발리테츠바인으로 불린다.

타펠바인(Tafelwein): 독일 와인 등급 중에서 가장 낮은 등급이며, 당도는 보통 44~50 왹슬레(Öchsle)로 규정한다. 일반적으로 이 라벨에는 포도 품종이 적혀지지 않는다.

크발리탯츠바인 베슈팀터 안게바우비테(Qualitätswein bestimmter Anbaugebiete. QbA): 상급에 속하는 와인 등급이다. '특정 생산지역의 품질와인'이라는 뜻으로 독일의 약 13개 지역만이 이 등급을 쓸 수 있게 허가받았다.

카비네트와인(Kabinett): 독일 수도사들이 품질이 좋은 포도주를 벽장(Kabinett)에 숨겨두고 마셨다는데서 유래하였다. 9~10월에 수확한 잘 익은 포도로 만든다. (67~82 왹슬레)

아우스레제(Auslese): 완숙 포도송이만 선별하여 만든 와인으로, 이 등급부터 디저트와인으로 분류할 수 있으며, 귀부포도(보트리티스 시네레아라는 이끼가 껍질에 붙어 수분을 빨아먹은 포도)를 사용하기도 한다. (83~100 왹슬레)

베렌아우스레제(Beerenauslese, BA): 아우스레제 와인을 만들기 위한 포도에서 특별히 좋은 알맹이를 선별하여 만든 와

인인데 매년 만들어지지는 않는다. (110~128 욈슬레)

트로켄베어렌아우슬레제(Trockenbeerenauslese, TBA): 세계 3대 스위트 와인에 속한다. 수확시기를 지나 말라버린 포도 알맹이만을 선별하여 빚는데, 이 때문에 당분이 매우 높고 생산량이 적다(150~154 욈슬레). 귀부포도를 사용하여 귀부와인이라고도 부른다.

스페틀레제(Spätlese): 보통의 포도 수확 시기보다 늦게 11월에 수확한 포도로 만든다. (76~90 욈슬레)

아이스바인(Eiswein): 독일에서 18세기에 처음 만들어졌다고 한다. 포도밭에서 서리를 맞을 때까지 오래 두어 얼은 상태의 포도를 그대로 수확하여 만들어 당도가 매우 높은 와인이다. 얼은 포도는 당분은 얼지 않고 물만 얼은 상태이기 때문에 얼음을 녹이지 않고 과즙만 잘 짜내면 보통 와인의 과즙보다 당도 높은 과즙이 만들어질 수 있다. 아이스와인을 만드는 포도는 얼은 상태로 두어야 하기 때문에 기온이 최소 3시간 이상 영하 7도 이하로 떨어져야 수확이 가능하다. 대표적인 아이스 와인으로는 라인헤센주의 닥터젠젠과 캔더만이 잘 알려져 있다.

와인 시음회   Weinprobe

와인이 생산되는 지역들에서는 가을철 포도 수확을 끝내고 햇 포도로 포도주를 빚어 시음을 하며 판매도 하는 와인 시음회가 열린다. 차려진 부스에서 적은 돈을 내고 각종 포도주를 시음할 수 있는 기회이다. **햇 포도주는 보통 양파, 햄, 치즈를 듬뿍 얹어 화덕에서 구운 엘자스 전통음식인 플람쿠헨(양파를 넣어 만든 파이)과 함께 먹으면 달콤한 햇 포도주의 목 넘김을 즐겁게 하며 순간 취기에 얼떨떨해진다.**

커피와 케이크 Kaffee und Kuchen

유럽인들은 모두 카페에서 커피 한 잔을 마시면서 여유를 즐긴다. **독일의 커피문화 속에서 독일 커피의 수도는 베를린이다.** 전 세계에서 모여드는 정치인들, 로비스트들, 대학생들 및 관광객들이 집결하는 도시 베를린에는 각자 커피 취향에 어울리는 모든 커피를 마실 수 있다. 달콤한 것의 공장, 뒤 보뇌르, 및 프린세스 치즈케이크 등 카페 명부터 기발한 아이디어가 돋보인다. 베를린 중심지를 벗어나 라이니켄도르프 지역의 카페 첼팅어가 유명하다. 함부르크에는 카페 파리스라는 유겐트스틸의 카페가 있다. 카페 파리스는 과거에 도축장이던 곳을 개조해서 사용하고 있다. 전통적인 카페가 아니라 개조된 산업단지건물, 공장 혹은 광산 등도 커피의 감흥을 불러일으킬 수 있다. 통

오후 2~3시경에는 커피타임으로 커피와 케이크를 먹는다.

계에 따르면 **독일인은 1인당 연간 149리터 커피를 마신다.** 이는 1인당 연간 맥주 혹은 물소비량을 뛰어 넘는 수치다. 신선하게 볶은 커피원두를 사용하는 것이 요즘 트렌드다. 독일에는 전통 있는 커피원두공장과 더불어 자체적으로 배합한 커피원두 및 순종의 커피원두를 고집하는 신생 커피원두공장들도 적지 않다. 그 중 브레멘은 독일의 대표적인 전통 커피도시로서, 커피원두공장이 104곳 있다. **커피와 달콤한 케이크는 수많은 독일인들에게 실과 바늘과 같다.** 특이한 바움 케이크, 로텐베르크의 슈네발 등이 있는가 하면 치즈 케이크, 사과 케이크, 흑림 앵두 케이크 등은 독일 카페의 대표적인 케이크들로 사랑받는다. 또한 비교적 신생 고급 제과점에서는 맛과 멋이 모두 화려한 작은 쇼트 케이크가 트렌드를 이룬다.

Deutsche Kultur Odyssee : : :	
독일어 회화	**Was trinkst du gern, Wein oder Bier?** 너는 와인과 맥주 중 무엇을 즐겨 마시니? **Ich trinke gern Wein.** 나는 와인 마시는 것을 좋아해.
참고/DVD자료	맛시모 몬타나리(주경철 옮김): 유럽의 음식문화, 2001 임종대 외: 독일이야기 2, 독일어권 유럽의 역사와 문화, 거름, 2010 요리인류, KBS 글로벌대기획(2014.3.26~28) 세상은 넓다, 자연의 나라-독일로 떠나는 맛 기행, 2012 독일 우수와인 양조협회: www.vdp.de 유기농 농업 관련 정보: www.oekolandbau.de

"낮에는 노동, 저녁에는 친구들! 뼈 빠지는 일주일, 흥겨운 축제!"
—괴테

12

카니발과 축제

Karneval und Festival

생각해 보기 _____

독일의 가장 유명한 축제는 무엇인가?

여러분은 여가 시간에 주로 무엇을 하는가?

우리나라에는 어떤 축제가 있는가?

독일인의 여가

독일인은 시민 사회 이후 삶을 일과 여가로 구분하고, 여가는 주로 일과 후에 즐기며 노동에 대한 보상으로 간주한다. '새 나라의 어린이'라는 별명이 붙을 정도로 독일인의 하루 일과는 일찍 시작하고 일찍 끝난다. 또한 독일 사람의 휴가에 대한 열정은 대단하여 1년 전부터 휴가지를 예약하고 준비하기 때문에 휴가철인 7~8월에는 도시가 텅 빌 정도이다. 1848년 독일의 평균 노동시간이 하루 14~16시간, 주당 80~85시간에 달했지만, 현재 독일은 주 5일 근무제에 주당 35시간 근무시간이 정착하게 되었다. 또한 **독일인 연차 휴가 평균이 31일 정도에 법정 공휴일이 17일 정도 되므로 연간 6주간 휴가를 즐길 수 있다.** 독일에서 여가와 휴가는 정책적으로 추진하며 '여가학'이라는 학문으로 연구되어 실천하고 있다. 여가 정책은 각 주와 지방자치단체에서 여가에 대한 법률을 제정하고, 정부는 여가모델 등의 구조적인 조건을 제시하여, 여가시설 등 개인의 여가선용이 원만히 이루어지도록 간접적으로 관여한다.

독일인은 여가를 보내는 데도 철저하다. 여가를 허비하는 것은 명예롭지 못하다는 생각을 가지고 있기 때문이다. 여가활동으로는 여행, 휴식(정원일, TV시청, 독서 등), 문화 관련 참여(영화, 연극, 오페라, 박물관, 서커스단), 취미활동(우표수집, 모형조립, 사진, 그림 그리기 등), 학습(대학교육, 시민대학-문학, 문화, 요리, 외국어, 조립공작 등), 스포츠(인구 중 3/1 이상인 3천만 명이 스포츠클럽 가입, 약 9만여 개의 클럽), 집수리 등이 있다. **여행 선진국으로 불리는 독일은 70~80% 이상이 지중해와 인근 유럽국가에 집중돼 있기 때문에 두세 시간 거리의 근거리 여행을 즐긴다.** 경제적인 위기에도 불구하고 여가의 붐과 함께 독일 국민들의 여가에 대한 지출은 계속 상승하고 있다. 중산층을 기준으로 한 4인 가족은 매달 가계수입의 약 15%인 약 230유로를 여가비용으로 지출한다. 이는 저소득층의 경우 약 11%로 나타난다. 연간 국민총생산의 약 12%가 여가 부분에 지출되는 셈이다. 독일에서 여가는 불경기의 악조건에도 불구하고 유일하게 붐을 이루는 부분이다.

전통적 명절과 축제

유럽의 문화 선진국답게 독일에서는 1년 내내 다양한 지역에서 다양한 행사가 벌어진다. **봄을 맞거나 수확을 감사하는 전통적 민속 축제, 종교적인 축제, 뛰어난 음악가를 기념하는 축제 등 풍부한 행사들이 독일의 365일을 즐겁게 해 준다.** 독일의 공휴일에는 연방주의 국가적 특징과 기독교문화 국가의 특징이 잘 반영되어 있다. 독일은 각 주마다 별도의 공휴일과 모든 주에서 공통적으로 적용되는 국가 공휴일이 있다. 독일 축제 연력은 기독교력을 중심으로 순환 고리처럼 연결되어 있다. **기독교 문화적 명절은 일반적으로 남부에서는 가톨릭과 북부에서는 개신교와 관련된 휴일이 많다.** 기독교 연력에 나타난 축제의 전체적인 조망을 통해 시민적인 의식의 다층성과 전통성을 인식할 수 있다. 명절과 축제를 간단히 정리하면 다음과 같다.

월	축제	풍속 및 관련행사
1월	*1 신정(Neujahrstag) */6 예수공헌축일(Heilige Drei Könige): (바덴뷔르템베르크, 바이에른, 작센안할트에서 지정)	*/6 아기 예수가 동방박사 3인을 통하여 자신이 메시아임을 드러낸 것을 기념하는 날로 3성왕 복장을 한 어린이 중창단이 길거리 순회 모금을 한다.
2월	*베를린 국제영화제 *카니발(쾰른) *Fasching(마인츠)	*베를린 영화제: 베를린에서 2월 중순에 시작하여 10일간 진행된다. *카니발, 파싱 등은 본문 내용 참조
3월		
4월	*성 금요일(Karfreitag) *부활절 *부활절 다음 월요일(Ostermontag)	*성금요일: 부활절 전주의 금요일을 뜻하며, 예수가 예루살렘에서 십자가에 매달려 죽은 것을 기억하여 단식과 침묵, 묵상, 묘지 방문 등을 한다. *부활절: 본문 내용 참조
5월	* /1 노동절(Tag der Arbeit) *어머니의 날(Muttertag)	*어머니의 날: 5월 두 번째 일요일이 어머니날이다. 카네이션을 선물하는 것은 우리나라와 같다.
6월	*그리스도 승천일(Christi Himmelfahrt) : 부활절 39일 후 *오순절(Pfingstmontag) : 부활절 50일 후 *성령강림절(Pfingstern) *성체축일(Fronleichnam): 부활절 60일 후(바덴뷔르템베르크, 바이에른, 헤센, 노르트라인베스트팔렌, 라인란트팔츠, 자를란트에서 지정)	*그리스도 승천일: 그리스도가 부활하여 하늘에 오른 것을 기념하며 부활절 이후 40번째 날(6.1.)이다. *성령강림절: 예수의 약속처럼 사도들에게 성령이 내린 것을 기념하며 물은 은총과 치유의 상징으로, 이날에는 물장난, 분수대 치장을 한다. *성체축일: 성령강림절 축제가 지나고 첫 목요일에 자리 잡는다. 그리스도의 몸과 피로 이루어진 성체성사의 제정과 신비를 기념하며 성체축제행렬과 제단과 집을 꽃으로 장식한다. (6.14.) 성체 축일을 끝으로 좁은 의미의 부활절 축제는 막을 내린다.
7월	*뮌헨 오페라페스티벌 *바이로이트 음악제	
8월	*/15 성모승천일(Maria Himmelfahrt): (자를란트, 바이에른에서 지정) *프랑크푸르트 마인강 박물관 축제	*성모승천일: 성모 마리아의 승천을 기념한다.
9월	*옥토버페스트 Oktoberfest *슈투트가르트 칸슈타터 민속축제 Cannstatter Volksfest	
10월	*/3 독일통일기념일(Tag der Deutschen Einheit) */31일 종교개혁기념일(브란덴부르크, 메클렌부르크포어포메른, 작센, 작센안할트, 튀링엔에서 지정) *브레멘 프라이 마르크트	*종교개혁 기념일: 마틴 루터의 종교개혁을 기념한다.
11월	*/1 만성절(Allerheiligen) : 11월 1일(바덴뷔르템베르크, 바이에른, 노르트라인베스트팔렌, 라인란트팔츠, 자를란트에서 지정) */00일 교회력의 마지막 일요일 전 수요일: 속죄의 날(Buß- und Bettag): (작센에서 지정)	*모든 성인, 특히 교회력에서 축일이 지정되지 않은 성인들을 기념한다. 만성절 과자를 만든다. *속죄의 날: 한 해를 보내며 회개와 기도를 한다.
12월	*대림절(Advent) */25 크리스마스(Weihnachtstag) */26 크리스마스 다음날(Zweiter Weihnachtsfeiertag) *연말축제(Silvester)	*대림절: 그리스도의 탄생을 기다린다. 네 개의 초가 꽂혀 있는 대림절 화환에 매주 초를 하나씩 더 켠다. 어린이 대림절 달력, 성탄절 과자 굽기, 성탄절 시장 등이 이 시기에 볼 수 있다. *성탄절: 가족축제이며 선물을 주고받고 거위요리가 특별음식이다. *실베스터: 12월 31일 밤에는 두 해가 공존하는 이 밤에 사악한 영혼을 방어하기 위해서 변장한 사람들의 시끄러운 행렬, 폭죽 쏘기 등 다가오는 해의 어두운 것들을 막기 위해서 축제를 벌인다. 특히 0시를 기점으로 새해가 시작되는 순간엔 모든 사람들이 거리로 나와 집집마다 준비한 폭죽을 쏘아 올리고 샴페인을 나눠 마시며 서로에게 건강과 행운을 빌어준다. 또한 납을 녹여 물에 떨어뜨리고 그것으로 다음해를 점치는 관습도 있다.

카니발에 공작으로 분장한 사람들

곰으로 분장한 사람들

다섯 번째 계절, 쾰른 카니발 Köln Karneval

뮌헨의 옥토버페스트가 있다면 쾰른에는 광란의 축제 카니발이 있다. **쾰른 카니발은 사순절 이전 6일 동안으로서 금식기간인 사순절 전에 마음껏 먹고 마시며 즐기는 축제이다.** 이 축제를 위해 카니발행사 담당 협회만 수백 개가 있다고 하니 쾰른 사람들이 쾰른 카니발을 얼마나 중요하게 생각하는지 짐작할 수 있다. 성금요일(Karfreitag)은 부활절 전주 금요일로서 예수의 십자가 처형을 기념하여 금식과 참회하는 날이다. **카니발은 라인강이 흐르는 쾰른에서 열려 라인 카니발이라고도 부르며, 같은 축제이면서도 마인츠 지역에서는 파싱(Fasching), 파스트나흐트(Fastnacht)라고 부른다.** 세계적인 쾰른 카니발은 1823년에, 뒤셀도르프는 1825년에 그리고 마인츠 카니발은 1838년에 시작되었다. 카니발이나 파싱은 전 해 11월 11일 11시 11분에 시작해서 다음해 2월 중순쯤 끝나는 봄의 축제다. **숫자 11은 광대의 숫자이고 '카르네발(carnelevale)'은 중세 라틴어 '고기여 안녕!'이라는 뜻이다.** 중세 때 봄의 시작을 축하하는 행렬을 의미하는 '카루스 나발리스 배수레(carrus navalis)'에서 왔다고도 한다.

'여성들의 목요일'은 카니발 행사의 시작을 알리는 날로 '장미의 월요일' 전 목요일 11시 11분을 기해 마녀나 어릿광대와 같은 다양한 카니발 캐릭터로 변장을 한 여성들이 시청사를 진압하며 지나가는 남성들의 넥타이를 가위로 자르는 여성파워를 과시한다. 이날 남자들이 맨 넥타이는 남성의 성기를 상징한다고 한다. **'여성들의 목요일'을 시작으로 '카네이션 토요일', '튤립 일요일', '장미의 월요일(광란의 월요일)', '재의 수요일'까지 6일 동안 사육제 행사들이 계속 이어진다.** '장미의 월요일'은 '마음껏 놀아보는 월요일'로 11세기 교황이 상으로 금장미를 하사한 것을 기념한데서 이름이 유래되었다고도 한다. 이것은 카니발 기간 중 가장 화려한 행사인데 클라이맥스는 각 도시에서 진행되는 다양한 테마의 대규모 거리 퍼레이드이다. **'장미의 월요일'의 퍼레이드에서는 사탕이나 초콜릿, 꽃, 과자, 인형 등 각종 선물을 나누어 줄 때 '카멜레'라고 외치며 더 달라는 신호를 보낸다.** 독일 전역 어디에서나 남녀노소 불문하고 기상천외한 캐릭터 의상이나 어릿광대 등 각자 자신의 개성을 살린 의상을 입고 마냥 즐긴다. 성대한 가장 행렬이 이어지고 밤새 축제가 벌어지지만 축제가 끝나 일상으로의 복귀를 의미하는 **'재의 수요일'**에는 카니발이 완전히 끝나고 고난과 금욕의 사순절이 시작된다. 쾰쉬와 함께 **'쾰레 알라프(Koelle Alaaf!)'**.

멋지게 차려입고 축제를 즐기는 사람들

부활절

Ostern

예수 그리스도의 부활을 기념하는 기독교의 축일로 독일에서는 크리스마스 다음으로 큰 명절이다. **카니발이 끝나고 40일 동안의 금식기간이 지나면서 춘분 이후의 첫 음력보름날 다음의 일요일을 부활절로 지킨다.** 대부분 3월 22일부터 4월 25일 사이의 기간 중 어느 한 날에 행사가 있게 되어 해마다 날짜가 다르다. **독일에서는 봄의 계절과 연관되어 있다.** 부활절과 관련된 풍습과 상징은 다양하며 부활절 달걀, 부활절 토끼 등은 각각 생산, 새로운 삶, 풍요로움, 순수함을 상징한다. 새 생명이 움트는 춘분 즈음에 열리는 봄 축제에는 달걀과 관련한 많은 풍습들이 존재한다. 특히 유럽 중부, 동부에서는 양을 예수의 상징이라 하여 양고기를 부활절의 중요한 음식으로 먹고 있다. 달걀에 형형색색으로 그림을 그려 치장을 하거나, 그림이 그려진 빵이나 과자 굽기 등은 부활절 기간에 자주 등장하는 이벤트이다.

예쁘게 칠한 달걀로 장식한 나무

토끼나 달걀모양의 초콜릿

부활절의 화려한 색깔의 달걀이나 토끼의 등장배경에는 여러 가지 설이 전해지고 있다. 그 중에 하나가 고대 이방 종교 설인데 부활절 상징이 되기 이전부터 여러 이방 종교에서 생명의 시작과 부활의 의미로 사용됐다는 것이다. 그런데 이방 종교 숭배자들이 기독교로 개종하면서 그들의 문화도 함께 들어오게 되고, 자연스럽게 기독교의 풍습으로 자리 잡았다는 것이다. 이러한 설명이 설득력을 갖는 이유는 부활절 명칭에서 유추해 볼 수 있다. 교회의 가장 큰 축일인 부활절은 성서에 기록된 부활절과 그 명칭부터 다르다. 성경에서는 부활절을 부활을 의미하는 '레저렉션 데이(The Resurrection day)'로 기록한 반면, 현재 교회들은 부활절을 '이스터(Easter)'라고 부른다. 부활절을 의미하는 영어 **이스터**와 독일어 **'오스테른(Ostern)'**은 원래 튜튼족과 앵글로 색슨족 등 고대 게르만족들이 숭배하던 **봄의 여신**, **'오스타라(Ostara)'** 혹은 **'에오스트레(Eostre)'** 에서 파생했다. **'하늘 여신'** 또는 **'땅에 새 생명을 가져오는 봄의 태양'**으로 불리기도 한 이 여신은 왕성한 생식과 다산을 상징했고, **토끼와 달걀로 표현되기도 했다.** 그래서 게르만족 신화에는 봄마다 다산신인 토끼가 나타나 집 앞에 알을 두고 가면 그 집 농사가 풍년이 된다고 전한다. 새끼를 낳는 토끼가 알을 두고 간다니? 이것도 신화에서 찾을 수 있다. 겨울이 막바지에 이른 어느 날, 봄의 여신인 에오스트레가 얼어 죽어가는 새 한 마리를 발견했는데 그 모습이 가엾어서 새를 토끼로 변하게 해서 살려주었다. 토끼가 된 새는 계속해서 알을 낳았고 이것이 바로 이스터 버니(Easter Bunny)의 기원이 되었다고 한다. 때문에 독일의 부활절 시즌에는 달걀과 함께 다양한 토끼 인형과 토끼 모양의 초콜릿이나 케이크 등을 볼 수 있다. 그럼에도 독일어권에 토끼가 들어와 정착하게 된 것은 비로소 17세기이다. 종합적으로 보면 **기독교의 부활절 상징물인 달걀과 토끼는 이교도의 풍습과 기독교가 만나면서 하나의 전통으로 굳어진 문화개입의 결과물이라 볼 수 있다.**

산타가 없는 독일의 크리스마스　　　**Weihnachten**

크리스마스는 독일의 가장 큰 명절이자 축제이다. 종교적 행사로 시작되었지만, 현재는 모두가 즐기는 축제가 되었다. 신성로마제국을 뿌리로 둔 독일에서 기독교는 단순한 종교 이상이고 생활이자 곧 문화다. 그래서 **기독교 최대의 명절인 성탄절은 독일 최대의 축제가 되는 것이다.** 독일인들은 크리스마스를 기다리며 12월 1일부터 카운트다운을 한다. 특히 **아이가 있는 집에서는 '대림절달력(Advent Kalender)'을 준비한다.** 집이 그려진 그림에 창문이 25개 있는데 모두 닫혀 있고 1부터 25일까지 숫자가 쓰여 있다. 숫자는 날짜를 의미하는데, 12월 1일에는 1번 창문을 열고, 2일에는 2번 창문, 이런 식으로 25일까지 창문을 연다. 매 숫자의 창문을 열면 안에는 각종 크리스마스 상징모양의 초콜릿이 들어있는데, 당일의 창문을 열어

2015년 에어푸르트 크리스마스 시장

대림절 달력

하루에 하나의 초콜릿만 먹는다. 아기 예수를 기다리는 설렘과 기대를 매일 창문을 열며 고조시킨다. 우리에게는 낯선 문화이지만 독일 사람이라면 어린 시절 누구나 해봤을 일이다.

미국이나 핀란드 등 북유럽 나라들과 달리 독일에는 크리스마스에 산타가 없다. 그 대신에 아기 예수(Christkind)가 있다.
24일 밤 아기 예수가 태어나 선물을 가져다주는 이는 산타가 아니라 아기 예수다. 12월 6일에 성자 니콜라우스 날이 따로 있어 니콜라우스가 가난한 사람들에게 베푼 은덕을 기리는 의미에서 이웃에게 조그만 봉투에 과자, 땅콩, 귤, 초콜릿 등을 넣어 나누어 먹는 풍습이 있다. 크리스마스 시즌에는 백화점이나 크리스마스 시장에 가족들의 선물을 사려는 사람들로 북적인다. 형형색색의 불빛 장식과 크리스마스 리본들, 캐롤이 울려 퍼지며 거리엔 쇼핑백을 두 손 가득 든 사람들로 어느 계절 보다 활기차다. 그 이유 중 하나는 회사가 직원들에게 열세 번째 월급이라고 불리는 크리스마스 보너스를 주기 때문이다. 11월 월급은 세금을 제외한 금액의 두 배를 받는다. 그래서 "기부금을 쓸 때이다."라는 말이 있을 정도이다. 독일의 크리스마스는 가족과 친지들에게 마음껏 선물을 하고 가족과 함께 즐겁게 한 해를 마무리하는 행복한 시간이다.

크리스마스 시장에서 마시는 글뤼바인

오렌지, 계피 등을 넣어 데운 글뤼바인

달달한 와인향이 향긋한 글뤼바인

Glühwein

성탄절이 다가오면 4주 전부터 독일 전역에 **크리스마스 시장**이 들어선다. **보통 11월 마지막 주 금요일에 시작해서 12월 23일에 끝나는데 독일의 크고 작은 어느 도시에서나 야외에서 볼 수 있다.** 뉘른베르크, 드레스덴, 슈투트가르트 등 도시마다 그 화려함과 전통을 볼 수 있는데 온갖 먹거리와 기념품을 파는 노점들이 거리에 들어선다. 여기서 가장 즐기는 먹거리는 **글뤼바인(따뜻한 와인)**과 핫 초콜릿이다. 크리스마스 시즌에만 마실 수 있는 글뤼바인은 붉은 와인에 오렌지, 계피 등 허브와 향신료를 첨가해서 은근하게 데운 따뜻한 와인이다. 햇빛도 없고 날씨가 쌀쌀한 겨울 장시간 마켓 구경을 하고 글뤼바인을 마시면 몸도 따뜻해지고 기분도 좋아지며 크리스마스 분위기를 한층 즐길 수 있다. 즐비한 상점에는 기념품이 판매되고 어린이들을 위해서는 회전목마와 관람차 등이 설치되기도 한다. 크리스마스 시장에는 일체의 종교적 색깔은 없고 그 자체를 축제로 즐기기에 충분하다.

옥토버페스트의 시작을 알리는 뮌헨의 양조장 행렬

옥토버페스트　　　　　　　　　　　　　　　**Oktoberfest**

옥토버페스트는 '10월의 축제'라는 뜻으로 세계 최대 규모의 맥주축제이자 독일에서 가장 큰 맥주축제이다. 브라질의 리우 카니발, 일본의 삿포로 눈꽃축제와 더불어 세계 3대 축제에 속한다. 기간은 매년 9월 셋째 주 토요일부터 10월 첫째 일요일 까지 16일 동안 지속된다. **이 축제는 1810년 10월 12일 바이에른 왕국 루트비히 왕세자와 작센의 테레제 공주의 결혼식 을 축하하는 행사로 시작되었으며** 승마, 사격, 브라스 밴드, 민속춤 등의 행사와 말, 소, 등의 가축 품평회를 여는 지방 축제 가 100여 년의 세월이 흐르면서 지금의 페스티벌로 정착한 것이다. 호프브로이 등 뮌헨의 유명한 양조장이 참여하는 옥토 버페스트 시기에는 온 도시가 맥주 냄새만 날 정도이다. **축제는 테레지엔 비제(테레지엔 잔디밭)라는 광장에 맥주 양조장의 천막과 각종 놀이시설, 먹거리 노점이 들어서 시간에 구애받지 않고 그저 실컷 먹고 마시고 즐기는 흥겨운 축제의 장이 열 린다.** 16일 동안 오전부터 밤까지, 평일부터 주말까지, 남녀노소를 불문하고 실컷 먹고 마시고 실컷 떠든다. 이 축제에서는 매년 약 500만 리터의 생맥주와 60만 마리의 닭, 40만 개의 소시지 등 엄청난 규모의 음식이 소비된다고 한다. 또한 1500 여 종류의 독일 소시지도 한 자리에서 맛볼 수 있는 기회이기도 하다. 그 외에 우리의 족발과 비슷한 돼지 다리로 만든 '슈바 이네 학세'와 '절임 양배추'도 인기 메뉴. 옥토버 페스트가 열리는 기간 동안에 독일 전역에서 비슷한 맥주 축제가 열린다. 축제의 이름도 기간도 규모도 제각각이지만 공통점은 그 지역의 맥주를 마시면서 놀이시설과 먹거리를 즐기며 단순히 노는 것이다.

테레지엔 비제에 설치된 텐트 맥주홀

치킨과 소시지 등 안주

Quiz!!

독일에서는 몇 살부터 맥주를 마실 수 있나?

맥주는 세계 공통으로 사랑받는 음료이자 독일의 국민 음료이다. 독일인의 맥주에 대한 애착은 유명하다. 독일에서는 사실상 14세부터 음주가 가능하다. 14~15세까지는 어른이 있으면 마실 수 있고 만 16세면 맥주를 마실 수 있다. 어린이들도 '말츠비어'라는 무알코올 맥주 음료를 마신다. 우리나라의 '맥콜'과 비슷한 맛이 나고 수유하는 엄마들은 모유의 양이 많아진다고 하여 마시기도 한다.

바이로이트 바그너 공연장

문화 축제

Kultur Festival

독일은 전통적으로 클래식 음악이 발달한 곳이다. 신성로마제국의 귀족들은 음악을 특히나 사랑했다. 그래서 일찌감치 높은 수준의 공연장을 만들고 극단을 만들어 음악가를 육성하였고, 재능 있는 음악가는 귀족들의 후원을 받으며 편하게 창작에만 몰두할 수 있었다. 음악 수준이 특히 발달한 독일이기에 세계적 수준의 클래식 음악 축제가 벌어지는 도시를 종종 찾아볼 수 있다. 그 중에서도 라이프치히 바흐 페스티벌과 바이로이트의 바그너 음악제가 가장 대표적이고 성대하다. **세계에서 가장 규모가 크고 오랜 역사를 가진 음악 축제인 라이프치히 바흐 페스티벌(Leipzig Bach Festival)은 1723년부터 1750년까지 라이프치히 주요 교회 4개 합창단의 합창장을 역임한 바흐(Johann Sebastian Bach, 1685~1750)를 기념해 열리는 클래식 음악 축제다.** 1904년부터 시작된 이 축제는 성령강림절 3주 전으로, 보통 6월에 열리지만 4월 말에서 5월에도 열리는 등 시작일은 매년 조금씩 다르다. 축제 기간 중 라이프치히는 온 도시가 공연장으로 변모한다. 토마스키르히호프, 성 토마스 교회, 니콜라이 교회, 게반트하우스, 라이프치히 오페라 하우스 등 오페라 극장뿐 아니라 시내 광장, 교회에서 100여개의 음악회와 행사로 쉴 새 없이 바하의 음악이 울려 퍼진다. 1999년부터는 매년 다른 주제를 선정해 바흐와 함께 다른 작곡가들의 음악도 연주하기 시작했다.

바흐 축제 포스터   로엔그린, 볼데마르 넬손 지휘(2008년 작)

2000년은 바흐 서거 250주년이 되는 해로 **라이프치히 바흐 페스티벌**로서 전 세계 바흐 열기의 초점이 됐다. **라이프치히** 시청사에는 바흐의 대형 초상화가 석 달간 걸려 있었고, 24시간 동안 계속된 바흐 서거 250주년을 기념하는 멀티미디어 이벤트는 전 세계로 중계됐다. 이 열기는 2015년에는 라이프치히의 1000년을 회고하는 축제, 2017년에는 종교개혁을 주도한 마르틴 루터를 기념하는 축제, 2035년에는 바흐 탄생 350주년을 축하하는 축제를 기획해두고 있다. 축제 첫날 개막 음악회는 바흐가 합창장을 맡았던 토마스교회 소년 합창단의 공연으로 시작하고 폐막은 전통적으로 토마스교회에서 바흐의 〈B단조 미사곡〉 연주로 마무리된다.

1876년에 시작된 이 축제, 바이로이트 음악제는 100년이 넘은 지금도 바그너의 곡만 올리고 있는, 오로지 바그너만을 위한 축제이다. 바그너 본인이 직접 축제를 만들었고 축제극장 역시 직접 설계했다. 바이로이트는 전 세계 바그네리안들의 '메카'라고 해도 전혀 과장이 아닐 것이다. 독일 중부지방 동쪽에 위치한 작은 도시 바이로이트는 매년 여름마다 7~8월에는 바그네리안들의 순례로 매우 붐빈다. 바이로이트 축제는 바그너가 바이로이트에 축제극장을 짓고, 스스로 '시와 음악, 연극을 결합한 총체극'이라 부른 악극을 공연한 것에서 유래한다. 북유럽 신화를 각색한 〈니벨룽겐의 반지 4부작〉〈〈라인의 황금〉, 〈지그프리트〉, 〈발퀴레〉〈신들의 황혼〉〉, 〈탄호이저〉, 〈뉘른베르크의 마이스터징어(명가수)〉, 〈파르지팔〉, 〈트리스탄과 이졸데〉가 주요 레퍼토리이다. 바그너 무덤과 바그너 기념관(반프리트)도 이곳에 있다. 바그너 음악제는 출연하는 음악가들에게도 영광의 무대인 동시에, 바그너 음악애호가들이 몰려드는 세계적 음악축제이다.

바이오이트 음악제를 보려면 예전에는 돈이 있어도 티켓을 구할 수 없었다. 개인적인 표를 구입하는 것은 불가능했고 각 나라의 바그너협회나 관련 단체만이 티켓을 받을 수 있었기 때문이다. 이 공연 한 번을 보기 위해 7~8년을 기다려야하기도 했다. 우리나라도 바그너협회를 통해 표를 분배받았고 공연을 보려면 바그너협회에 들어가 회비를 내며 자신의 차례를 기다려야 했는데 지금은 사정이 많이 달라졌다. 2012년 축제부터 각국의 바그너 협회에 표를 분배하는 방식은 중단되었고 개인이 직접 예매가 가능하도록 바뀌었다. 신청한다고 모두 되는 것은 아니지만 인터넷으로도 티켓 예매 신청을 할 수 있게 되었다. 적어도 1년 전에 예매신청을 해야 한다. 2017년 축제의 경우 2016년 10월까지 한 번 신청해 보자!

독일에는 이외에도 다채로운 문화행사가 축제의 형식으로 정착되어 있다. 프랑크프르트에서 매년 8월 마지막 주말에 3일간 열리는 **유럽 최대 여름 문화축제인 '박물관 강변축제'**가 있다. 세계 60여 개 나라에서 온 사람들이 각종 공연과 전통음식, 보트 경주, 박물관 전시 등을 선보이며, 축제기간 동안 프랑크푸르트 마인 강변의 박물관은 모두 개방돼 7유로에 배지를 구입하면 축제기간 3일 내내 언제든지 관람할 수 있다. 한국도 2011년 처음 강변축제에 참가해 한국관을 운영하며 한국 음식코너를 마련해 불고기, 잡채, 비빔밥, 떡볶이 등을 판매해 외국인들의 입맛을 사로잡았다. **본은 3년마다 9월에 '국제 베토벤 축제'**를 열고 아우크스부르크에서는 8월과 9월에 로코코적 분위기의 음악회가 있다. **오이틴**에서는 오페라 작가 '**카를 마리아 폰 베버**'를, 할레와 괴팅엔에서는 '**게오르크 프리드리히 헨델**'을, 뮌헨은 7월에 '**오페라 축제**', 베를린은 11월에 '**재즈축제**'가 개최된다. 슈투트가르트에서는 8월, 9월에 '**유럽음악축제**'가 하이델베르크에선 매년 낭만적인 '**성의 축제**'가 있다. 8월 바이에른의 '바이 덴 인 데어 오버 팔츠' 숲가에서 열리는 용퇴치 축제에서는 다채로운 행사와 함께 용감한 기사와 용의 싸움으로 기사가 용을 죽이는 전설의 재현이 축제의 절정을 이룬다. 용을 일곱 번 죽여야 한다는 전설에 따라 일곱 장면이 연출된다. 또한 도시의 거리마다 작은 규모의 거리 축제가 있어 봄, 가을에 거리에서 먹거리 장터와 놀이, 공연이 펼쳐지고 아이들의 물물장터와 벼룩시장까지 생겨 온 가족이 즐길 수 있다.

Deutsche Kultur Odyssee :::	
독일어 회화	**Warst du beim Kölner Karneval? 너는 쾰른 카니발에 가본 적이 있니?** **Nein, noch nicht. 아니, 아직 없어.**
참고/DVD자료	김규원: 축제, 세상의 빛을 담다, 색으로 보는 유럽 축제 이야기, 시공사, 2006 울리히 쿤 하인(심희섭 옮김): 유럽의 축제, 컬처라인, 2001 유럽문화 정보센터: 유럽의 축제문화, 연세대학교 출판부, 2003 박진태 등: 세계의 축제와 공연문화, 대구대학교 출판부, 2004 세상은 넓다: 봄을 기다리는 쾰른 카니발 1, 2부, 2012.03.14/15 음식, 와인 그리고 노래, 르네상스 시대 유럽의 음악과 축제 즐기기, Harmonia Mundi, 2001 (원제 Food, Wine, & Song – Music and Feasting in Renaissance Europe) 바흐 서거 250주년 기념 공연, Bach adround the world, Spectrum DVD 2000 올란도 콘소트 (Orlando Consort), 여러 아티스트 (Various Artists), Harmonia

BUNDES**LIGA**

PREDICCION 20

13

분데스리가의
나라

Bundesliga und deutscher Sport

생각해 보기

독일을 대표하는 스포츠는 무엇이라고 생각하는가?
독일 올림픽과 관계된 한국 사람은?

부상으로 출전하지 못한 21번 마르코 루이스의 유니폼과 함께 사진을 찍으며 동료애를 보여주는 의리를 잊지 않았다.

2014년 브라질 월드컵 우승에 환호하는 선수들

브라질 월드컵

전차군단

2014년 브라질월드컵의 주인공은 독일이었다. 남미대륙에 펼쳐진 월드컵에서 독일은 1954년을 시작으로, 1974년, 1990년, 2014년에 통상 4번째 우승을 거머쥐었다. 12년 만에 월드컵의 주인이 된 '전차군단' 독일은 24년 만에 우승이자 서독이 아닌 통일독일로 우승하게 되어 더욱 큰 의미를 가진다. 브라질 리오데자네이로 마라카나 경기장에서 아르헨티나와 결승 연장전에서 괴체가 극적인 결승골을 내며 1-0으로 독일은 영광의 우승을 차지했다. **영광의 배경에는 선 굵은 축구를 펼쳤던 게르만 전차군단이 미드필드에서 섬세한 패스도 잘하는 '스마트 군단'으로 진화했다는 평이다.** 이것은 독일이 2002년 한·일 월드컵에서 가나 출신 이민자 G. 아사모아를 발탁한 이래 다문화 포용정책에도 적극적인 결과였다고 본다. 대표팀에는 폴란드계인 클로제와 포돌스키, 외칠(터키 이민자), 케디라(튀니지), 보아텡(가나), 무스타피(알바니아)가 있다. 최종 엔트리 23명 중 6명이 이민자 혈통이다. **"우리는 10년 전부터 오늘의 우승을 준비했다." 뢰브(54) 독일대표팀 감독의 우승 소감이다.** 유소년 축구를 재건하며 10년을 조용히 준비하는 끈기와 고집, 그러면서도 꾸준히 변화를 추구하는 도전 정신이 현재의 독일, 독일 사람 그리고 독일 축구를 잘 보여주고 있다.

독일이 우승할 수 있었던 또 다른 주요 원인은 **독보적인 선수 개개인의 기량이나 감독의 전술보다도 뛰어난 조직력을 이루어 진정한 한 팀을 만들었기 때문이다.** 지난 2010년 남아공월드컵에서 '토너먼트의 강자'라고 하는 독일 축구는 과거와 다른 모습을 보여 줬다. 개인의 창조성보다는 대체로 탄탄한 조직력을 통해 '이기는 축구'를 했던 독일은 스페인과 함께 이 대회에서 가장 **창조적인 패스**를 구사한 팀으로 손꼽혔다. 이 중심에는 터키 이주 노동자의 아들인 외칠이 있었다. 그는 강인하고 득점력이 높은 전통적인 독일 축구의 공격수에 대한 고정관념을 깨트리면서 전 세계 축구 팬들에게 독일 축구의 기술을 유감없이 보여주었다. "독일이 최고의 선수를 보유했든 그렇지 않든 문제가 되지 않는다. 왜냐하면 최고의 팀을 이루기 때문이다." 2014년 월드컵에서 필립 람 선수의 이 한 마디가 '전차군단'의 진화된 모습을 다시 한 번 말해주고 있다. **독일의 10년 정책이 결실을 맺은 이번 우승은 가족들이나 메르켈 총리, 대통령 누구나 즐길 자격이 있다.** 함께 뛴 선수들이나 뛰지 않은 선수들, 뢰브 감독과 스텝진 모두에게 영광의 자리였다. 메르켈 총리와 대통령의 축하 또한 통일 독일의 하나 된 모습을 느끼기에 충분했다. 유소년 팀에서 많은 기량을 쌓은 어린 선수들로 세대교체가 이루어지면서 유로 2016년에도 '스마트 군단'의 멋진 모습을 다시 보길 기대한다.

브라질 월드컵의 또 하나의 기적은 조기축구회 목수 클로제이다. 그는 개인 통산 월드컵 16골이라는 최다 골로 신기록을 세워 영광의 자리에 섰다. 유소년 팀에서 '전술이해력 부족'이라고 퇴짜를 맞고 7부 리그에서 최정상팀으로 도약하며 4회 연속 월드컵 국가대표에 선발, 출전하였고 4번째 월드컵에서 기적의 주인공이 되었다. 꿈의 무대 월드컵에서 "아름다운 저녁이다. 최다 골 기록을 가족에게 바친다."며 기뻐했다. 이번 월드컵을 마지막으로 36세 골잡이는 은퇴식을 갖는다.

스포츠클럽

Sportverein

독일은 스포츠 강국이며 독일인의 스포츠에 대한 열정은 이미 잘 알려져 있다. 독일인들은 연간 근로시간이 매우 짧아 여가를 즐길 시간이 많다. 주 5일제에 35시간 근무하고 오전 8시부터 시작하여 오후 5시면 정확하게 퇴근한다. 학생들도 아침 일찍 시작하여 오후 한 시 반이면 학교가 끝나 집에 간다. 하루 평균 여가시간은 6시간 30분에 달한다. 이렇게 여가를 즐길 **시간이 많은 독일인들은 스포츠를 가장 많이 선호한다. 국민의 1/3 이상, 2750만명이 스포츠 클럽회원이다. 2019년 독일의 스포츠클럽은 11만여 개에 이른다.** 규모가 큰 클럽은 축구, 체조, 테니스, 사격, 육상, 핸드볼, 승마, 스키, 수영 순이다. 그 중에 가장 있기 있는 스포츠 종목은 단연 축구가 1위이다. 프로축구인 분데스리가가 유명하며 이외에 F1, 핸드볼, 체조, 테니스, 수상 스키, 겨울 스포츠 등도 있다. 독일에서 기원한 스포츠 종목은 핸드볼, 볼링, 체조이다. **우리나라 스포츠가 엘리트에 집중되는 역피라미드식 모델이라면 독일식 스포츠는 저변층이 두텁게 형성된 바탕 위에 엘리트 스포츠가 발달해 있는 피라미드식 형태이다.**

스포츠클럽과 생활스포츠: "스포츠를 통한 풍요로운 삶"

독일의 스포츠클럽은 1840년 스포츠페어라인이라 불리는 동호회에서 시작됐다. 스포츠클럽은 1~2차 세계대전이 끝난 후 패배감, 무력감에 싸여 있던 독일국민들에게 힘을 주는 계기가 되었다. 현재 독일에는 8만 9천 개에 달하는 스포츠클럽과 2,700만 명에 달하는 회원이 있다. 독일의 체육이 생활체육이 된 데는 한 사람의 노력이 매우 컸다. **얀(Ludwig Jan, 1778~1852)은 평행봉, 평균대, 철봉의 창시자로서 국민체육 개념을 도입했다. 제2차 세계대전 후 '모두를 위한 스포츠'란 모토의 '골든 플랜'(1961~75)과 '트림운동'으로 정책화해서 생활체육, 대중 체육을 장려하였다.** 골든 플랜은 제2차 세계대전 이후 완전히 파괴된 스포츠 시설을 복구하고, 국민들의 건강증진과 인성회복에 기여하고자 주창한 운동이다. 구서독이 1960년부터 15개년 계획으로 출발하였는데, 이것은 단순히 스포츠 시설만을 건설할 뿐만 아니라 엘리트 스포츠에서 스포츠의 대중화를 강조한다는 철학적 배경을 갖고 있다. 즉, 선수나 기록을 위한 프로 스포츠뿐 아니라, 아이들의 놀이, 학교의 체육, 성인의 레크리에이션까지 역점을 두어 신체를 단련하고 단체활동에 참여하는 데 역점을 두었다. 이후 8년간에 걸쳐 여가 및 스포츠를 위한 공공시설이 많이 지어지고, 쉽게 이용할 수 있게 되었으며 보트, 카누, 요트, 역도 등 우리가 아는 거의 모든 스포츠를 위한 시설이 확충되었다.

이 플랜의 방침이 독일 올림픽협회에 의하여 세워지고, 연방 정부, 연방 의회, 내각, 연방지방 의회 및 지방 자치단체 회의를 통해 권고라는 형식을 취하며 구체적으로 추진되었다. **골든 플랜을 통해서는 시설 기반을 확충하고, 트림 운동을 통해서는 체육이 생활의 일부가 되도록 주력하였다.** 걷기, 달리기, 수영 등 간단한 스포츠를 지속적으로 하며 여성, 아이, 노인에 이르기까지 국민 모두가 스포츠 활동을 즐기고 건강한 삶을 영위하는 데 노력하였다. 시설이 확충되고 국민들이 실행할 수 있

독일에서 처음 생긴 스포츠(배구, 체조, 볼링)

게 체계가 갖춰진 이후 자치권을 지방자치와 국민들에게 넘겨줬다. 시설 유지의 대부분은 자원봉사자들과 회원들의 자발적인 회비에 의한 것이며 후에는 정부의 재정적 지원이 있다. **독일에서는 이 스포츠클럽이 국민들의 생활체육의 근본이 된 것이다.**

또한 독일은 전문스포츠를 위한 투자도 최대한 아끼지 않고 있다. **헌법에 보장된 연방의 권한을 바탕으로 '연방 스포츠 진흥정책'은 전문스포츠에 집중한다.** 그들은 스포츠 선수들이 국제 경기에서 성공적인 결과를 끌어낼 수 있도록 트레이너 재정지원 외에도 전문 스포츠 시설 확충, 스포츠 과학 연구, 스포츠 의학 활동을 대대적으로 추진한다. **독일의 스포츠 진흥정책은 생활스포츠의 저변 확대와 전문스포츠의 기록 향상을 위해 관할 범위와 능력을 늘려왔다.** 자국 내 스포츠 동호회를 통한 생활스포츠의 정착과 더불어 스포츠 분야의 주도적인 국가로서 독일은 국제적으로 유럽 내외의 스포츠 발전에 중요한 기여를 해오고 있다.

스포츠 엘리트슐레　　　　　Eliteschule des Sports

운동을 한다면 공부는 등한시해도 된다는 생각은 독일에서는 불가능하다. 이런 편견을 깨는 학교가 스포츠 엘리트슐레이다. **스포츠 엘리트슐레는 독일올림픽체육연맹(DOSB)이 기록 스포츠의 향상을 위해 학교와 거주를 함께 결합시킬 것을 제안한 교육시설이다.** 엘리트슐레는 올림픽 기간에 맞춰 4년의 기간이 부여된다. 4년이 지난 후 기존의 엘리트슐레들은 평가되고 평가에 따라 위상이 재인정받거나 거부된다. 2002년 라이프치히에서 열린 스포츠 엘리트슐레의 연방회의에서 "스포츠 엘리트슐레란 재능 있는 청소년 선수들이 최고기록을 내기 위해 스포츠를 하는 동안 훈련장과 연계된 거주지에 머무르며 학업과 훈련을 병행할 수 있게 만든 시설이다."(DOSB)라고 정의하고 있다.

엘리트슐레는 선수들에게 집중력 있는 훈련의 기회를 주면서 동시에 학업 성취도를 높일 수 있도록 하기 위한 시설이다. 훈련장이 집에서 먼 선수들에겐 집을 떠나 기숙사에서 먹고 자며 생활하는 '풀타임' 선수와 학업과 훈련을 마친 뒤 저녁에 귀가하는 '파트타임' 선수가 있다. 월 회비가 400~410유로(약 72만원) 정도지만 선수들이 내는 경우는 거의 없고 대부분 관련 종목 협회나 클럽이 지원한다. **독일 내 16개 연방 주에 분산된 엘리트슐레는 2015년 현재 총 43개로 지역별로 강한 종목을 특성화하였다.** 노르트라인 베스트팔렌 주의 에센은 조정·카누·수영, 쾰른은 하키·복싱·유도이고, 알프스산맥과 가까운 독일 남부 지방에는 스키, 아이스하키 선수들의 엘리트슐레가 있다. 대부분의 대회가 학업에 지장을 주지 않도록 주말에 편중되어 있고, 주중에 있을 때는 빠진 수업을 반드시 보충해야 한다. 학교는 선수들의 학업 성취도를 지속적으로 파악하고, 따라가지 못하면 강제전학을 하든지 하여 반드시 정규수업과정을 마치도록 엄격한 방침을 갖고 있다. 스포츠클럽을 기반으로 한 독일 체육과 학교 교육을 존중하는 독일 체육계는 스포츠 엘리트슐레를 통해 두 가지 요소를 특성화하여 국가대표의 산실 역할을 하고 있다.

분데스리가 로고

분데스리가 1부 리가팀

분데스리가

Bundesliga

축구는 단연 독일 최고의 스포츠이다. 독일 축구에서 빼놓을 수 없는 것이 분데스리가다. **분데스리가는 1963/64년 시즌부터 시작한 프로 축구로 그 역사가 50년을 넘었다.** 제1부와 제2부에서 각각 18개 팀이 홈 앤드 어웨이 방식으로 경기를 치르는데, 클럽당 34경기를 치르며 이기면 3점, 비기면 1점, 지면 0점을 주어 총점이 가장 높은 클럽이 우승하게 된다. 시즌이 끝나면 1부 하위 2개 클럽과 2부 상위 2개 클럽이 서로 자리를 바꾼다. 최고의 리그로서 전 세계에서 가장 관중이 많은 리그로도 유명하다. 1부는 물론 2부 리그 경기에도 수만 명이 들어찬다. **해외 유명 스타를 비싼 값에 영입하는 리그들과 달리 분데스리가는 자국 선수를 중심으로 구단 재정 규모에 맞춰서 리그를 키우고 이끌어 간다.** 그러면서도 바이에른 뮌헨 같은 팀은 유럽 최고 수준을 유지하며 세계 축구의 흐름을 리드하고 있다.

우리나라의 차범근 선수가 프랑크푸르트(1979~1983), 레버쿠젠(1983~1989)에서 활약했다. **분데스리가에서 역대 가장 많이 우승한 팀이 바이에른 뮌헨 팀이며 2014 월드컵에서도 대표팀 주역들은 대부분 뮌헨 소속선수들이었다.** 역대 선수 중에서는 베켄바우어, 마테우스, 클린스만 선수 등이 유명하다. 개인기 위주의 남미 축구와 달리 독일식 축구는 조직력 중심의 수비 위주 축구이다. 이런 축구에 대한 열정으로 독일에서 2006년 제18회 FIFA 월드컵이 개최되었고 2013년은 분데스리가 50주년을 맞았다.

2만 6천 개 팀과 670만 명의 회원을 보유하고 있는 독일축구협회(DFB)는 전 세계 단일 스포츠협회 가운데 최대 규모를 자랑한다. 독일축구협회는 9만 개의 팀과 약 2천 700만 명의 회원으로 세계 최대 스포츠 조직으로 꼽히는 독일올림픽위원회(DOSB) 산하에 있다. 독일올림픽위원회는 독일 스포츠 단체의 최상위 조직으로, 16개 주립 스포츠 연맹과 수많은 전문 단체로 구성되어 있다. **엘리트스포츠 외에도 대중스포츠를 지원한다.** 이러한 단체에서 약 260만 명이 활동하며 스포츠는 국가지원, 부분적 국가지원, 자원 활동, 개인 스폰서, 회비 등으로 자금을 조달한다.

독일은 스포츠에 열광하는 나라, 축구에 열광하는 나라임에 틀림없다. 남자들의 전유물이다시피 한 축구를 독일에서는 백

분데스리가 우승 상패

1954년 베른 월드컵의 극적인 우승으로 독일은 패전국이라는 아픔을 딛고 일어선다.

만 명 이상의 여성들도 클럽에서 즐긴다. **독일 여성축구는 세계적으로 성공을 거두고 있다.** 2003년 이래로 FIFA 월드컵과 유럽축구선수권대회 우승을 거머쥐면서 독일의 여자축구팀은 2011년 독일에서 개최되는 여자축구월드컵에서 타이틀 방어에 나섰다.

F1의 황제

슈마허 Michael Schumacher, 베텔 Sebastian Vettel

F1은 포뮬러-원(Formula-one)의 약칭으로 자동차 경주 중 최고의 스피드를 자랑한다. 세계 선수권 타이틀을 걸고 다투는 그랑프리(GP로 줄여 부름) 레이스는 F1으로 행해진다. 매년 3월부터 11월까지 유럽과 호주, 아시아, 북남미 지역의 16개국에서 총 16레이스가 2주 간격으로 개최되며, 각 나라에서 열리는 레이스는 개최국의 이름을 앞에 붙인다. F1 그랑프리는 올림픽, 월드컵에 맞먹는 세계 최대 빅 스포츠 쇼 가운데 하나로 세계 150여 개국에 중계되고 40억 이상이 시청한다.

그랑프리 출전 250회, 그랑프리 우승 91회, 포디움 154회, 폴포지션 68회, **챔피언쉽포인트 1369점, 시즌 챔피언쉽 7회. 모터스포츠 역사상 가장 성공적인 레이서이자 세기의 챔피언 미하엘 슈마허(1969~)의 기록이다.** 미하엘 슈마허는 국제 자동차 경주대회의 최고봉으로 여겨지는 포뮬러원(F1)을 일곱 차례 제패했다. 어린 시절 쾰른 인근 카트 트랙에서 레이싱을 시작한 '슈미(슈마허의 애칭)'는 1991년 8월 25일 21세의 나이로 F1 트랙에 등장한 이후 15년 간 모터스포츠의 최고클래스인 F1을 평정하였다. 정확성, 완벽주의, 승부욕으로 똘똘 뭉친 슈마허는 마라톤선수와 같은 강철체력, 운전능력, 기술지식을 무기로 스스로를 한계로 몰아가며 카레이서로서 대대적인 성공을 거두었다. 1994년 세계 챔피언에 등극한 슈마허는 1995년에 다시 챔피언에 오르며, 그 당시 세계선수권 2연패를 이룬 최연소 선수가 되었다. 1996년에는 명문 팀인 페라리 팀으로 이적하여 2001년 F1 최다 우승기록(51승)을 경신하였다. **2006년 은퇴할 때까지 8승을 더해 F1 사상 최다 우승 기록을 보유한 그는 현역에서 물러난 뒤에도 페라리에 남아 팀 전력 향상에 기여했다.** 잠시 레이스로 돌아오지만 2012 시즌을 끝으로 F1 무대를 떠난 그는 2013년 12월 프랑스에서 스키를 타다 크게 다쳤다. 6개월 만에 혼수 상태에서 깨어나

미하엘 슈마허   미하엘 슈마허, 1997

베텔, 2013

베텔, 2011

상태가 호전되는 것으로 알려졌다. 2015시즌 F4(포뮬러4) 자동차 경주대회에는 황제 아버지에 이어 아들 믹 슈마허(Mick Schumacher, 16살)가 출전했다. F4는 F1 드라이버를 꿈꾸는 어린 유망주들이 참가하는 대회로 2014년부터 시작됐다.

또 **한 명의 '어린 황제'는 세바스찬 베텔(Sebastian Vettel, 1987~)이다.** 그는 2007년 F1 데뷔 이후 2015년 8년만에 40번째 우승을 달성했다. 2013년 베텔은 시즌 19경기 중 무려 13번 레이스에서 우승을 차지했다. 이 중 11라운드부터 19라운드까지 기록한 9연승은 미하엘 슈마허의 우승 기록을 넘어서며 새로운 기록을 세웠다. 레드불, 크리스찬 호너(Christian Horner), 아드리안 뉴이(Adrian Newey), 세바스찬 베텔의 조합은 적중했다. 장 토드(Jean Todt), 로스 브라운(Ross Brawn), 미하엘 슈마허의 조합 이후 최강의 팀워크를 자랑하는 인피니티 레드불은 시즌 중반부터 연승 행진을 이어갔다. 페라리로 이적 후 2015 시즌에 베텔은 디펜딩 챔피언인 루이스 해밀턴(Lewis Hamilton, 메르세데스)을 제치고 우승하며 다시 어린 황제의 질주를 시작했다. 2018년 베텔은 카레이서 가운데 6천만 달러 연봉으로 우리 돈 약 600억 원으로 가장 높은 연봉을 자랑한다.

독일과 올림픽   **Deutschland und Olympic**

스포츠에 대한 열정 덕분에 독일은 우수한 선수들이 많이 배출되고 있다. 올림픽에서도 독일은 항상 최상위 국가에 속한다. 독일은 최초의 현대 올림픽 경기인 1896년 하계 올림픽부터 참가하기 시작하였다. 독일에서는 총 3번의 올림픽이 거론되었다. **첫 번째 올림픽은 1916년 하계 올림픽과 1940년 동계 올림픽 개최지로 선정되었으나 각각 제1차 세계대전과 제2차 세계대전으로 인해 무산되었다.** 이후 이 전쟁들로 인해 독일은 1920년, 1924년 그리고 1948년에 열린 올림픽에서 참가가 거부되었다. **두 번째는 히틀러의 통치하에 개최된 1936년 하계와 동계 베를린 올림픽이고, 세 번째는 1972년 하계 뮌헨 올림픽이다.** 이 세 번의 올림픽마다 기록적인 사건들로 인해 기억에서 지워지지 않는 올림픽이 되었다.

개최기간 : 1916년
대회차례 : 제6회
참가국수 : 0개국
경기종목 : 0개 종목
참가선수 : 0명
대회특징 : 제1차 세계대전으로 개최 무산

베를린 올림픽   **Berlin Olympic**

개최기간 : 1936년 8월 1일~8월 16일
대회차례 : 제11회
참가국수 : 49개국
경기종목 : 21개 종목, 129개 세부종목
참가선수 : 4,069명
대회특징 : 최초의 성화 봉송, 우승자에 대한 월계관 수여, 정치적인 목적의
          대회, 최초의 공중파 방송실, 시, 군의 강력한 지원

베를린 올림픽 포스터

① 올림픽을 관전하는 히틀러
② 공중파 방송을 위한 제펠린
③ 우승하여 단상에 선 손기정 선수
④ 슬픈 표정으로 일장기를 가리고 있는 손기정
⑤ 청동투구

두 번째 거론되었고 실제로 독일에서 개최된 첫 올림픽이다. 베를린 올림픽은 나치스 당기인 하켄크로이츠가 들어있는 국기를 독일 국기로서 사용하며 나치스와 게르만 민족의 우월성을 전 세계에 자랑하는 정치색이 짙은 대회라는 평을 듣는다. 올림픽이 나치 사상 선전의 장으로 악용된 것이다. '인류 올림픽'이 스페인의 바르셀로나에서 계획되기까지 했지만 스페인 내란의 발발로 무산되었고 결국 49개국만이 베를린 올림픽에 참가하게 되었다. 베를린 올림픽에서는 여러가지 처음 시도한 것들이 있다. 먼저 고대 그리스를 연상하게 하는 것으로 우승자에게 금메달 외에 월계관을 씌워주었다. 또한 처음으로 높은 성화대가 마련되어 올림픽의 발상지 아테네에서 태양 광선으로 채화 된 성화가 개최지까지 3,000km의 거리를 릴레이로 봉송되었다. 경기 종목 수는 총 129개였는데, 농구, 카누, 핸드볼 경기가 처음으로 열렸으며 폴로가 이 대회를 마지막으로 올림픽 종목에서 제외되었다. 지역 제한은 있었지만 올림픽 대회 **사상 처음으로 라디오뿐만 아니라 텔레비전으로도 중계가 되었다.** 뉴스를 담은 필름들은 독일의 비행선인 제펠린을 통해서 유럽 각국으로 전달되었다.

베를린 올림픽은 한국과도 인연이 깊다. 올림픽의 피날레를 장식하는 마라톤 경기에서 한국인 최초로 손기정(기테이 손, 1912~2002) 선수가 2시간 29분 19초의 세계 신기록으로 우승의 월계관을 차지했고, 남승룡(1912~2001) 선수는 3위를 차지했다. 그러나 당시 한국은 일제치하였기 때문에 일장기를 달고 출전했어야 했다. 그럼에도 한국 민족을 감격과 흥분의 도가니로 몰아넣었고, 이 감격은 곧바로 민족지인 동아일보의 '일장기 말소사건'으로 이어져 동아일보가 일제에 의해 폐간

뮌헨올림픽 경기장

당하기도 했다. 손기정 선수는 자서전 '나의 조국 나의 마라톤'에서 "나치 독일의 총통 히틀러는 우승자들에게 격려의 악수를 해주었다. 나도 대면기회를 갖게 되었다."라고 기록되어 있다. 히틀러를 만난 손기정 선수는 "히틀러는 덥석 나의 손을 쥐고 흔들면서 마라톤 우승을 축하한다고 말했다. 그리고 나는 독일 국민들이 선대해줘서 이겼다 고맙다"라고 말했다. 히틀러에 대해 그는 "160센치인 내 키에 비해 그의 손은 크고 억셌으며 체구는 크고 우람했다. 그리고 독일을 이끌어가는 통치자답게 강인한 체취를 풍겼다"라고 회고하고 있다. 마침내 **2011년 국제올림픽위원회는 손기정을 일본 국적에서 한국 국적으로 수정하였다.** 슬픈 마라톤 영웅의 소망이 오랫동안 많은 이들의 가슴을 울리며 결국 이루어진 것이다.

베를린 올림픽에는 재미있는 에피소드도 있다. 독일 나치의 인종차별정책에 특히 배격당한 것이 흑인이었다. 독일인의 우수성을 알리기 위한 베를린 올림픽에서 미국의 흑인선수인 J. 오언스와 그의 팀 동료들은 남자 육상경기에서 모두 12개의 금메달을 휩쓸었다. 나치 언론이 '검은 외인부대'라 일컬었던 오언스와 아프리카계 미국 선수들의 우수한 성과는 히틀러의 아리안족 우월주의에 큰 충격을 주었다. 베를린 올림픽 순위는 1위 독일(금메달 37개), 2위 미국(금메달 34개), 3위 헝가리(금메달 10개), 4위 이탈리아(금메달 9개), 5위 핀란드(금메달 8개)였다.

뮌헨 올림픽의 테러조직을 배경으로 한 실화 〈뮌헨〉

뮌헨 올림픽

개최기간 : 1972년 8월 26일~9월 11일
대회차례 : 제20회
참가국수 : 123개국
경기종목 : 21개 종목, 195개 세부종목
참가선수 : 7,121명
대회특징: 팔레스타인 해방기구(PLO)의 테러 사건 발생

뮌헨 올림픽은 1972년 세 번째이자 서독에서 개최된 올림픽이다. 제2차 세계대전이 끝난 후 독일은 동독과 서독으로 분단되었다. 뮌헨 올림픽은 사상 최대 규모이자 올림픽사상 가장 과학적인 대회로 평가되고, 또한 가장 불행했던 대회로 기록된다. 당시 세계는 팔레스타인이 이스라엘에게 땅을 빼앗기면서 두 나라의 긴장관계를 주시하였다. **팔레스타인은 사실상 자신들의 땅에서 쫓겨났고 결국 테러단체를 조직해 뮌헨 올림픽에 참가한 이스라엘 대표선수들을 살해한다.** 팔레스타인해방기구(PLO) '검은 9월단'이 이스라엘 선수단의 숙소를 습격하여 이스라엘 선수 2명을 살해하고 11명을 인질로 삼아 이스라엘에 억류 중인 팔레스타인 게릴라 200명의 석방을 요구한 사건이 일어난 것이다. 이로 인해 대회가 24시간 동안 중단되고, 공항에서 탈출 직전 테러범들과 서독 특수부대와의 총격전이 벌어져 이 사건은 인질 전원과 테러범 5명, 서독 특수부대 요원 1명 등 모두 17명이 숨지는 비극으로 막을 내렸다. 본래 구출작전을 펼 예정이었으나 실패로 돌아가면서 총격전까지 벌어지고 평화의 상징이었던 올림픽은 피로 물들게 된다. 선수단을 철수한 이스라엘은 즉각 피의 보복을 감행했고, 이듬해 중동전쟁이 벌어지는 불씨가 됐다. **올림픽의 속행 여부를 놓고 많은 논쟁이 벌어졌으나, IOC 위원장 A. 브런디지는 위기를 극복하는 것 또한 올림픽의 정신이라는 주장을 받아 들여 다시 속개하였다.**

뮌헨 올림픽에서 한국은 46명으로 구성된 선수단이 복싱·레슬링·배구·유도·역도·사격·육상·수영 8개 종목에 출전했는데, 유도 미들급의 오승립 선수가 은메달을 획득하는 데 그쳐 종합성적은 108개국 가운데 33위였다. 이에 반해 처음으로 올림픽에 참가한 북한은 금메달 1개, 은메달 1개, 동메달 3개로 22위라는 뛰어난 성적을 올렸다. 뮌헨 올림픽 순위는 1위 소련(금메달 50개), 2위 미국(금메달 33개), 3위 동독(금메달 20개), 4위 서독(금메달 13개), 5위 일본(금메달 13개)이다.

Deutsche Kultur Odyssee : : :

독일어 회화	**Was ist der berühmte Sport von Deutschland?** 독일의 유명한 스포츠는 무엇인가? **Natürlich ist es Fußball.** 그것은 물론 축구이다.
참고/DVD자료	임종대 외: 독일이야기 2, 서울대학교 독일학연구소, 2000 최형철: 한국을 빛낸 스포츠 영웅들, 미다스북스, 2013 세상은 넓다, 달려라 자전거 독일 본, 2000.03.20 세상은 넓다, 독일생활체육, 2003.03.21 다큐영화 Olympia 1부, 2부, 레니 리펜슈탈 감독, 1936 뮌헨 Munich, 스티븐 스필버그 감독, 2005 베른의 기적 The Miracle of Bern, 손케 보트르만 감독, 2003

미술관과 박물관의 나라, 도쿠멘타

Galerie, Museum und Documenta

14

생각해 보기

〈자화상〉하면 떠오르는 독일 화가는?

노르웨이 화가 뭉크의 〈절규〉는 독일 회화에 어떤 의미를 갖는가?

장갑을 낀 자화상(뒤러, 1498)　　　　　　　자화상(뒤러, 1500)

중세, 고딕과 르네상스까지

독일은 미술에서도 분권주의의 역사적 배경을 반영하여 한 양식의 전반적인 발전을 지적하기란 매우 어렵다. 각 지역은 주관적, 보수적, 폐쇄적이며 개인 또는 일개 유파의 강력한 전반적 지배를 허용하지 않고, 전체로서는 서로 연관이 없는 몇개 지방양식의 집합적 양상을 띠고 있다. **독일의 중세 미술에서는 회화보다는 조각이나 건축에서 그 예술적 가치가 우세하다.** 10세기 말 이후에는 유럽의 여러 곳으로 급속하게 퍼진 로마네스크 양식의 뛰어난 교회건축이 탄생된다. 로마네스크 양식의 특색은 건축조각으로 발달하며 건축과 일체를 이루고, 그 형태도 건축과 긴밀한 관계를 갖고 있다는 점이다. 1300~1450년경에는 쾰른을 중심으로 활동한 쾰른 화파가 있다.

1500년대는 고딕 및 독일 르네상스 시대에 해당한다. **로마네스크가 라틴계 예술의 대표라면 고딕은 게르만계 예술의 진수라 할 수 있다.** 회화에는 뒤러를 비롯하여 그뤼네발트(1455~1528), 크라나하(1472~1533), 홀바인 그리고 알트도르퍼 등이 있다. 크라나흐는 꿈틀거리는 여인의 누드화와 그리스 신화의 특이한 표현, 인물의 이상한 분위기로 유명한 화가이고, 홀바인은 초상화에 있어서 당대 최고의 능력을 보인 화가였으며, 알트도르퍼는 뒤러 이후 풍경화를 그린 독일 화가로 주목받고 있는 사람이다. 특히 이 시대에는 흑백으로 대상을 환원하는 판화의 제작이 성행하였고, 그것은 20세기의 표현파에 의해 다시 한 번 전성기를 맞는다.

르네상스의 대표적인 화가는 뒤러(Albrecht Dürer, 1471~1528)이다. '북유럽의 레오나르도'라 불리는 뒤러는 헝가리에서 이주해 온 금세공인의 아들로 뉘른베르크에서 태어났다. 어린 시절부터 소묘에 재능을 보인 그는 고향에서 아버지의 조수로 일을 도우며 1486년 화가가 되기 위해 볼게무트의 도제로 들어가 배운다. 그 후 1490~1494년 뒤러는 스위스와 북부 이탈리아에서 귀국 후 뒤러는 A.D.라는 사인을 쓰기 시작했는데 자신의 이름에서 따온 알파벳이다. 뒤러는 자기 작품에 대해 자부심이 강했기 때문에 유화나 목판, 동판에 자신의 이름을 써 넣는 것을 잊지 않았다.

단치히의 상인 게오르게 기세의 초상화(홀바인, 1532)

이탈리아를 여행하며 많은 것을 관찰하고 스케치한다. 그는 1495년 고향에 돌아와 정착했을 때 이미 북유럽과 남유럽의 새로운 회화 기법을 습득한 상태였다. 뒤러는 이탈리아 여행 중에 자연풍경을 수채화로 그리기도 했는데, 이것은 서양 미술사에 있어서 매우 뜻 깊은 사건이었다. **완전한 의미의 자연 풍경화가 처음으로 그려졌다고 하는 것, 인물이 전혀 등장하지 않는 자연의 정경이 처음으로 그려졌다는 점에서 뒤러의 풍경화는 매우 혁신적이다.** 오로지 자연이, 자연의 풍경 자체가 주제가 되고 관심의 대상이 되었다는 점은 뒤러의 선구적 업적임에 틀림없다. 뒤러의 풍경화에서 발견된 새로운 자연관의 변화 조짐은 이후 약 1백년 이상이 지나서야 본격적으로 그려지게 된다.

뒤러는 목판화와 동판화에 있어 당대 최고의 솜씨를 자랑하기도 했다. 1497년경 목판의 연작 〈요한 묵시록〉, 〈대수난〉을 착수하는데, 섬세한 기법과 풍부한 상상력으로 목판화의 새로운 혁신을 가져왔다. 목판화에서 닦은 기량은 동판화에서 더욱 치밀하고 절묘해지는데, 누드화로 유명한 〈아담과 이브〉(1504)는 남녀 누드의 이상적인 인체비례를 표현한 걸작이다. 당시 독일에서는 나체 여자 모델을 구할 수 없었다. 그래서 그는 나체상을 공부하기 위해 선배 거장들의 누드화를 자주 묘사했고 그것을 통해 실제 모델이 아니라 그가 생각했던 가장 이상적인 인체의 모습으로 꾸며서 그렸다. 특히 이 작품에서는 르네상스 시대 이탈리아 화가들의 풍부하고 아름다운 색채와 형태가 나타나 그 업적을 작품에 수용하기 위한 뒤러의 연구와 노력을 엿볼 수 있다. 뒤러는 자기의 모습에 매료된 최초의 화가였다. 그의 초상화는 모델의 외적인 생김새와 특징뿐만 아니라 내면적인 품성과 인격의 깊이까지 그려내고 있다. **1500년에 그는 기념비적인 자화상을 남긴다. 〈자화상〉에는 독일 미술의 개혁자로 생각한 긍지와 자부심을 이상화해서 신의 이미지로 표현하고 있다.** 뒤러는 이탈리아 르네상스와는 판이한 상징·환상·비유의 세계를 구축하여 독자적 화풍을 창조하고, 독일적 신비주의의 경향을 바탕으로 복구적이고 독일적인 미의 전통을 쌓은 최고의 독일 화가로 손꼽힌다.

홀바인(Hans Holbein, 1497~1543)은 르네상스 예술의 새로운 장르인 초상화에서 유럽 최고의 대가로 손꼽힌다. 홀바인은 아우크스부르크에서 출생하였고 화가였던 아버지로부터 많은 영향을 받으며 화가로 성장하였다. 그는 18세 유럽의 문화적 중심지였던 바젤로 가서 활동하며 초상화가의 실력을 쌓았다. 한때 프랑스를 여행했고 약 2년 동안 런던에 체류하

안개 위의 방랑자(프리드리히, 1817~1818)   절규(뭉크, 1983)

며 이미 초상화가로서의 역량을 인정받아 후에 국왕 헨리 8세의 궁정화가로서 활동하였다. 독일 화가로서 독일뿐 아니라 영국, 스위스 등지에서 명성을 떨쳤다. 그의 초상화들은 단순한 초상화에 그치지 않고 예리한 성격묘사와 치밀하고 섬세한 표현으로 주목받았다. 다시 말해 인물묘사에 있어서 냉정하고 예리한 관찰과 정확하고 극명한 세부묘사, 나아가서 균형 잡힌 인체에 대한 해박한 지식으로 인물의 성격에 대한 투철한 이해력을 보여주는 특색을 지녔다. 홀바인의 예술은 〈로트르담의 에라스무스〉(1523년, 파리 루브르 미술관 소장)와 〈게오르크 초상〉(1532년, 베를린 다름 미술관), 〈헨리 8세〉, 〈모레테 상〉, 〈에라스무스〉, 〈죽음의 무도〉, 〈대사들〉이 있다.

색채에 대한 열정 낭만주의

이탈리아와 프랑스를 비롯한 유럽의 여러 국가들은 르네상스에서 이미 도달한 위대함과 완벽함으로부터 새로운 도약을 모색하며, 한편으로는 르네상스의 유산을 계승하고 다른 한편으로는 각자의 방식대로 최근에 나타난 형태나 예술가 자신만의 개성적 특징들을 결합하며 17~18세기를 완성한다. **감정의 분출 및 상상력과 결합한 바로크와 질서 및 이성과 결합한 고전주의를 지나 19세기는 지금까지 알고 있는 모든 것과 근본적으로 다른 급격한 변화를 준비하는 격동의 시대였다.** 19세기 미술사에 자유가 획득되면서 미술 창조에서의 장벽은 무너졌다. 로댕은 그 이전의 한 세기 동안 얼마 제작되지 않던 조각에 활기를 가져왔다. 19세기의 천재는 고독했고, 회화는 결정적으로 조각보다 우위를 차지하게 되었다.
낭만주의는 일정한 형식을 지니고 있지 않으며, 상상력과 감수성에 의한 개인의 고양 속에서 새로운 지평을 얻었다. 유럽이 새로운 갈등 속에 분열되고 나폴레옹의 영웅적 무훈이 예술을 장려하지 않는 전제정치에 빠져 있을 때 북유럽에서는 새로운 바람이 불었다. 프리드리히(1774~1840)는 놀라운 시적인 영감이 가져온 낭만주의적 신비한 이미지들을 표현하여 독일 낭만주의에 기여했다. '자연과 인간'을 주제로 삼은 낭만주 풍경화가 프리드리히 이외도 33세로 요절했지만 낭만파에 속하며 참다운 사물의 대립 사이에서 다양한 상징성을 띤 낭만주의적 정신을 표명한 화가 룽에(1777~1810)도 낭만주의 미술에서 빠놓을 수 없는 화가이다.

클림트(1914)

강렬한 색채와 주관적인 행태의 표현주의

표현주의 미술은 프랑스의 야수파와 반 고흐, 고갱에게서 직접적인 영감을 받아 20세기에 특히 독일에서 깊이 있고 열정적이며 독창성을 띠기 시작했다. 표현주의라는 용어 자체는 1901년 프랑스 화가인 에르베가 프랑스의 새로운 화풍을 주도하던 야수파와 입체파를 가리켜 표현주의 화풍이라고 이름붙인 데서 유래한다. 프랑스 등에서 본격화된 미술의 새바람은 북부 독일 및 오스트리아에 그 영향을 미쳤다. **독일은 그동안 아카데미즘의 고리타분함과 인상주의의 한계에 부딪혀 있었다.** 이때 고흐와 고갱의 작품이 그들에게 새로운 방향전환의 기회를 갖게 한다. 그들도 고흐나 고갱처럼 정신과 영혼을 더 중요시했으며, 감정을 그림에 표현하고자 했다. **이러한 흐름에 가속도를 준 것은 뭉크다.** 파리, 베를린 등 유럽 각지를 여행하며 독창적인 작품세계를 체득한 뭉크는 왜곡된 형태와 강렬한 색채를 통해 공포, 고독, 고뇌와 같은 내면세계의 감정을 화풍에 담았다. 특히 19세기 말 최고의 걸작 중 하나로 손꼽히는 〈절규〉에 이런 특징이 잘 나타나 있다. **다리 위의 배경에서 입을 벌리고 소리 지르면서 절규하는 내면적 고통을 그린 그림으로서 "나는 대상을 절규로 바꾸어 놓았다. 나는 구름을 마치 피처럼 그렸고, 색채들이 절규하도록 만들었다"**라고 설명한다. 뭉크의 이 설명은 현대인의 불안 정서를 처절하게 드러내는 표현주의가 시작되었음을 알리는 것만 같다. 표현주의의 본격적인 예술운동은 1905년 드레스덴을 중심으로 결성된 '미래로 가는 다리'를 의미하는 다리파(Die Brücke)와 아카데믹한 인상주의에 반대하는 리베르만 중심의 분리파 운동으로 이어졌다. 이어 1910년 뮌헨에서 청기사파(Der Blaue Reiter)가 등장하는데 이들은 구체적 이미지를 포기하고 추상적 표현을 앞세워 추상회화로 향한다.

빈 분리파

보수적이고 권위적인 빈 미술가협회로부터 분리(독립)를 실행한 빈 분리파를 이끌며 표현주의 시발점에서 최고 반열에 오른 화가는 클림트(Gustav Klimt, 1862~1918)이다. **음악의 도시로 알려진 오스트리아 빈에서 금 세공사의 아들로 태어난 그는 응용미술학교에서 회화와 다양한 수공예적인 장식기법교육을 받았다.** 그가 나중에 금을 이용하여 모자이크 작업을 펼칠 때 아버지의 수공예품에 대한 기억이 크게 도움이 되었음은 물론이다. 클림트는 또 오페라 가수인 어머니에게서 음악에 대한 열정을 물려받았다. 그는 동생 에른스트와 동료 F. 마치와 함께 공방을 차려 공공건물 벽화와 국립극장, 미술사박물관의 장식화들을 그리면서 차츰 명성을 쌓았다. 그러나 동생 에른스트의 죽음은 그에게 큰 충격이었고 휴지기의 시기를 보냈다. 그가 다시 붓을 들었을 때에는 보수적인 기존의 미술 형태를 과감히 탈피하여 혁신적인 표현활동을 전개하며 사회적인 개혁도 모색했다. 그는 이런 새로운 경향에 뜻을 둔 화가들과 모임을 결성하고 공식적으로 회장이 된다. 아울러 모든 예술 영역의 요소들을 이용하여 종합예술작품을 만들고자 했으며 나아가 자신들의 작품으로 사회를 변혁하려 했다. 클림

아델레 블로흐 바우어(클림트, 1907)   키스(클림트, 1907~1908)

트는 잡지 〈베르 사크룸(성스러운 봄)〉을 창간하고, 제1회 분리파 전시회를 개최했다. 전시회는 대성공이었다.

1902년 제14회 분리파 전시회는 분리파의 최고봉이라 할 수 있다. 클림트가 기획한 종합예술작품을 지향하는 새로운 도전이었다. 천재 음악가 베토벤에게 헌정된 이 전시회를 압도한 것은 클림트의 〈베토벤 프리즈〉였다. 베토벤의 〈합창 교향곡〉을 모티브로 그린 이 벽화는 벌거벗은 여인들의 고통스러운 모습과 악마의 위협들을 지나, 마침내 합창하는 여인들 속에서 두 남녀가 뜨겁게 포옹하고 키스하는 장면을 그리고 있다. 진정한 사랑과 구원 또는 예술에 대한 갈망을 노래한 클림트 상징주의의 절정이라고 할 만한 이 작품은 애석하게도 관객들의 냉대를 받았다. 사람들에게는 난잡하고 무절제한 향락들을 그려놓은 자극적인 에로티시즘으로 밖에 보이지 않았던 것이다. 또한 그가 오스트리아 국립대학 대강당에 그려준 〈철학〉(1900), 〈의학〉(1901), 〈법학〉(1903~1907)은 당대 오스트리아를 충격으로 몰아넣은 작품이었다. 이 그림에 등장하는 나체의 임신부를 비롯한 늙은 노인 남성이 얼굴을 가리는 부끄러운 모습의 누드들은 모두 도덕적인 표현성 시비에 휘말리게 되었던 것이다. **클림트는 인류의 근원과 학문의 근원을 누드와 대담한 성으로 표현하였으나 빈 대학 교수들은 그림에 반대하는 서명을 했다.** 하지만 1900년도 작품인 〈철학〉은 파리에서 열린 만국박람회에서 금메달을 수상했다. 안타깝게도 이 그림들 모두 2차 세계대전 중 나치에 의해 파손되었으며 현재는 사진만으로 남아있다. 그 후 장식 미술가로 변신한 그는 귀족 여인들의 초상화를 많이 그렸다. 아름답고 우아한 귀족이었던 〈아델레 블로흐 바우어 여사〉의 초상화를 그리면서 클림트는 비잔틴 문양을 사용하였으며 실제의 금가루를 사용하여 경매에서 1,350억 원에 팔리기도 하였다.

1903년 이탈리아의 라벤나에서 비잔틴 미술을 경험한 후 그는 비잔틴 문양에 관심을 갖기 시작했다. 〈키스〉와 〈충족〉 두 작품은 두 남녀의 사랑의 순간을 묘사하면서 배경에 비잔틴 문양과 실재의 금가루를 사용하여 화려함과 관능성, 장식성을 주며 금빛으로 인간의 사랑을 천상의 사랑으로 승화시키고 있다. 두 작품은 사랑하는 많은 이들의 가슴을 설레게 만들었던 작품이다. 이 그림에 사용된 황금색은 비잔틴 미술시대의 모티브로서 그들의 사랑을 세속적이지 않은 천상의 사랑으로 승화시키는 매체가 되고 있다. **1904년 클림트는 빈 분리파 전시회를 끝으로 분리파를 떠난다.** 그 후 그는 다시 클림트 그룹을 결성했고 여기에 몰, 바그너, 코코슈카와 실레 등이 참여하였다. 이 시기에 자유로운 환경 속에서 모든 예술 영역의 요소들을 이용하여 종합예술작품을 만들고자 자신만의 독특한 양식을 발전시켜 나가며 이른바 '황금시대'를 열고 있었던 것이다. 그의 이름보다 먼저 그림으로 알게 되는 〈키스〉 등이 이 때 나온 작품들이다.

군인으로서의 자화상(키르히너, 1915)

포츠담어 플라츠(키르히너, 1914)

다리파   **Die Brücke**

다리파의 주도자 키르히너(Ernst Ludwig Kirchner, 1880~1938)는 1880년 독일 바이에른 아샤펜베르크에서 태어났다. 그는 드레스덴 왕립공과대학 건축학도로서 뮌헨의 미술학교에서 회화를 배웠고 뒤러와 같은 르네상스 화가들의 회화와 판화에 관심이 많았다. 프랑스 야수파 화가들의 영향을 받았으며 아프리카와 오세아니아 원시 미술에 매료되기도 했다. 이러한 경향은 미술을 내적 갈등의 즉각적이고 폭력적인 시각 표현으로 보고 강렬한 회화적 분출을 추구하는 것으로 드러낸다. **그의 첫 관심은 노골적인 에로티시즘이 묻어나는 누드화였는데 그의 누드화는 당시 반문명 혹은 반근대화의 일환으로 유럽을 휩쓴 나체주의의 영향 속에 문명을 극복하고자 하는 의지를 벌거벗은 군상을 통해 보여주었다.** 1911년 키르히너와 다리파들은 베를린으로 옮겨 자연에서 맛보았던 생명과 해방보다는 문명의 도시에서 불안과 긴장, 그리고 피할 수 없는 타락의 기운을 느꼈다. 키르히너는 베를린이라는 거대한 도시를 소재로 광폭하고 혼란스러운 도시의 정경을 화폭에 담아냈다. 날카롭고 뾰족한 선과 과장된 원근법으로 도시의 빠른 속도감을 표현했고, 부조화된 색감과 각진 윤곽선으로 도시인의 신경과민과 절망을 표현했다. 1913년 다리파가 해체되고 키르히너는 1914년 제1차 세계대전으로 군대에 자원입대했으나 이듬해 신경쇠약으로 제대했다. **당시 정권을 잡은 나치는 1937년 뮌헨에서 선전용으로 마련한 '퇴폐 미술전'에서 키르히너를 '퇴폐 미술가'로 규정했다.** 나치는 그의 작품의 전시 및 거래를 금지하고 600점이 넘는 그의 작품들을 미술관에서 철거시켰으며, 이로 인해 많은 작품이 파괴되었다. 전쟁의 상처와 더불어 절망에 빠진 키르히너는 깊은 우울증으로 58세가 되던 1938년에 스위스 그라우뷘덴주 다보스에서 자살로 생을 마감했다. 헤켈(1883~1970), 놀데(1867~1956) 등도 도시에 운집한 대중과 개인과의 관계, 대중사회에서 개인의 심리적 상태, 즉 내적 자아의 문제를 격렬한 형태와 색채로 표출했다.

청마 (마르크, 1914)

작곡(칸딘스키, 1939)

청기사파   Der Blaue Reiter

마르크와 러시아 출신 칸딘스키 등에 의해 결성된 또 다른 표현주의 그룹인 청기사파는 전위예술의 총집결을 뜻한다. 청기사파라는 명칭은 칸딘스키와 마르크가 1912년에 피퍼 서점에서 간행한 잡지 〈청기사〉에서 유래됐다. **청기사파는 화가의 내밀한 감정을 새로운 회화 형태 속에서 표현하려고 했다.** 즉 "내적 세계의 경험을 집성하여, 그 전체적 체험을 예술의 종합으로 전개시키려" 했다. 주요 경향은 색채에 상징적인 의미를 주고, 독일 고대의 낭만적 심성을 화면에 형상화하며 제작자의 내적 표현을 존중함으로 추상화로의 길을 열게 된다.

칸딘스키(Wassily Kandinsky, 1866~1944)는 모스크바에서 출생, 1886년 모스크바 대학교에 들어가 법학과 경제학을 공부했다. 나이 서른에 법학 강사를 그만두고 미술대에 입학한 칸딘스키는 모네의 그림을 보고 깊은 감명을 받아 화가가 되기로 결심했다. **1896년 뮌헨 미술학교에서 그림 공부를 시작했으며 1902년 리베르만이 주도하던 베를린 분리파 전시회를 시작으로 본격적인 활동을 시작했다. 그는 인상주의와 야수주의의 영향을 받으며 청기사파의 창시자로 사실적인 형체를 버리고 순수 추상화의 탄생이라는 미술사의 혁명을 이루어냈다.** 미술의 정신적인 가치와 색채에 대한 탐구로 20세기 가장 중요한 예술이론가 중 한 사람으로, 추상미술의 아버지로 불린다.

그는 구체적인 사실 재현을 거부하고 점, 선, 면과 색으로만 구성된 그림 세계를 전개하고자 했다. 하지만 구체적인 형태들

바우하우스, 데사우

을 거부한 회화는 자칫 장식적인 모양들을 그려놓은 것에 불과할 수 있어서 회화에 내적 필연성을 음악에서 차용한다. 음악은 사운드로 그려지는 완벽한 추상 언어이기 때문에 현실의 소리가 없이도 영혼에 호소할 수 있다는, 즉 현실을 구체적으로 보여주지 않아도 사람의 영혼에 울림을 줄 수 있다는 것을 확신한다. **그는 회화를 추상적으로 단순화시키고 비상대화시킨 〈인상〉, 〈즉흥〉, 〈구성〉이라는 제목의 그림으로 추상화의 신호탄을 울렸다.** 1910년 그는 수채에 의한 최초의 추상화(니나 칸딘스키 소장)를 성립하고 이후 화면에서 대상적 요소의 모습이 사라졌다. 이 무렵 〈예술에 있어서 정신적인 것〉을 집필했고 마르크, 마케, 클레와 함께 1912년 〈청기사〉 잡지를 간행했다. 그의 추상회화는 내면 표현을 중시하는 표현주의 한 줄기로, 형태와 색채 모두 격렬하고 역동적인 〈드라마틱한 시대〉(1920~1924), 건축적 구성의 〈컴포지션 시대〉(1920~1924), 〈원의 시대〉(1925~1928), 만년의 〈구체 예술의 시대〉로 크게 나눌 수 있다. 1914년부터 재직했던 모스크바 대학에서 1921년 독일로 돌아와 1922~1933년 바우하우스에서 재직하고, 1933년 파리로 망명했으며 파리 교외 뇌이 쉬르 센에서 사망했다. 새로운 차원의 추상회화는 몬드리안이나 말레비치 등으로 이어진다.

바우하우스   **Bauhaus**

유럽의 급격한 산업발전과 경제발전은 19세기 중엽 이후 문화발전을 저해하는 요소로 작용했다. 전통문화가 파괴되는 것을 막기 위해 문화와 예술의 혁신이 필요하였다. 이러한 움직임은 영국에서 시작되었는데 예술과 공업을 하나로 합치시키는 활동으로 전개되었고 독일에도 많은 영향을 끼쳤다. 1907년 벨기에 출신 건축가이자 디자이너였던 H. 반 데 벨데가 바이마르에 **예술과 수공기술을 통합**하여 교육과 창작을 동시에 수반하는 조형예술학교를 설립하였다. 이것이 바우하우스의 기원이다. **같은 해에 독일의 경제를 부흥시키려는 목적을 갖고 몇몇 예술가들과 수공업자들이 모여 단체를 결성하였는데 여기에 주축이 된 인물이 건축가 그로피우스였다.** 그는 동료 마이어와 함께 알펠트-라이네 지역에 3각 구조 건물을 건설하였고 이 건축물은 당시 매우 획기적이고 현대적인 건물로 평가되었다. **그로피우스는 1919년 바이마르의 국립공예학교와 미술 아카데미를 병합하여 바이마르에 조형예술학교의 건물에 건축학교를 설립하였다.** 그는 파이닝거, 클레, 슐레머, 칸딘스키, 나기 등 많은 유명 예술가들을 교사로 초빙하였다. 또한 알버스와 바이어, 그리고 브로이어 등 당시에 활동 중인 예술가들을 회원으로 영입하였다. **그는 '바우하우스 선언'에서 예술과 산업 및 수공업의 협력으로 공예의 품격을 높이는 것을 강조하였다. 초기의 바우하우스는 예술과 생활의 결합을 강조하면서, 실용성을 바탕으로 공예, 건축, 미술 등 다양한 예술 장르가 서로 유기적인 관계를 맺고, 생활 속에서 느끼는 정신적, 물질적 요구를 다 같이 충족시킬 수 있는 새로운 아름다움의 창조를 추구하였다.** 정착기에 접어든 1923년 이후의 주된 이념은 건축을 주축으로 삼고 예술과 기술을 종합하려는 것이었다. 1924년 이후 바우하우스는 정치 변화의 소용돌이 가운데 데사우로 이전하였다. 이곳에서 바우하우스는 데사우의 새로운 주택 건설에 참여하면서 그들의 예술 이념을 실생활에 접목시켰다. 바우하우스는 새로운 교장을 맞고 1932년 교사를 베를린으로 옮겼지만 결국 일 년 후 나치에 의해 교문을 닫게 된다. 이 바우하우스 정신은 예술가들에 의해 계속 이어져갔고 미국으로 건너간 그로피우스가 하버드대학교 건축부장으로, 마지막 교장이었던 반 데어 로에가 일리노이공과대학 건축학부장으로 각각 부임하고, 나기가 시카고에 '뉴 바우하우스'를 설립한 데 힘입은 바 크다. 즉, 이들로 인해 미국 동부에서는 하버드대학교를 중심으로, 중부에서는 일리노이공과대학을 중심으로 건축의 양대 산맥을 형성할 수 있었다. 독일에서는 1955년에 바우하우스 졸업생 빌이 울름조형대학을 설립하였다.

요셉 보이스

세상 모든 것이 가능한 미술

독일 표현파로부터 추상에 이르는 길목에서 독일의 예술가는 제1차 세계대전에 이은 나치스 독일의 압제와 제2차 세계대전이라는 극한 상황에 처하게 된다. 그 단적인 증거를 퇴폐예술의 경우에서 발견할 수 있다. **전쟁의 경험에서 허무와 삶에 대한 환멸은 전통을 거부하는 다다운동을 일으켰고, 다다운동은 전쟁이 끝나자 세태를 비판하고 도발적으로 새로운 사회에 대한 이상을 화폭에 담아내려 주력했다.** 베를린에서는 그로스, 휠젠베크, 하트필드 등이 중심이 되어 새로운 몽타주 기법을 실험하면서 발전하였다. 이 외에도 반표현주의 운동인 신즉물주의 화가로 알려진 베크만과 조각가 바를라흐 등이 있다.

다른 한편으로 표현주의, 다다이즘 화가들은 히틀러의 정권하에서 작품 활동을 중단하고 탄압을 피해 망명하였다. 당시 **세계적인 창조의 중심은 뉴욕으로 옮겨진다.** 1950년대와 1960년대에는 미국의 추상 표현주의, 색면 회화, 미니멀리즘이 등장하였다. 1970년대 들어서며 후기 자본주의 사회와 정보사회라는 변모된 사회에서 대중문화, 반문화와 같은 대립하거나 다양성이 공존하는 새로운 시대로의 편입은 가치체계의 변화를 가져왔다. 이후 포스트모던 시대에서 새로움을 추구하는 화가들은 다양하여 모든 것이 가능한 예술 세계를 보여주었다. **예술과 방송매체의 결합이라는 새로운 차원의 예술을 시도한 워홀과 같은 화가들의 팝 아트와 새로운 설치미술에서 극명하게 드러난다.** 미국 테크놀로지의 발전은 아크릴 회화로부터 TV를 거쳐 컴퓨터에 이르기까지 새로운 미디어를 장악하는 창조 행위를 촉진한다. **독일에서는 보이스(1921~1986)가 상품으로 매매되는 전통적인 의미망 안에서의 미술 작품을 부인하고 감상자의 각성을 일깨우는 '행위예술'이라는 새로운 미술을 선보였다.** 독일의 시각 예술이 일반인들의 시선을 사로잡은 것은 물론, 보수적인 지식인들과 예술가들에게조차도 매력적인 예술 양식으로 보이게 되었다. 1970년대를 거치면서 전후 세대들이 새로운 신진 예술가들로 발돋움하였고, 방송매체의 발달은 회화와 플라스틱을 제외한 시각적인 예술양식의 발전을 수반하였다. 80년대에 들어서면서 베를린과 쾰른을 중심으로 신표현주의 경향의 신진작가들이 크게 부각되었다. 미덴도르프, 페팅, 뤼페르츠, 바젤리츠 등이 있다.

독일 현대미술의 진수: (신)라이프치히 화파

1989년 사회주의가 종식을 선언하고 동구의 문화잔재들이 서구로 소개되면서 **1990년대 이후 독일의 현대 미술과 사진 작품들은 역량 있는 독일 젊은 작가들을 지칭하는 '젊은 독일 작가군'(YGA)이라는 이름으로 국제적인 성공을 거두고 있다.** 구동독 지역의 미술이 세계무대에 데뷔하면서 서구의 문화에 활기를 불어넣었다. 라이프치히 화파는 라이프치히, 베를린, 드레스덴 출신들로 구동독의 사회주의 리얼리즘을 철저하게 학습한 작가들이 현대미술로 전향한 예로써 주목을 받았다.

프리데리시안움 박물관, 도쿠멘타 13, 카셀

분단으로 인해 베일에 가려져 있었던 구동독 미술이 세상에 나오면서 두각을 나타낸 라우흐를 기수로 아이텔, 슈넬, 바이셔 등은 라이프치히 시각예술대학에서 함께 공부한 동문들이기도 하다. **이 화파는 이데올로기와는 무관하게 구동독 라이프치히 화파로부터 계승된 전통적인 형상회화를 토대로 신사실주의를 주제로 한다.** 그들은 체제에서 요구된 진부한 선전적 사실주의를 그리면서도 자신만의 독특한 스타일을 추구하여 두려움과 욕망, 무력함을 보여주는 사회적인 특수성을 담았다. 이들의 작품은 1977년 6번째로 개최된 카셀 도큐멘타에 등장하였다. 전시에 초대받은 하이지히, 마토이어, 튀프케 등은 라이프치히 화파의 초기 세대가 되었고, 그 초대는 라이프치히 화파를 국제적 화단에 이름을 알린 사건이 되었다. 화가 리히터, 바젤리츠, 임멘도르프, 키퍼, 메제, 아카만, 세갈, 조각가 뤼커림, 게르츠, 공연 예술가 호른 등도 주목받는 작가들이다. **21세기 현대 독일 컨템포러리 아트의 흐름은 독일 미술의 패러다임을 창출하는 신라이프치히 화파를 중심으로 이어지고 있다.**

퀼른 아트 페어와 카셀 도쿠멘타

독일 미술의 성장은 전시회나 박람회를 통해서도 엿볼 수 있다. 독일은 전 세계에서 열리는 예술전시회 중 25% 가량을 개최하고 있으며, 국제예술박람회에 주요 참가 갤러리 50개 중 1/3이 독일에 본점을 두고 있다. 이것으로 현재 많은 예술가들의 시선이 독일로 향하고 있으며, 세계 각국의 미술 교류가 독일에서 활발히 진행된다는 것을 알 수 있다. 이러한 현대미술의 성장을 반영하듯 독일 작가들의 그림과 조각 작품의 가격도 매년 20~25% 상승하고 있으며 예술품에 투자하는 많은 투자자들도 늘고 있다. 2007년 자료에 따르면, 독일에는 5만 5,489명이 예술가 사회보험에 등록하고 예술가로 활동하고 있으며, 예술가의 연 평균소득은 약 1만 510유로인 것으로 조사되었다. 또한 독일에서는 예술가들의 활동을 지원하기 위한 목적으로 매년 약 315건의 시설이나 공공 후원행사 또는 수상식을 개최한다.

퀼른 아트 페어(Art Cologne)는 세계에서 가장 오래된 미술 박람회로 스위스 바젤, 미국 시카고, 프랑스 피악, 스페인 아르코 아트 페어와 함께 세계 5대 아트 페어 중 하나로 꼽힌다. 유럽의 유명 화랑들이 대거 참가하여 소속 작가와 작품을 소개하고 현 유럽 미술시장의 흐름에 대한 의견과 정보를 교환한다. 2008년에는 독일 화랑 전속으로 활동하고 있는 한국 작가들의 작품들이 많이 소개되었다. 이는 2007년 5월(5월 9일~5월 13일) 서울에서 개최된 한국국제아트페어(KIAF)에 참가한 독일 화랑들이 출품 작품을 거의 모두 판매하는 등 한국 미술시장에 대한 독일 화랑들의 관심이 급증한데 따른 현상이다.

5년마다 열리는 도쿠멘타 버스 광고

쾰른 아트 페어(2013. 4)

카셀에서 5년마다 열리는 도쿠멘타(Documenta)는 세계에서 가장 규모가 큰 현대예술 전시회로 100일 동안 개최된다.
도쿠멘타는 화가 A. 보데가 발의하여 1955년 첫 전시회가 개최되었으며, 2017년 제 14회 전시회가 개최되었다.

박물관이 미술관

독일에는 상업적 갤러리 외에 공공 미술관이 별도로 존재하지 않고 전국에 산재한 박물관들이 그 기능에 따라 미술관 기능을 수행하고 있다. 독일에는 1,114개의 박물관과 전시장이 있으며, 매년 1억 200만 명의 관람객이 박물관 등을 방문한다. 최근에는 베를린이 뉴욕에 버금가는 현대미술 시장으로 부상하고 있으며, 이에 따라 독일 내에서 세계 각국의 미술 교류가 활발해지고 있다. 2006년의 경우 전 세계적으로 2,636회의 예술전시회가 개최되었으며, 이 중 25%가 독일에서 열렸다. 독일에는 2008년 기준으로 2,353개의 등록된 갤러리가 활동하고 있으며, 이는 프랑스의 1,012개, 영국의 1,118개에 비해 월등히 많은 숫자이다. 독일의 주요 예술 박물관과 주요 전시 작품은 다음과 같다.

예술 박물관	전시 작품
에밀 놀데 재단	표현주의 화가 에밀 놀데(Emil Nolde) 작품 전시
함부르크 미술관	19세기 미술품, 고전적 현대 작품, 동판화, 고전 거장 등 다양한 영역의 작품 소장
볼프스부르크 예술 박물관	1994년 개관. 영 아트(young art) 작품 주로 전시
베를린 박물관 섬	페르가몬 박물관, 국 국립 갤러리, 보데 뮤지엄 등 소재. 예술, 문화, 고고학 등 다양한 분야의 컬렉션 소장
베를린 신국립 갤러리 함부르크 반호프 베르크그륀 박물관 베를린 갤러리	근대 및 현대 미술품 주로 소장, 전시
드레스덴 구거장 갤러리 및 신거장 갤러리	구거장 갤러리는 이탈리아 르네상스기 주요 회화 작품 소장. 신거장 갤러리는 독일 대표 화가 게르하르트 리히터의 작품 대량 소장, 독일 현대 예술을 선도하는 대표적 박물관
프랑크푸르트 슈테델	14세기부터 현대까지의 회화작품 및 조형물, 그래픽 작품 소장
프랑크푸르트 현대예술 박물관	건축가 한스 홀라인(Hans Hollein)의 작품 소장
쾰른 루드비히 박물관	8,000 평방미터 규모의 전시장에 현대 미술품 전시
뒤셀도르프 노르트라인 베스트팔렌 미술관	피카소(Picasso)에서 보이스(Beuys)에 이르기까지 현대 예술 거장 작품 소장
에센 폴크방 박물관	주요 사진 컬렉션 소장
노이스 랑엔 파운데이션	유명 건축가 타다오 안도(Tadao Ando)가 설계한 건물로 유명
본 독일연방공화국 미술 전시관 독일연방공화국 역사박물관 정기 전시회로 국제적 명성 획득	정기 전시회로 국제적 명성 획득
칼스루에 ZKM (예술 및 미디어 테크놀로지 센터)	세계적으로 독특한 문화시설로 정보기술과 사회구조의 변화 및 발전에 대한 작품, 연구 등에 대한 전시회와 행사 주로 개최
슈투트가르트 주립 갤러리	19세기에 설립되었으며 후기 중세부터 고전주의 모더니즘까지의 다양한 작품 소장
뮌헨 모던 피나코텍	2002년 설립된 세계 최초의 디자인 박물관. 약 7만여 점의 소장품을 상설 전시

Deutsche Kultur Odyssee : : :

독일어 회화	**Kennen Sie den Maler Albrecht Dürer?** 당신은 알브레히트 뒤러를 아십니까? **Ja, ich kenne ihn.** 네, 나는 그를 압니다.
참고/DVD자료	**김향숙: 서양 미술의 이해, 한양대학교 출판부, 2010** **양민영: 서양 미술사를 보다, 이미지와 스토리텔링의 미술 여행, (주)리베르스쿨, 2013** **임두빈: 한 권으로 보는 서양미술사 101장면, 미진사, 2013 (개정증보판)** **질 플라지(이봉순 옮김): 이미지로 보는 서양미술사, 마로니에북스, 2007** **세상은 넓다, 뒤러의 나라 독일, 2000.10.23** **다리파 박물관 Die Brücke-Museum: www.bruecke-museum.de** **독일어권 발음과 프로필 주소, 전시회 일정: www.deutche-museen.de** **영화: 클림트, 라울루이즈 감독, 2006** 　　　 **우먼 인 골드, 사이먼 커티스 감독, 2015**

클래식과 대중음악

Klassik und Pop

생각해 보기

음악의 아버지, 음악의 어머니는 누구를 일컫는가?
전자음악의 발원지는 어디인가?

오스트리아 비인 음악협회

독일 클래식 음악

프랑스가 미술로 널리 알려졌다면 클래식 음악은 독일인의 민족성과 감성을 가장 잘 나타내는 예술로 일컬어진다.
본래 클래식은 고대 로마에서 세금을 가장 많이 내는 최상위 계층을 일컫던 말로 '최고의', '잘 정돈된', '영구적'이며 '모범적'인 것을 의미한다. 이후 클래식은 예술의 최고 걸작이나 특정시대, 즉 18세기 중반에서 19세기 초기의 유럽에서 공통적으로 나타나는 조화와 균형 및 절제의 아름다움을 추구하는 예술, 고전주의를 말한다. **음악에서는 대략 바흐가 사망한 1750년부터 베토벤이 사망한 1827년까지의 기간으로 모차르트, 하이든, 베토벤 등이 활동했던 시기이다.**

바흐

헨델

바로크양식 교회 오르겔

찌그러진 진주, 바로크 음악

다가올 고전주의에 앞서 낙후되었던 독일음악의 발전을 도모하며 독일음악을 전 유럽으로 확산시킨 사람이 있었으니 바흐와 헨델이다. **바로크는 포르투갈어 barroco로 찌그러진 진주를 말하며 시대의 부정적 인식이 드러나 있다.** 독일은 특히 30년 전쟁(1618~1648)으로 인구의 1/3이 죽고 영토가 초토화되는 가운데 귀족과 교회의 요구에 따라 치장이 많은 장식예술이 발달했다. 여기에는 종교적 초월의식, 세속적 쾌락과 죽음의 공포, 규범의 강요와 현실의 무상함 등이 얽혀 있다.

음악의 아버지 요한 세바스티안 바흐

독일 튀링겐주 아이제나흐에서 출생한 바흐(Johann Sebastian Bach, 1685~1750)는 음악가 집안 출신이다. 뤼네부르크, 이른시타트, 뮐하우젠, 바이마르, 쾨텐, 특히 만년에는 27년 동안 라이프치히에서 교회 작곡가, 합창장, 오르가니스트 등으로 일하며 1000곡 이상의 작품을 남겼다. 두 번의 결혼에서 얻은 자녀가 20명이었는데 장남 W. F. 바흐, 차남 K. Ph. I. 바흐 그리고 막내 J. Ch. 바흐도 뛰어난 음악가였다. 바흐는 음악의 본질에 충실하면서 단순한 진리와 아름다움을 표현하고자 했다. **그의 음악은 수학공식을 대입하듯 엄격하고 절제된 당시 프로테스탄트적인 경향을 보여주고 있으며 또한 이와 대조적으로 죽음에 대한 동경을 드러내기도 한다.**

바흐가 음악의 아버지로 추앙된 것은 멘델스존 때문이라고 해도 과언이 아니다. 물론 모차르트가 바흐의 악보를 빌려서 공부했고 베토벤의 책상 위에는 늘 바흐의 악보가 있었다고 하지만 바흐의 음악은 19세기 초에는 거의 잊혔었다. 그런 바흐를 부활시킨 것이 멘델스존이다. 15살에 외할머니로부터 〈마태수난곡〉 악보를 선물 받은 멘델스존은 20세 되던 1829년 3월 11일 〈마태수난곡〉 탄생 100주년을 기념하며 작품을 무대에 올렸다. 길고 고루한 곡을 누가 들으러 오겠느냐는 우려와는 달리 연주회의 입장권은 순식간에 매진됐고 연주회장 앞에서 수많은 사람들이 발길을 돌렸다고 한다.

♫♫ 바흐를 처음 들어본다면 굴드가 연주하는 〈골드베르크 변주곡〉을 들어보자. 굴드의 허밍이 곁들여진 음반은 기존의 골드베르크 변주곡에 비해 파격적인 해석과 변주라고 한다. 아니면 사라 장이 협연하는 〈관현악모음곡 제3번 제2악장〉 일명 G선상의 아리아로 바흐를 시작해도 좋을 것이다. 그밖에 〈평균율 클라비어곡집〉, 〈브란덴부르크 협주곡〉, 〈무반주 첼로 모음곡〉 등이 있다.

음악의 어머니 헨델

바흐와 같은 해인 1685년 2월 23일 독일의 작센 주 할레에서 태어난 헨델(Georg Friedrich Händel, 1685~1759)은 이탈리아에서 활동하고 인생의 후반을 영국에서 보내며 귀화했다. 따라서 **독일명은 헨델(Händel), 영국명은 핸들(Handel)이다.**

하이든　　　　　　　모차르트　　　　　　　베토벤

오페라 작곡과 상연에 온 심혈을 기울였지만 실패했던 헨델은 오라토리오 〈메시아〉로 운명을 개척했다. 〈메시아〉의 44번째 곡이 부활절에 흔히 들을 수 있는 할렐루야이다. 오라토리오는 오페라와는 달리 무대장치도 없고 연기와 대사 대신에 노래 가사로 스토리를 전달하는 종교극이다. 그는 멜로디와 화성에 중점을 두고 격정과 환희가 넘치는 선율을 선보였다. **특히 같은 부분을 계속 반복 연주하는 다 카포 형식을 사용하여 작곡가는 조금만 작곡해도 되고 청중은 좋은 멜로디를 거듭 들으며 익힐 수 있었다.** 그의 음악이 이해하기 쉬웠던 이유이다.

웨스트민스터 사원에 매장된 헨델은 1759년 4월 14일, 성 금요일의 아침 8시에 세상을 떠났다. 바흐와 헨델은 같은 시대의 독일 음악가이면서도 평생 만나지 못했다. 이런 두 사람에게 50대부터 똑같이 백내장이 발병하였고 작곡 활동이 어려워 이후 존 테일러라는 영국의 돌팔이 안과의사에게 둘 다 수술을 받았으나 낙후된 수술방법과 합병증으로 인해 바흐는 후유증을 앓다가 시력을 잃은 얼마 후 사망했고, 헨델은 수술 후 실명 상태로 살다가 바흐가 사망한 해로부터 9년 뒤에 사망했다.

♫♫ 헨델을 모른다면 조수미가 부르는 오페라 〈리날도〉의 아리아 '날 울게 하소서'로 시작하면 어떨까. 갇힌 공주가 부르는 독백조의 노래로 선율에는 절제된 슬픔이 있다. 그 외 〈세르세〉, 〈사라방드〉, 〈이집트의 이스라엘인〉, 〈예프타〉, 〈이탈리아〉 등이 있다.

고전주의 일명 클래식

하이든, 모차르트, 베토벤이 대표적이며 이들의 활동무대는 주로 비인이었다. 이 시대에 독주 악기를 위한 연주, 음악으로 표현하는 이야기라는 소나타와 간결한 선율에 강한 주제적 색채, 두 개 이상의 주제를 설정하는, 멜로디에 화음을 넣어 조화를 이루는 화성악이 발달했다.

교향곡의 아버지 하이든

2014년 브라질 월드컵 축구대회에서 독일이 아르헨티나를 누르고 우승을 차지했다. 그리고 경기장에 울려 퍼진 것은 **독일 국가, 하이든의 작품 〈현악 4중주 다장조 (일명 황제 중) 제2악장〉**이다. 본래 오스트리아가 나폴레옹에 의해 침략 당했을 당시 오스트리아 황제 프란츠의 생일을 기념해 만든 황제 찬가로 이후 오스트리아 국가로 선정된 후 다시 독일의 국가로 사용되었다. 정적인 고전미를 강조하는 하이든(Franz Joseph Haydn, 1732~1809)은 1732년 3월 31일 오스트리아의 외딴 시골 로라우에서 태어났다. 목수와 요리사의 아들로서 학교선생이 그의 재능을 발견하여 데려다 직접 가르쳤다고 한다. 동시대의 까칠한 모차르트와는 달리 **성격이 온화하고 점잖아서 별칭이 "파파 하이든"**이었다. 100곡 이상의 교향곡을 작곡하며 고전주의 음악의 규범을 창시한 하이든은 일흔 여섯까지 살며 고전주의 음악의 대부 역할을 했다.

18세기 비인

♬♬ 갑작스런 팀파니의 타격으로 공연 중에 졸던 청중의 잠을 깨운다는, 카라얀이 지휘하는 베를린 필하모닉의 연주로 〈놀람 교향곡〉 2악장을 감상해 보자. 하이든의 재치가 느껴진다. 그밖에 〈현악 4중주곡 세레나데〉, 〈고별 교향곡〉, 〈시계 교향곡〉, 오라토리오 〈천지창조〉 등이 있다.

하늘에서 잠시 쫓겨난 천사, 볼프강 아마데우스 모차르트

살리에리: "하느님 왜 하필 저런 망나니 같은 모차르트에게 재능을 주셨습니까?"(영화 아마데우스)

한 곡을 악보에 써내려가며 동시에 다른 곡을 구상하는 혹은 당구를 치며 작곡을 하는, 못생긴 외모와 작은 키가 콤플렉스였던 사람이 요절한 음악의 천재 모차르트(Wolfgang Amadeus Mozart, 1756~1791)이다. **모차르트는 오스트리아의 잘츠부르크에서 태어났다.** 요하네스 크리스토스토모스 볼프강 고트리프 모차르트가 정식 이름이었는데 아마데우스라는 두 번째 이름은 신의 은총이라는 뜻으로 독일식 이름인 고트리프를 라틴어로 바꾼 것이다. 마리아 테레지아 황후의 귀여움을 받던 천방지축의 어린 모차르트가 궁전에서 넘어졌을 때 그의 손을 잡아 일으켜준 공주가 있었다. 모차르트는 나중에 커서 당신과 결혼하고 싶다는 말을 했다는데, 당시 동갑내기였던 공주가 마리 앙투아네트였다. 다섯 살 때부터 소품을 작곡하고 여덟 살에 첫 교향곡을 작곡했던 모차르트는 사교성이 없었고 고집불통이었으며 괴팍했다. **궁정사회에서의 마찰과 음모와 간계 속에 심한 감정의 굴곡을 나타냈던 그가 갈망했던 것은 자유였다.** 그는 18세기 초 영국에서 시작된, 세계의 시민주의와 인도주의를 목적으로 하는 비밀 단체 프리메이슨의 단원이었다. 경제적 고통 속에 요절한 음악의 천재 모차르트의 곡은 똑똑한 아이를 낳고 싶은 산모들이 가장 먼저 선택하는 최고의 태교음악이기도 하다.

영화 〈아마데우스〉 포스터   모차르트의 아이네 클라이네 나흐트무직   영화 〈카핑 베토벤〉 포스터
                          CD자켓

♬♬ 한 미국 대학의 연구조사에 의하면 듣기만 해도 뇌의 활동이 촉진되어 지능이 향상된다는 곡이 있다. 〈두 대의 피아노를 위한 소나타 D장조 K448〉이다. 머리가 좋아지고 싶다면 한번 들어보자. 그 외 〈마술피리〉, 〈피가로의 결혼〉, 〈돈 조반니〉 등의 오페라와 〈주피터 교향곡〉, 〈아이네 클라이네 나흐트 무지크〉, 〈레퀴엠〉 등이 있다.

음악의 성인, 불행과 숙명의 극복, 인간승리 베토벤

베토벤(Ludwig van Beethoven, 1770~1827)의 작품은 개성적인 형식미, 강렬하고 역동적인 힘이 넘쳐난다. 아들의 재능을 돈 벌이에 이용하려는 알코올 중독 아버지에 의해 제2의 모차르트라고 선전되며 혹독한 훈련을 받았다. 그러나 성공을 거두지 못하고 이후 학교를 그만 두고 17세의 나이에 가족을 부양해야만 했던 베토벤의 삶은 한평생 지독한 불행의 연속이었다. 30세 이전에 시작된 난청이 심해져 나중에는 귀가 전혀 들리지 않게 되었다. 만년을 고통과 고독 속에서 보냈다. "나는 운명의 끈을 붙잡겠다. 병이 치유되기만 한다면 온 세상을 담아낼 것이다." 그의 음악은 고뇌와 함께 심오함을 더해 갔다. 그는 계몽사상과 프랑스 혁명의 영향을 받아 귀족에게 머리를 조아리지 않았다. "모든 사람은 평등합니다. 더욱이 예술가가 귀족보다 천한 직업은 아닙니다." 그의 음악은 운명에의 반항이며 투쟁이다.
베토벤은 슈트름 운트 드랑의 실러 문학을 흠모하고 그의 혁명적인 시에 곡을 붙였다. 그 가운데 하나가 실러의 시 〈환희에 붙여(An die Freude)〉에 곡을 붙인 〈교향곡 제9번〉 일명 합창이다. 가장 완전하고 아름다운 곡이라고 찬사 받는다. 1822년 런던 필하모닉 소사이어티가 그에게 교향곡을 의뢰하면서 작곡했다.

♬♬ 베토벤의 전기 작가 신들러에 의하면 집주인이 밀린 집세를 받으러 와서 강하게 노크하는 소리에서 착안했다는 것이 '빠빠빠밤~ 빠빠빠밤~' 운명 교향곡이다. 이 곡으로 베토벤을 시작해 보자. 그 외 〈바가텔 제25번 a단조 엘리제를 위하여〉, 〈피델리오〉, 〈피아노 협주곡 제2번〉, 〈영웅 교향곡〉, 〈전원 교향곡〉, 〈피아노 협주곡 제5번(황제)〉, 〈소나타 비창〉, 〈소나타 월광〉 등이 있다.

낭만주의 음악

낭만주의 시대는 프랑스혁명 전후에서 나폴레옹 전쟁을 거쳐 제국주의적 경향이 지배했던 시기였다. 예술이 종교, 도덕윤리, 인간의 보편성을 주제로 삼기보다는 예술가 개인의 감정이나 생각과 주관을 표현했다. 때로는 공상, 환상, 종교적 신비나 신앙의 세계를 음악적으로 표출했다. 특히 **표제음악은 음악을 통하여 문학적이고도 역사적이며 회화적인 내용을 설명하고 암시하며 구현하고자 했던 기악작품을 말한다. 이 시대의 대표적 장르이다.**

슈베르트　　　클라라 슈만　　　로베르트 슈만　　　브람스

가곡의 왕 슈베르트

용수철 안경을 쓴 작달막하고 통통한 남자, 포도주와 여자와 노래에 집착했다는 그는 낭만주의자 슈베르트(Franz Peter Schubert, 1797~1828)이다.

가곡의 왕 혹은 예술적 가곡 리트(Lied)의 정점을 찍은 슈베르트는 빈 근교의 리히텐탈에서 1월 31일에 태어났다. 작곡을 살리에리에게서 배우고 피아노와 성악을 공부했으며, 학생관현악단에서는 수석 바이올리니스트를 맡았다. 평생 가난했고 독신이었으며 31세에 티푸스로 죽었다. 젊은 슈베르트 인생 자체가 미완성이다. 유해는 본인의 유언에 따라 베토벤의 묘 부근에 매장됐다. 〈미완성 교향곡〉은 슈타이어 음악협회 명예회원으로 추천된 답례로 작곡한 것이다. 대부분 교향곡이 4악장인데 2악장까지만 완성되었다. 3악장은 처음 일부가 씌어져 있을 뿐 나머지는 피아노 스케치가 조금 남아 있고, 4악장은 전혀 손을 대지 않았다. 〈미완성 교향곡〉은 생전 아무도 알아주지 않고 돈벌이도 하지 못했던 그가 끝내 완성하지 못했던 것일까? 아니며 악보가 사라진 것일까? 아니면?

♫♫ 한 폭의 수채화처럼 가슴 저미는 **뮐러의 연작시에 곡을 붙인 두 개의 가곡집이 있다.** 〈아름다운 물방앗간의 처녀〉는 1823년에 작곡된 것으로 20곡이다. 한 젊은이가 훌륭한 제분업자가 되기 위해 집을 떠나 시냇가에 있는 어느 물레방앗간에서 일을 하게 된다. 그 집의 딸을 사랑하게 되지만 그 여자의 마음은 사냥꾼에게 향한다. 젊은이는 버림받고 물에 몸을 던진다. 요절한 테너 분더리히가 부르는 곡은 맑고 애수에 젖어 있다. 〈겨울 나그네〉는 슈베르트의 나이 30세에 작곡한 것이다. 독백과도 같은 노래는 24개의 곡으로 이루어졌다. 방랑하는 24살의 주인공이 황량한 세상에서 보는 것은 슬프고 고통스럽고 희망 없음이다. 황량한 겨울에 구원받을 길 없는 나그네는 슈베르트 자신의 모습일지도 모른다. 바리톤 피셔-디스카우가 부르는 〈겨울나그네〉로 슈베르트를 감상해보자.

슬픔으로 끝난 시인의 사랑 슈만

유명 유대인 출판업자의 아들로 법률을 공부한 슈만(Robert Alexander Schumann, 1810~1856)은 아버지가 사망한 후에 진로를 바꾸어 음악수업을 받는다. 무모한 연습으로 오른손 약지를 다치게 되어 피아니스트의 꿈을 접는다. **그의 스승 비크의 딸 클라라와 결혼을 원했지만 딸이 유명 피아니스트가 되기를 바랐던 아버지가 끝내 결혼을 승낙하지 않자 라이프치히 재판소의 판결을 통해 결혼을 했다.** 결혼 후 아내의 성공적인 연주여행에 동반하지만 그를 모르는 청중의 냉대로 고통을 겪는다. 그 결과는 낙심과 악령에 대한 공포였고, 더욱이 청각의 질병이 악화되면서 상처를 받는다. 결국 매독과 뇌졸중을 앓게 된 그는 라인강에 투신한다. 구출된 그는 그의 요청에 따라 정신병자 요양시설로 보내지고 그곳에서 호스를 통해 음식물을 강제로 투입 받았다. 2년 후에 사망한다.

분더리히　　　　　　　　　피셔-디스카우　　　　　　　　슈베르티아데

♬♬ **〈시인의 사랑(Dichterliebe) Op.48〉은 H. 하이네의 시에 곡을 붙인 가곡이다.** 1~6연은 사랑의 기쁨, 7~14연은 실연의 아픔, 15~16연은 지나간 청춘에 대한 덧없음을 노래한다. 노래와 피아노의 이중창으로 클라라와의 결혼 4개월 전 작곡한 것이다. 첫 곡 '아름다운 오월에(Im wunderschönen Monat Mai)'를 분더리히의 노래로 들어보자.

가난한 천재 음악가 브람스

클라라 슈만에 대한 흠모를 평생 가슴 속에 간직했던, **바흐에게서 다성적인 요소, 베토벤의 고전적인 요소를 수용하며 절제와 조화를 중시한 자신만의 독특한 음악세계를 구축했던 사람이 브람스(Johannes Brahms, 1833~1897)이다.** 그는 고전주의 음악전통을 살린 낭만주의자 혹은 신고전주의자로 일컬어진다.
브람스는 1833년 5월 7일 북독일의 항구도시 함부르크에서 태어났다. 1857년, 데트몰트의 지휘자가 되어 음악가로서의 삶을 시작했고 1862년부터는 비인에 정주하여 35년을 보냈다. 그의 음악은 낭만적 차분함으로, 비인 속의 함부르크인을 연상시킨다. 바그너의 라이벌로도 유명하다.

♬♬ 야성적이고 애수에 젖은 듯한 〈헝가리 무곡〉 4권 21번으로 브람스의 곡을 시작하자. 삶의 열정을 일깨울 것이다. 그 외 〈독일 레퀴엠〉, 〈대학 축전 서곡〉, 〈클라리넷 5중주곡〉, 〈교향곡 4번〉 등이 있다.

현대음악

달에 홀린 피에로, 쇤베르크

쇤베르크(Arnold Schenberg, 1874~1951)는 비인 태생의 가난한 유대인으로 독학으로 브람스, 바그너, 말러, 슈트라우스를 공부했다. 1933년 나치를 피해 미국으로 망명해 처음에 보스턴 음악학교의 교수로 후에는 캘리포니아로 옮겨 그곳에서 세상을 마쳤다. **그의 음악은 무조구성주의로 요약될 수 있는데 무조의 음악은 무조, 조가 없기 때문에 화음도 없다는 것으로 음계의 해체와 불협화음을 의미한다.** 그는 으뜸음의 우위 대신에 한 옥타브 안에 12음이 동등한 음의 질서를 구축해야한다며 12음 기법을 주장했다. **이로써 현대 음악 중에서 큰 위치를 차지하는 12음 기법의 창시자가 되었다.** 이런 그의 음악은 늘 논란의 대상이 되었으며 연주자들도 이해하기 어려운 음악이 되었다. 작곡가 베르크는 〈왜 쇤베르크의 음악은 이토록 어려운가?〉라는 논문을 쓰기도 했다. 그의 음악이 음악회에서 연주되었을 때 너무도 낯설어서 신고를 당해 경찰까지 동원되는 일이 있었다고 한다. 그의 제자인 폰 베베른과 베르크도 12음 음악의 완성을 위해 힘썼다.

지휘하는 쇤베르크

♫♫ 벨기에 시인 지로의 시에 곡을 붙인 〈달에 홀린 피에로〉를 들어보자. 듣는 순간 깨닫게 될 것이다. 이것이 현대음악, 새로운 시작이라고…

인간이 눈으로 마실 수 있는 술을 넘치는 바닷물결 위에서 달을 폭음한다.
그리고 봄날의 조류가 지평선 위에 넘쳐흐른다.
무섭고 달콤한 욕망은 수없이 물결을 가른다.
인간이 눈으로 마실 수 있는 술을 넘치는 바닷물결 위에서 달을 폭음한다.
기도하려는 시인은 미친 듯이 기뻐하며 그 신선한 양조주에 취해 있다.
그는 취한 채로 하늘을 향해 무릎을 어지럽게 비틀거리며,
눈으로 마시는 술을 거침없이 들이킨다.

슐라거를 부르는 전통의상의 가수

마를렌 디트리히

독일의 대중음악

팝송, 샹송 그리고 칸초네와 견줄 만한 대중음악이 독일에도 있나요?

하나, 독일의 전통 대중음악으로 우리의 전통가요, 트로트쯤에 해당되는 슐라거(Schlager)가 있다. 슐라거는 기원을 따지면 중세의 해학적이고 풍자적인 민요로 거슬러 올라갈 수 있는데 현대적인 의미에서는 1870년 경 비인에서 오페레타의 일부 혹은 왈츠나 민속풍의 멜로디에 독일어 노래 말을 붙여 부른 노래를 그 출발점으로 삼는다. 당시 귀족의 전유물이었던 클래식 음악과 구별된다. 무엇보다 1960년대와 1970년대 LP와 라디오와 TV 등 대중매체의 보급과 더불어 크게 발전했다. 간단한 음악적 구성과 따라 부르기 쉬운 멜로디로 일상적인 감정인 사랑, 이별, 눈물, 향수, 그리움, 행복 등을 노래하는 것이다. 가장 대중적이지만 젊은 층으로부터 가장 외면을 받는 장르인 것은 뒤쳐진 멜로디와 식상한 가사 때문이기도 하다. 요즈음 슐라거를 새롭게 해석하며 각광받는 사람이 피셔, 베르크, 라베 등이다.

둘, 19세기 후반부터 카바레를 중심으로 음악이 발전을 했는데, 점차 스탠더드 팝으로 발전을 했다. 대표적인 사람이 마를렌 디트리히로 그녀가 부른 '릴리 마를렌'은 2차 세계대전 중 독일군뿐만이 아니라 연합군도 애창했던 노래이다. 디트리히의 카바레 전통은 우테 렘퍼에 의해 계승되고 있다.

셋, 크라우트 록(Kraut-Rock)이다. 잡초를 뜻하는 독일어 크라우트와 록의 합성어인 **크라우트 록은 1960년대 후반부터 1970년대 초반 새로운 음의 실험에 몰두한 독일의 전자(테크노) 그룹을 일컫는다.** 파우스트, 캔, 노이!, 크라프트베르크, 클러스터 등이 대표적이다. 이들은 전위적인 전자 음악을 실험하며, 영국과 미국의 록과 다른 새로운 록의 출현을 알렸다. 전자음악, 테크노 음악의 발원지는 독일인 것이다. 독일은 전자 음악에 있어서만큼은 최강이라고 해도 과언이 아니다.

넷, 하드록, **헤비메탈**이다. 마이클 쉥커, 스콜피온스, 헬로윈, 감마 레이, 블라인드 가디언 같은 그룹은 독일어 대신 영어로 노래하며, 친숙한 멜로디 라인을 앞세워 세계 시장을 공략했다. 인더스트리얼 메탈 그룹 람슈타인은 독일어로 노래하며, 독일인들의 조직적이고 절도 있는 행동을 음악으로 표현해 세계적인 인기를 누렸다.

그밖에 보니 엠, 모던 토킹, 니콜, 레나, 래퍼 크로 등이 세계적인 각광을 받기도 했다.

래퍼 크로

KRAFTWERK · COMPUTER WORLD

크라우트록, 전자음악의 시조

Deutsche Kultur Odyssee : : :

독일어 회화	Was ist Ihr Hobby? 취미가 뭐예요? Mein Hobby ist Musik hören. 제 취미는 음악 듣기예요
참고/DVD자료	문학수: 더 클래식(하나/둘), 돌베개, 2014/2015 이광열: 클래식 음악산책, 책과나무, 2014 이헌석 이정현: 클래식 상식백과, 돋을새김, 2014 정일서: 365일 팝 음악사, 돋을새김, 2014/2015(개정) 아네테 크로이치거헤르 빈프리트 뵈니히(홍은정 옮김): 클래식 음악에 관한 101가지 질문, 경당, 2010 영화 아마데우스: 1984 미국 제작 180분(감독 밀로스 포만) 영화 카핑 베토벤(Copying Beethoven): 2006 미국, 독일, 헝가리 제작 104분(감독 아그네츠카 홀란드) KBS 세상은 넓다 2013.12.20　　낭만과 음악이 넘치는 오스트리아 KBS 세상은 넓다 2009.06.25　　클래식과 낭만, 오스트리아 & 독일 KBS 세상은 넓다 2002.10.18　　사랑과 평화의 이름으로-2002 독일 테크노 축제 http://blog.naver.com/martedi7　독일음악, 독일음악의 모든 것 https://commons.wikimedia.org/w/index.php?curid=7262025

키노와 필름, 독일 영상미학

Deutsche Filmgeschichte

생각해 보기

독일에서는 영화관을 무엇이라고 부를까?
베를린영화제에서 수상한 한국영화에는 어떤 것들이 있을까?

독일어로 키노(Kino)는 영화관을, 필름(Film)은 영화를 일컬음

독일영화티켓

베를린영화제 심볼

베를린 영화제

매년 2월 중순 메인 극장인 조 팔라스트를 중심으로 베를린의 포츠담 광장 일대에서 벌어지는 베를린 영화제는 칸영화제, 베네치아영화제와 함께 세계 3대 영화제로 손꼽힌다. 1951년 처음 개최될 당시 동서독은 분단 상황이었다. 동구권 영화를 초청하며 동서화합과 문화교류의 공간을 마련했다. 오늘날 많은 영화제가 점차 상업적인 색채가 짙어지는 가운데 **베를린 영화제는 여전히 영화의 정치사회적 기능을 부각시키며 사회문제에 대한 관심과 공론을 유도한다.** 따라서 인본주의적 가치를 강조하며 비상업적인 독립 제작 방식과 실험적인 영화를 선호한다. 영화제는 장단편 영화상영, 공식경쟁 부문, 심포지엄, 유럽영화 회고전, 포럼, 파노라마(제3세계영화소개 및 지원), 아동영화제 등으로 세분화되어 개최된다. 수상 부문은 금곰상(최우수작품상), 은곰상(심사위원대상, 감독상, 남녀 배우상 등), 알프레드 바우어상, 블루엔젤상, 평생공로상 등이 있다.

2016년 베를린영화제 초청 한국영화　　　　　　2015년 베를린영화제 단편최고상 수상, 영화 〈호산나〉

독일 표현주의 영화: 독일무성영화의 황금기

제1차 세계대전의 패전 후 야기된 사회적 혼란 속에서 독일인은 절망에 빠진다. 이상적 민주주의를 표방하는 바이마르 공화국은 정치적 분열과 보수의 반동으로 경제 위기를 수습할 능력이 없었다. **이런 상황에서 정신적 혼란, 불안, 공포, 초조, 절망 등 주관적인 체험을 단순화하며 왜곡과 과장을 통해 괴기함과 이상함을 표출한다. 표현주의 영화이다.** 과장된 연기, 대상을 과감하게 과장 혹은 생략하고, 빛과 그림자, 밝음과 어둠, 검은 윤곽선, 기하학적 도형으로 인물의 내면을 상징적으로 표현한다.

칼리가리 박사의 밀실　　　　　　　　**Das kabinett des Dr. Caligari, 1920**

1881년 독일 태생인 비네(Robert Wiene)는, 베를린에 위치한 레싱 극장에서 배우, 극작가, 연출가로 활동했다. 〈칼리가리 박사의 밀실〉은 원래 랑(F. Lang)이 감독을 맡을 계획이었으나, 영화 〈거미(Die Spinne)〉 준비 관계로 비네에게 맡겨졌다. 영화는 1830년 몽유병 환자인 케사르를 관 속에 넣어 다니는 칼리가리 박사의 이야기를 중심으로 마지막 장면에서는 칼리가리 박사가 진짜 박사일 수도, 정신병자일 수도 있다는 열린 구조로 끝난다. 〈칼리가리 박사의 밀실〉은 음울한 분위기와 극단적인 연기, 강한 명암의 교차, 무엇이 현실이고 환각인지 열어놓음으로써 당시 독일의 사회상을 그대로 그려내고 있다. 무대 디자이너 바름은 "영화 세트는 그림을 소생시킨 것이어야 한다"며 이 영화의 실험적인 장치를 기하학적 구조로 기획했다. **비네의 영화 〈칼리가리 박사의 밀실〉의 실험적인 영화 기법은 프랑스 전위영화에도 영향을 미쳤을 뿐 아니라 현대 영화의 사상과 기법에도 영향을 끼치고 있다.**

영화 〈칼리가리 박사의 밀실〉의 한 장면

영화를 촬영하는 레닌 리펜슈탈 감독

영화 촬영장을 방문한 히틀러와 괴벨스

비네 이외에도 〈노스페라투〉와 〈마지막 웃음〉을 감독한 무르나우, 〈도박사 마부제 박사〉과 〈니벨룽겐의 노래〉의 F. 랑, 〈푸른 천사〉의 폰 슈테른베르트 감독이 독일 표현주의 영화를 대표한다. **많은 표현주의 감독과 배우들이 나치가 정권을 잡자 미국으로 망명하여 미국 할리우드 영화의 기반을 닦았다.**

다큐멘터리 영화: 나치의 프로파간다

집권한 히틀러와 선전문화부 장관 괴벨스는 영화의 기능을 프로파간다, 즉 정치선전영화로 간주하고 영화를 통해 나치정권의 정당성, 독일민족의 우수성과 단결심을 드높이고자 했다. 이 시대의 영화를 주관한 기관으로는 독일 영화사 우파(Ufa)가 있다. 제1차 세계대전 중 군국주의를 선전하고자 설립된 이 영화사는 제1차 세계대전 후에 상업적인 이윤과 예술적인 완성도를 동시에 추구했지만 다시 나치정권에 의해 이데올로기의 산실로 전락했다.

레니 리펜슈탈   Berta Helene Amalie Leni Riefenstahl, 1902~2003

리펜슈탈은 독일의 배우이자 감독이며 영화제작자이다. 그녀는 영화 촬영기술에서 혁신을 일으키며 나치 독일의 선전 영화를 만들었다. 제2차 대전 이후 영화계에서 활동할 수 없게 되자 사진가로 활동했다.

영화 〈의지의 승리〉의 한 장면

라이너 베르너 파스빈더 감독

영화 〈양철북〉 포스터

의지의 승리   Triumph des Willens, 1935

리펜슈탈이 감독하고 편집한 〈의지의 승리〉는 36대의 카메라와 최첨단 영상 장비, 120명의 스텝 등 나치의 전폭적인 지지와 지원 속에 제작되었고 8개월 동안 편집 후에 발표됐다. 1934년 뉘른베르크에서 열린 나치 전당대회를 기록한 영화로 나치당의 결속을 강조하고 나치의 힘을 세계에 과시하고자 했다. 웅장한 스케일, 상징적인 장면, 화려한 영상미, 교묘한 편집, 영상과 사운드의 절묘한 조화로 나치의 파시즘을 노골적으로 선전하기보다는 상징적인 이미지를 전달했다. **다큐 영화를 예술적 경지로 승화시켰지만 포르파간다라는 불명예는 벗어날 수는 없다.**

올림피아   Olympia, 1938

리펜슈탈의 〈올림피아〉는 1936년 베를린 올림픽 경기를 기록한 것으로 〈민족의 축제〉와 〈아름다움의 축제〉 2부로 편성됐다. 음악과 음향효과가 뛰어나다. 다큐는 본래 실제 사건에 감독의 진술을 끼워 넣어서는 안 되지만 리펜슈탈은 경기가 끝난 후 선수들로 하여금 경기를 재연하게 하는 등 현실을 조작했다. 카메라는 올림픽 경기의 진행과정을 따라가는 것이 아니라 건강한 선수들의 아름다운 몸과 팔다리 근육에 고정시키고 긴장된 육체의 근육을 아름답게 표현했다. 게르만 민족의 인종적 우월함을 부각시켰다.

뉴 저먼 시네마   New German Cinema

1962년 오버하우젠 영화제에서 파스빈더, 헤어조크, 클루게, 슐뢴도르프, 벤더스 등 26명의 젊은 영화감독들, 카메라맨, 영화음악 작곡가, 작가들이 모여 **"이제 아버지 세대의 영화는 죽었다(Papas Kino ist tot)"**고 외쳤다. 나치 이전 과거의 전통을 회복하고 현재 사회와 대면하며 독일 역사 문제를 다양한 차원에서 논의하고 새로운 영화 형식과 영화언어를 추구했다. 이들은 경제적 안정기인 브란트 수상이 집권할 당시 정부의 재정적 지원을 받아내며 활동했다.

뉴 저먼 시네마의 감독들은 특정 그룹, 중심인물이나 스타일 없이 철저히 주관적이며 개인적으로 활동했다. **할리우드 영화를 거부하면서 상업영화와는 거리를 두고 스타일의 다양성을 추구하며 나름의 양식과 기법으로 새로운 독일영화를 만들어내고자 했다.** 그러나 계몽주의적이거나 모더니즘적이며 낭만적이거나 역사주의적이며 작가주의적인 경향으로 일반 관객으로부터 외면당했다. 소재 면에서는 문학텍스트에 많이 의존했다.

영화 〈파리텍사스〉 포스터   영화 〈노킹 온 헤븐스 도어〉 포스터   영화 〈파니핑크〉 포스터

양철북   **Die Blechtrommel, 1979**

독일인과 폴란드인이 섞여 살고 있는 단치히에서 1924년 오스카가 태어난다. 오스카는 독일인인 알프레도와 폴란드인인
얀, 두 아버지 사이에서 자라며 세 번째 생일을 맞던 날 고의적으로 사다리에서 추락하여 성장을 멈춘다. 오스카는 생일 선
물로 받은 양철북을 두드리면서 나치의 행동을 분열시키는 등 끊임없는 소동을 일으킨다.

슐뢴도르프 감독의 〈양철북〉은 노벨문학상 수상자 귄터 그라스의 문학 작품을 영화화 한 것이다. 문학작품을 영화 텍스트
로 삼는 엘리트 영화의 성격이 드러난다. 이 영화는 민감한 사회 문제를 영화 미학으로 연결시켜 성장을 멈춘 오스카가 바라
보는 어른 세상을 독특한 방식을 전개시킨다. 말의 대가리 사체에서 장어 무더기를 끄집어내는 그로테스크한 바닷가 장면,
대규모 나치 집회에서 오스카의 북소리가 행진곡을 왈츠로 변화시키며 전체주의를 희화시키는 등 새로운 영화언어를 만들
어냈다. 1979년 칸영화제 작품상과 아카데미 최우수외국영화상을 수상했다.

파리 텍사스   **Paris, Texas, 1984**

벤더스 감독의 〈파리, 텍사스〉는 쿠더의 기타 솔로로 절망과 고독을 자아내는 가운데 한 남자가 멕시코와 인접한 미국 텍사
스 주의 황량한 도로를 힘겨운 모습으로 걸어가다 탈진하여 쓰러지는 장면으로 시작한다. 스탠튼, 킨스키, 카슨, 스톡웰 주
연으로 1984년 독일과 프랑스, 영국의 합작으로 제작되었다. 영화제목 파리텍사스는 프랑스의 파리가 아니라 미국 텍사스
주에 있는 시골마을의 실제 지명이다. 벤더스는 파리와 텍사스라는 두 이름으로 유럽과 미국 두 대륙의 본질을 각각 구현하
고자 했다. 기억도 잃고 언어도 잃고 가족도 잃은 트래비스가 4년 만에 동생을 만나고, 동생 내외가 아들처럼 키운, 본래 트
래비스의 아들 헌터와 만나 화해하고 자신과 같은 시기에 집을 떠난 아내를 찾아가는 이야기로 로드무비의 대표작이다. **시
적인 이미지와 아름다운 음악을 배경으로 인간의 고독과 소외와 혼돈과 사람 사이의 관계에 대한 탁월한 통찰을 그려냈다.**
1984년 칸영화제 황금종려상, 영국비평가협회 작품상, 영국아카데미 감독상 등을 수상하여 세계적으로 주목받은 작품이
다. 칸 영화제와 관련된 일화로는 〈파리, 텍사스〉가 1984년 제37회 칸영화제에 초청됐으나 작품은 영화제 상영 1시간 전
에야 프랑스 칸에 도착했다. 그럼에도 심사위원들은 만장일치로 〈파리, 텍사스〉에 황금종려상을 수여했다.

1980년대 초와 1990년대 중반의 코미디 영화 붐

뉴 저먼 시네마의 정치, 사회, 역사의식을 거부하고 **영화의 기능을 오락과 흥행에 두어 미국 장르영화의 상업적 형식을 수용한 코미디 붐이 1980년대 초와 1990년대 중반에 일어났다.** 그러나 많은 경우 너무 많은 대화가 영상을 해치거나 인간의 모습을 진지하게 다루지 못하였고, 주제가 너무 독일적인 것에 국한되었을 뿐만 아니라 영화 미학적으로도 참신성이 없는 영화가 많았다. 독일에서 어느 정도 흥행했지만 외국에서는 외면당했다. 그러나 다음 작품은 성공했다.

노킹 온 헤븐스 도어   Knockin' on Heaven's Door, 1997

1998년 개봉된 작품으로 Th. 얀이 감독하고 슈바이거, 리퍼스가 출연했다.

> "해변에선 짜릿한 소금내가 나고 바람은 파도에 씻기고
> 뱃 속은 무한한 자유의 따사로움으로 가득 차.
> 그리고 입술에는… 연인의 눈물 젖은 키스가 쓰디쓰게 느껴져."

우연히 같은 병실에 입원한 뇌종양 진단을 받은 마틴과 골수암 말기의 루디가 단 한 번도 보지 못한 바다로 향하는 이야기이다. 여행을 위해 그들이 훔친 차는 거액의 돈이 들어 있는 악당들의 스포츠카였고 따라서 악당들과의 쫓고 쫓기는 코믹한 추격전이 시작된다. 마지막 찾은 바닷가 장면에서 흘러나오는 **B. 딜런의 노래 〈노킹 온 헤븐스 도어〉, 천국의 문을 두드리는 소리는 잔잔한 여운을 남긴다.**

파니핑크   Keiner liebt mich, 1994

> "Cinderella are you really that happy?"

판타지풍의 로맨틱 코미디 영화이다. 펑키스타일에 영상미가 신비롭게 펼쳐지는 매우 독특한 컬트 페미니즘 영화이다. **누구에게도 사랑받지 못하는 29세 노처녀 파니 핑크를 주인공으로 사랑, 돈, 연애, 결혼 등 여성의 일상의 문제를 코믹하게 풀어간 작품이다.** 1995년 독일영화상 작품상을 수상했다.
〈파니핑크〉는 1955년 독일 하노버 출생의 되리의 작품이다. 되리는 여성을 소재로, 인간 내면에 대한 물음에 천착하는 독일 여성감독이다. 17살부터 미국 퍼시픽대학에서 연극학과 연극실기를, 뉴욕에서 철학과 심리학을 전공했고 귀국 후 뮌헨의 국립영화텔레비전아카데미에서 영화를 전공했다. 영화 〈마음의 중심에서〉, 〈내 남자 길들이기〉, 〈내 남자의 유통기한〉, 〈남자들〉, 〈헤어드레서〉 등을 감독했다.

무대에서 인사하는 조성형 감독

새로운 필름메이커 세대

2000년대에 들어와서 새로운 필름메이커 세대가 등장했는데 그들은 영화학교에서 전문적인 교육을 받고 독일 영화진흥원의 지원을 받아 영화를 만드는 영리한 감독들이다. '영화는 예술이며 산업(흥행 엔터테인먼트)이다'라며 수준 있는 대중영화 내지 관객이 찾는 예술영화를 만드는 것이 목표였다. 상투적인 표현과 주제에서 벗어나 평범한 일상을 역동적이고 개성적인 영상미로 표현했다. 감독 자신의 영상 스타일 속에서 자신의 경험을 이야기하는 영화이면서 관객과 호흡하는 영화를 만들었다. 이러한 세대의 한 사람이 재독 영화감독 조성형이다.

풀 메탈 빌리지   **Full Metal Village, 2006**

재독 영화감독 조성형의 첫 장편 다큐멘터리영화 〈풀 메탈 빌리지〉는 "다큐멘터리영화의 새 지평을 연", "영화관에서 상영하기 좋은", "가슴이 따뜻해지는", "독일인들이 미처 모르던 독일인의 고향"을 보여준다. 조감독은 유학생으로 독일 마르부르크대학에서 미디어와 철학을 전공하고 독일인과 결혼하면서 독일에서 이주여성으로서의 삶을 살아간다. 조감독은 전문적인 교육을 받고 자신의 첫 장편영화를 영화진흥 보조금과 방송사의 보조금으로 제작하는, 영화를 예술이면서 동시 하나의 산업으로 이해하는 프로정신을 가진 '새로운 필름메이커 세대'의 한 사람이다.

조성형 감독의 〈풀 메탈 빌리지〉는 형편없는 영화 관객동원수로 악명 높은 다큐멘터리영화와, 젊은이들과 전문 평론가들의 관심과 흥미를 끌지 못하는 소위 '유치한' 향토영화의 접목, 즉 장르가 해체되고 혼합된 영화이다. 영화는 자연과 더불어 생업에 종사하는 독일 북단에 위치한 슐레비히-홀슈타인(Schleswig-Holstein)주의 조그만 시골마을 바켄(Wacken) 사람들의 소소한 일상을 보여준다. 고향은 가장 본원적인 기호이기도 하지만 역사적으로 가장 쉽게 이데올로기에 노출되어 온 기호로서, '고향'에 대해 독일인들이 가지는 것은 자기멸시 혹은 식상에 가까운 부정적인 이미지이다. 이런 현실에서 조성형 감독은 투명성과 진실성을 근원적 목표로 하는 다큐멘터리영화 양식으로 고향을 '피와 흙'도, '유토피아'도 아닌, '삶'의 현실이며 현장으로 재조명하고 있다.

영화 〈풀 메탈 빌리지〉 CD자켓   영화 〈미치고 싶을 때〉 포스터

미치고 싶을 때   **Gegen die Wand, 2004**

제54회 베를린국제영화제의 금곰상 수상작이 아킨의 〈미치고 싶을 때〉이다. 아킨은 터키 이민 2세로 1973년 독일 함부르크에서 출생했다. 함부르크 대학교에서 조형미술을 전공하고 1995년 영화 〈젠진-네가 그것이다〉로 데뷔했다.

영화 〈미치고 싶을 때〉는 독일 내의 터키 이민자들에 관한 이야기이다. 아내와 사별한 후 삶의 의미를 잃어버린 채 자기 자동차를 박살내는 카히트, 가부장적인 가정 내에서 몇 번이고 자살을 시도하는 시벨, 이 두 사람이 우연히 만나 위장 결혼을 한다. 결혼 후 약속대로 서로를 간섭하지 않고 각자의 생활을 즐긴다. 그러나 시벨이 클럽과 바를 돌아다니며 자신의 욕망을 드러낼수록 카히트는 점점 질투를 느끼며 난폭해지고 그러다가 사랑이 싹튼다. 차히트가 시벨 때문에 큰 사고를 치고 감옥에 간 후 시벨은 살아남기 위해 터키에서 고급호텔 매니저로 일하는 사촌 언니를 찾아간다. 그러나 터키에서도 시벨의 삶은 고통스럽다.

서구생활이 익숙한 이민자 2세에겐 부모세대의 가부장 체제가 너무 엄격하거나 가혹하고 그 가운데서 세대 간의 갈등으로 고통 받고 상처받는 사람들의 아픔이 인생 막장의 남녀 주인공을 통해 온전히 드러나고 있다. 관람 내내 마음이 불편할 것이다. **왜냐면 거기에는 사회의 잔혹한 현실과 미친 사랑의 이야기가 녹아 있기 때문이다.**

이 시기의 또 다른 작품으로는 링크의 〈비욘드 사일런스〉, 〈러브 인 아프리카〉, 베커의 〈굿바이 레닌〉, 티크베어의 〈롤라 런〉, 아킨의 〈짧고 날카로운 충격〉 등이 있다.

이런 독일 영화 보면 어떨까요?

Deutsche Kultur Odyssee : : :

독일어 회화	Wo ist das Kino Zoo Palast? 조 팔라스트 극장이 어디 있나요? Tut mir leid. Ich weiss es nicht. 죄송합니다. 저도 모릅니다.
참고/DVD자료	박광자: 독일영화 20, 충남대학교 출판부, 2010 볼프강 야콥센(이준서 옮김): 독일영화사 1890년대~1920년대, 이화여자대학교 출판부, 2009 볼프강 야콥센(이준서 옮김): 독일영화사 1930년대~1950년대, 이화여자대학교 출판부, 2010 송희영: 영화와 TV로 보는 독일문학, 동덕여자대학교 출판부, 2014 김창우: 영화로 보는 독일영화, 신아사, 2008 김미경: 조성형의 풀 메탈 빌리지 의미형상화를 위한 기능 및 구조 연구, 헤세연구 제21집, 2009 www.berlinale.de 베를린 국제영화제 cafe.daum.net/DeutscheFilm 영화를 통한 독일문화의 이해 anuis.andong.ac.kr/~anyes80 아녜스의 독일영화 https://commons.wikimedia.org/w/index.php?curid=18789309 https://commons.wikimedia.org/w/index.php?curid=5419471

에필로그 Schlußwort

이 책을 준비하며 마치 아프로디테가 물 위로 언뜻언뜻 떠오른 듯 잊혔던 독일 유학시절의 기억들이 문득문득 떠올랐다.

친구 시모네, 그녀를 처음 만난 건 어느 겨울학기 세미나에서였다. 두터운 담요를 뒤집어 쓴 것만 같던 그녀의 초라한 겨울 옷차림, 물론 그녀만이 그런 것은 아니었다. 대부분의 학생 옷차림이었다. 그 후 알게 된 것은 그녀의 아버지가 시립병원 원장이라는 것과 그녀가 끌고 다니는 차는 아우디 세단이라는 것이다. 박사학위를 받은 그녀가 고등학교 선생이 되고자 교장과의 면접을 보던 날, 그녀가 입은 것은 낡은 청바지에 짙은 와인색의 재킷이었다. 물론 합격이었다. 시모네를 포함한 독일 친구들, 그들은 한 번 친구가 되면 아주 아주 오래도록—아마 세상이 끝나는 그날까지—그들의 진심을 다하며 진정한 친구가 되어 줄 것이다.

내가 살았던 기숙사 언덕 위에 조그마한 교회묘지가 있었다. 동네 한가운데에 묘지가 있는 곳이 독일이다. 산 자와 죽은 자가 엄격하게 구별되는 우리와 달리 산 자와 죽은 자가, 삶과 죽음이 함께 어우러져 있다. 5월 1일 노동절과 10월 3일 통독의 날을 제외하고는 독일의 모든 공휴일은 종교적 의미를 갖는다. 생활문화가 종교문화이고 종교문화가 생활문화이다. 지역의 중심에는 어김없이 교회가 존재한다. 그러나 먼 옛날 교회의 뜻이 개인의 삶을 결정했던 시대는 멀리 지나가고 이제 교회에는 백발의 노인들만이 외로이 자리하고 있다.

"외국인 나가라!(Raus Ausländer!)" 나는 독일에 거주하며 이 말을 들은 적이 있다. 그것도 어떤 할머니에게서이다. 슈퍼마켓에서 장을 보고 나온 내게 누추한 차림새의 할머니가 구걸을 했다. 별다른 생각 없이 가지고 있던 얼마 안 되는 돈을 그 할머니에게 드렸다. 그 할머니는 연거푸 당케(Danke)를 외쳤다. 그리고 며칠이 지난 뒤 같은 슈퍼마켓 앞에서 그 할머니를 마주쳤다. 그런데 그 할머니는 나를 보고 분노에 차서 온 몸을 부르르 떨며 "Raus Ausländer!"를 외쳤다. 순간 당혹스러웠다. 그것도 연세 지긋한 할머니였던 것이다. 나는 그 자리를 피했다. 지금도 나는 알지 못한다. 며칠 사이에 도대체 무엇이 그 할머니를 그토록 분노케 만들었는지…. 서로 다른 이들이 함께 모여 사는 것이 왜 이토록 어려운 일인지….

『독일문화 오디세이』, 이 책은 독일에 관한 심오한 지식을 줄 수는 없을 것이다. 그보다는 독일이란 나라를 한 번 두루 훑어볼 수 있는 기회를 줄 것이다. 독일은 유럽연합의 핵심국가이다. 독일에 대한 이해는 근대와 현대를 태동, 작동시켰던 유럽문화에 대한 이해이다. 분야별로 엮은 독일에 관한 이야기를 우리의 것과 비교하면서 읽노라면 인간의 보편성과 문화의 상대주의적인 차이를 엿볼 수 있을 것이다. 이 책이 현대 글로벌 사회문화에 관한 지식을 보다 더 확장하고 심화할 수 있는 도약의 발판이 되기를 바라본다.

작년에 한동안 많이 아팠다. 이 책을 만들기 위해 기다려준 황윤영 선생님과 한없이 주시기만 하는 나의 어머니 이훈희 여사께 형용할 수 없는 깊은 감사를 전한다.

2016년 3월
김 미 경

Deutsche Kultur Odyssee